ХВАН МАН ГЫМ
:ЧЕРЕЗ ОЛИМП И ГОЛГОФУ
БРУТТ КИМ·МИХАИЛ КИМ

올림포스와 골고다를 넘어서

황만금

김 브루트 · 김 미하일 지음 ─ 성동기 감수

한울
아카데미

이 도서의 국립중앙도서관 출판예정도서목록(CIP)은 서지정보유통지원시스템 홈페이지(http://seoji.
nl.go.kr)와 국가자료공동목록시스템(http://www.nl.go.kr/kolisnet)에서 이용하실 수 있습니다.
(CIP제어번호 : CIP2015010769)

ХВАН МАН ГЫМ

ЧЕРЕЗ ОЛИМП И ГОЛГОФУ

БРУТТ КИМ · МИХАИЛ КИМ

황만금, 올림포스와 골고다를 넘어서

우리 동포들은 약 150년 전 새로운 삶의 터전을 찾아 러시아 연해주 지역에 이주하기 시작했다. 고려인들은 연해주 지역에서 꿈을 이루기 시작했고, 조국의 독립 운동에 적극 참여하기도 했다. 그러나 고려인 동포들은 어이없는 이유로 1937년 스탈린에 의해 다시 중앙아시아 지역으로 강제 이주되어 모든 것을 새롭게 시작해야 하는 운명에 처하게 된다.

이들은 모든 역경을 우리 민족 특유의 근면성과 인내심으로 극복하고 척박한 중앙아시아에서 쌀과 면화 등을 경작했을 뿐만 아니라 높은 생산성을 보여주는 놀라운 저력을 발휘했다.

대표적인 인물이 바로 30여 년 동안 폴리타젤이라는 집단농장을 경영하면서 탁월한 지도력으로 자그마한 농장을 소련 최고의 집단농장으로 발전시킨 황만금이다. 그의 성과를 확인하기 하기 위해 흐루시초프와 브레즈네프 공산당 서기장도 농장을 방문했고 베트남의 호찌민 주석과 노르웨이의 브라텔리 수상 등 외국 지도자들도 살펴보았다 하니 가히 그 명성을 짐작할 수 있을 것이다.

황만금은 이러한 공로를 인정받아 사회노동영웅 칭호와 레닌 훈장을 받았으며, 집단농장에서 일하던 많은 고려인들도 함께 다수의 훈장을 수여받는 등 고려인의 근면성과 불굴의 정신은 널리 인정을 받았다.

소련 붕괴 이후 1991년 우즈베키스탄이 독립하면서 집단농장이 해체되고, 고려인들은 다시 새로운 상황에 적응해야 했지만, 그들의 근면·성실함은 지금까지 인구에 회자되고 있으며, 한국과 우즈베키스탄 간의 급속한 관계발전에는 이러한 고려인들의 긍정적인 모습이 크게 기여했다.

김 브루트 《고려신문》 편집장이 이러한 황만금과 고려인들의 행적을 정리한 것은 매우 의미 있는 작업이다. 김 브루트 편집장에게 감사의 말을 전하며, 앞으로도 가슴 뿌듯한 우리 동포들의 이야기를 계속 기록해 주기를 부탁드린다.

주(駐)우즈베키스탄 대한민국 대사

이 욱 헌

황만금은 취약하고 낙후된 농장을 국내 최고의 농업적 기업체 '폴리타젤' 집단농장으로 전환시킨 유명한 경제적 지도자로서 우리의 마음속에 남아 있을 뿐만 아니라, 새로운 땅에서 성공한 고려인을 상징한다.

거의 30년 전 그의 체포소식을 들었을 때, 고려인들 사이에서는 많은 이들이 이 사실을 받아들이지 못했다. 어떻게 그런 사람을 체포할 수 있는가? 최고의 집단농장의 지도자, 사회주의 노동 최고위원회의 의원이었다. 그러나 소문은 사실로 확인되었다. 처음에 사람들은 수수께끼 같은 일이라고 생각했는데 나중에는 불안에 빠지게 되었다. 결과적으로 우리는 이러한 불편하고 불확실한 분위기 속에서 우리가 어디로 가야 하는지, 무엇을 해야 하는지, 누구를 믿어야 하는지 방향까지 잃고 말았다.

그러나 시간은 모든 것을 제자리로 돌려놓았다. 우즈베키스탄이 독립을 한 뒤, 황만금은 '면화 스캔들'이라 불리던 시기에 희생된 수많은 우즈베키스탄 사람들과 같이 전부 그 명예가 회복되었다. 그는 다시 가슴에 영웅의 별을 달고, 예전처럼 점잖은 걸음걸이를 하며, 영리하고 분별력 있는 눈빛과 함께 우리 앞에 나타났다. 아마 그의 눈에 슬픔과 비애가 전보다 더 많이 보인 것 같았다. 그리고 우리 모두 확실성과 침착함을 더 느끼게 되었고, 우리는 다시 자유로움을 만끽하였다. 결과적으로 이 세상에는 아직도 정의가 존재하고 있음을 우리는 알게 되었다.

황만금은 그냥 명예가 회복된 것이 아니다. 이 책을 읽는 독자에게 매우 중요한 사실을 알리고자 한다. 이슬람 카리모프 대통령은 첫 방한 때 대표위원단으로 고려인 대표들과 동행했는데, 여기에 황만금이 포함된 것이다.

이는 우즈베키스탄 정부의 단순한 관용이 아니라 황만금이 국가에 바친 공훈을 인정한 것이다. 이것은 소수민족이 국가 간의 정치관계에 큰 획을 그은 것으로 우리 고려인에게는 굉장히 큰 의미를 가진다. 예외 없이 모든 민족을 존중하고, 정체성을 보존하고, 발전할 수 있는 유리한 조건이 유지되기 때문에 우즈베키스탄에서 민족문제는 평화롭게 유지되고 있다.

그 근거로 가장 분명하게 들 수 있는 것은 국가문화센터이다. 우즈베키스탄 내에 약 140개의 센터가 운영되고 있으며, 그중 26군데에 우즈베키스탄 고려인문화센터연합이 자리하고 있다.

고려인문화센터연합은 우즈베키스탄 독립일과 같은 동년배이다. 22년 동안 센터는 그 희망 아래 정당화를 시키면서 운영되어왔다. 오늘날 연합에는 국내 고려인들에게 인정받은 지도자가 있다. 활동분야는 다양하다. 한국어 및 우즈베크어 말하기 경연대회, 민속축제, 장애인 및 독거노인을 위한 자선활동과 같은 다양한 국가행사와 고려인 관련 행사이다.

최근에 우즈베키스탄 정부에서 한국의 전통적인 건축물을 건설한다는 토지지역분할결의안이 통과되었다. 이 덕분에 우리 연합에 주어진 과제들을 이행할 수 있는 가능성이 크게 증가했다. 사업안에 따르면 건축물 내부에는 콘서트홀, 미술갤러리, 도서관, 박물관, 한국어 및 국어학당, 음악스튜디오, 레스토랑 및 다른 건물들이 들어선다고 한다.

연합은 우리 고려인의 역사를 재구성하고, 이를 중요시 여긴다. 독립한 해에 우리 역사학자와 작가들이 적지 않게 생겨났다. 그럼에도 우리는 예전처럼 정보가 부족함을 깊이 느끼고 있다. 특히 소비에트연방 당시 기간에 대한 정보가 그렇다. 이 기간은 우즈베키스탄에 고려인 3~4세가 살던 때이다. 그러나 이 당시에는 민족적 문화, 국가 정체성의 문제에 대해 자유롭게 말할 수 없었고, 소비에트연방 당시 고려인들의 비극적이고 중요한 역사인 1937년도 강제 추방에 대하여 말하는 것이 금기시되었다.

다행스럽게도 오늘날 새로운 시대를 맞아, 지금 우리는 국가적 문제, 우리 역사, 우리 문화에 대해 공개적으로 이야기를 할 수 있다.

'폴리타젤' 집단농장 회장으로서 그 활동과 연관하여 황만금의 이름에는 조작된 전설이 돌았으며, '면화 스캔들' 기간에 불화사건이 일어났다. 당연히 처음부터 정보가 제공되지 않았기 때문에 이러한 결과가 초래된 것이다.

이 책의 저자들은 방대한 자료를 수집하는 일을 수행하고 있다. 수집한 자료는 황만금과 함께 살고 같이 일해온 수십 명의 사람들과 인터뷰한 자료와 도서관 자료 및 황만금과의 개인대화 내용들이다.

이 책은 현세대 젊은 청년들은 이야기하지 않는 우리 민족의 위대한 아들의 생명을 부활시킬 것이다. 그런 점에서 이 책의 출판에 큰 의의를 찾을 수 있다.

황만금의 역사는 우리 민족만의 역사가 아니라 전 우즈베키스탄에서의 다민족의 역사이다. 그의 인생을 바쳐 일궈낸 발전과 그 이름은 전 세계 한민족의 역사에 황금빛으로 길이 남을 것이다. 우리는 우즈베키스탄에서 이러한 사람이 우리 곁에 있었고 함께했다는 사실을 자랑스러워할 것이다.

우즈베키스탄 국회의원
고려인문화협회 회장
박 빅토르

나는 1996년 10월에 우즈베키스탄으로 유학을 갔다. 냉전시대로 인해 이 지역에 관한 연구가 없었던 한국 학계에서도 1991년 소비에트연방 붕괴를 기점으로 중앙아시아와 우즈베키스탄에 관심을 가질 수 있었다. 그러나 1996년 당시에도 우즈베키스탄에 관한 문헌들을 한국에서 찾는 것은 매우 어려웠다. 이 지역은 고대 동서양 문명교류사 수준에서 부분적으로만 연구되었다. 나도 당시의 우즈베키스탄 상황을 거의 모르는 채 유학을 온 것이나 다름이 없었다.

유학을 떠날 때 우즈베키스탄에 고려인이 산다는 것은 알고 있었지만, 막연히 1937년에 스탈린의 명령에 의해 연해주에 살았던 한인들이 중앙아시아로 강제 이주를 당했다는 수준에서 알 뿐이었다. 거리에서 고려 인을 많이 볼 수 있었는데, 그럴 때면 일본의 식민지 지배를 당했던 모국이 이들을 도와줄 수 없었기에 너무 나 어처구니없는 강제 이주를 당했구나 하고 생각했다. 그러나 그들이 어떻게 살았는지는 모르고 있었다.

학부 때 러시아어를 전공했지만 우즈베크어를 배우는 것이 이 국가를 더 잘 이해할 수 있으리라 생각하여 우즈베크어를 배웠다. 우즈베키스탄 친구들이 생겼고 그들로부터 우즈베키스탄에 관한 정보를 많이 얻을 수 있었다. 그러던 어느 날 우즈베키스탄 과학아카데미 역사연구소에서 낯선 두 단어를 듣게 되었다. 김병 화, 그리고 폴리타젤. 내가 더 물어보니, 김병화는 소비에트연방 당시에 이름을 떨쳤던 집단농장 회장이고, 폴리타젤은 소비에트연방 최고의 집단농장이라고 했다.

나는 만나는 현지 사람들에게 김병화라는 이름을 아는지, 폴리타젤을 아는지 물어보았다. 놀랍게도 대부 분이 이를 알고 있었다. 그리고 폴리타젤의 집단농장 회장이 바로 황만금이라는 정보도 얻게 되었다. 도대체 이 두 분이 얼마나 큰 업적을 쌓았기에 우즈베키스탄 시민들이 대부분 이들을 아는지 궁금해졌다. 소비에트 연방에서 소수민족으로 살았던 고려인의 역사는 불행과 고난의 연속이라고 막연하게 생각했던 나의 생각을 바로잡아 주는 사건이었다.

그 후 나는 우연히 미국의 한인사회를 연구하셨던 고려대학교 사회학과 윤인진 교수를 만나면서, 우즈베키스탄에 거주하는 고려인을 연구하는 것도 좋은 주제라는 윤 교수의 조언에 따라 고려인 연구를 하게 되었다. 나의 박사학위 연구주제에 고려인도 한 부분이었기 때문에 본격적으로 고려인 연구에 돌입했다. 그러나 김병화와 폴리타젤에 대해서는 세부적으로까지 연구를 진행하지 않았다. 김병화 회장은 사회주의 이중노동 영웅 훈장을 두 번이나 받을 만큼 탁월한 지도력을 가졌고, 집단농장 폴리타젤은 시설이 너무나 훌륭해서 소비에트연방을 방문하는 외국 귀빈들에게 반드시 보여주었던 곳이라는 정도만 알게 되었다.

시간이 흐르면서 이 두 존재에 대해 잊어버리고 있다가, 운명처럼 나에게 이들을 연구할 수 있는 기회가 찾아왔다. 2006년에 재외동포재단의 김병화 평전 공모 사업에 선정되어 본격적으로 김병화라는 존재를 세부적으로 연구할 수 있게 된 것이다. 김병화 집단농장과 박물관을 방문하여 김병화 회장의 친인척을 만나고 자료를 수집했다. 그래서 마침내 한국에서 발간된 것이 『우즈베키스탄 불멸의 고려인 영웅 김병화』였다. 소수민족이라는 한계에서 벗어나고자, 강제 이주를 당한 민족이라는 비극을 극복하고자 고려인이 얼마나 열심히 살았는지 김병화 연구를 하면서 알 수 있었다. 고려인의 모국이라고 할 수 있는 대한민국이 이들의 존재를 잊어버리고(아니, 모르고 있었지만), 고려인은 소비에트연방의 당당한 시민으로 스스로 성장했던 것이다.

그 후 2014년 3월, 내가 몸담고 있는 인하대학교가 우즈베키스탄 정부의 제안으로 타슈켄트에 IT 전문 대학교를 세우는 사업에 참여하게 되었다. 이 일로 정신없이 하루하루를 보내던 나는 오랫동안 알고 지냈던 《고려신문》김 브루트 편집장을 만나게 되었다. 그는 러시아어판 황만금 평전을 한국어로 번역하여 한국에서 출판하고 싶다고 의사를 밝히면서, 내게 이 책의 감수를 부탁했다. 시간이 없어서 번역을 할 수 없다고 했는데, 그는 벌써 고려인 번역가가 번역을 마쳤고 문제는 한국어 번역에 적합지 않은 부분에 대해 교정과 감수가 필요한 것이라고 했다. 비록 학교를 세우는 일로 시간 여유가 없었지만 의무감이 들었다. 오래전부터 이름을 들어온 인연 때문인지, 황만금 회장이 어떻게 소비에트연방 최고의 집단농장을 만들었는지 궁금했다. 예상보다 시간이 많이 걸렸지만 교정과 감수를 마칠 수 있었다. 번역본을 읽으면서 황만금 회장이 김병화 회장의 뒤를 잇는 탁월한 지도력과 시대를 앞서가는 사고를 가진 인물임을 알게 되었다.

많은 시간이 흐르면서 나는 운명처럼 이들과 조우하게 되었고, 이들을 통해서 고려인이 어떻게 살았는지 알게 되었다. 소수민족의 한계를 벗어나 소비에트연방의 당당한 시민으로 성장하기 위해서 그들은 남보다 더 많이 일하고 더 우수하게 공부해야만 했다. 1991년 소비에트연방이 무너진 후 체제전환기의 혹독한 시련을 견디고 지금도 다른 소수민족들보다 잘살고 있는 비결은 여기에 있었다.

학교 세우는 업무에 지치고 힘들 때면 나는 고려인의 역사를 생각한다. 굴욕의 강제 이주를 당했지만 스스로의 힘으로 정착에 성공한 고려인의 역사는 나에게 힘을 준다. 특히 황만금 회장이 지도자로서 성공할 수 있었던 비결인 경청, 배움, 시대를 앞서가는 사고 등은 내가 본받아야 한다고 생각했다.

황만금 회장이 아직도 전설로 남아 있는 이상, 고려인의 미래는 밝다고 확신한다. 특히 고려인 사회가 그를 잊지 않고 이렇게 책으로 남겨 고려인 후손들에게 그의 정신을 물려준다는 것은 위대하기까지 하다.

부디 황만금 회장의 모국인 대한민국에서 이 책이 출판되어, 국가 없이 살았지만 역사를 만든 고려인, 그리고 그를 알아주었으면 한다.

감수자 성 동 기

• 차 례

북극성 집단농장 회장 김병화.

황만금 회장(왼쪽)과 김병화 회장(오른쪽).

고려인의 위대한 역사는 집단농장에서 출발한다

소비에트 체제에서 마지막까지 존재했던 '집단농장'이나 '집단농장 조합원'을 생각해볼 때 먼저 연상되는 것은 후진성, 집단적 무지, 지역적 편협성이다.* 실제로 소비에트 정부가 추진했던 집단농장 운영방식을 이해한다면 이러한 인식은 상당히 현실적이기도 하다.

소비에트연방의 집단농장은 넉넉한 재정, 기술적 잠재력, 풍부한 토지 및 인적 자원을 갖추고 있어도 본연의 임무인 식량 공급을 제대로 수행할 수 없었다. 우리는 아직도 1970년대와 1980년대에 끝이 보이지 않을 만큼 사람들이 가게 앞에 줄을 서 있던 것을 선명하게 기억한다. 육류, 설탕, 밀가루, 기타 식량이나 의류, 구두의 공급이 부족했기 때문에 생겼던 그 줄이 아직도 뇌리에 남아 있는 것이다.

소비에트연방의 핵심 지도층은 소비에트 체제의 출발 단계부터 식량 공급을 해결하기 위해 다양한 정책을 폈다. 구세대는 카자흐스탄의 황량한 초원이 거대한 보리밭으로 변한 1950년대의 황무지 개척사를 기억하고 있다. 그러나 개간한 이 밭은 비료와 기타 화학적 재료를 동원했음에도 수확량이 1~1.5톤 정도밖에 되지 않았다. 황무지를 수자원과 생태학적 환경을 고려하지 않고 개간했기 때문이었다.

소비에트연방 당시에 카자흐스탄과 우즈베크공화국을 동서로 가로지르는 강인 시르다리야(Sir dariya)를 이용하여 황무지에 물을 공급하려고 시도했다. 발상 자체는 매우 대담했으며 현실 상황의 이해를 기반으로 했다. 그러나 우리가 알고 있듯이 그 계획은 시작되지도 못했다. 환경보호단체들과 많은 정치 운동가들이 연합하여 그 계획에 단호하게 반대했기 때문이다. 그리고 소비에트연방의 붕괴로 인해 이는 전체주의 정권의 대표적인 공상적 계획으로 남아버렸다.

역설적으로 들릴 수 있으나 당시 집단농장들은 대부분 계획된, 혹은 계획에 가까운 양의 식량을 소비에트 정부에 제공하면서도 언제나 소비에트 정부에 갚아야 할 부채를 지니고 있었다. 소비에트 정부의 불합리한 가격 책정 방식으로 인해 대부분의 집단농장은 풍년이었음에도 수익이 매우 저조하거나 사실상 손해를 볼 수밖에 없었던 것이다.

이러한 사실을 증명하는 사례가 우즈베크소비에트사회주의공화국(The Uzbek Soviet Socialist Republic,

---

* 집단농장은 러시아어로 '콜호스(kolkhoz)', 집단농장 조합원은 '콜호스닉(kokhoznik)'이라고 표현한다.

이하 우즈베크공화국)의 농업과 소비에트연방 산업 전체에 중요한 기반이 되었던 면화다. 면화는 원가가 매우 높은 편이었으나 소비에트 정부는 고정 가격으로 이를 구매했다. 정상적인 경제논리에 따르면 집단농장들은 더 높은 수익률을 창출할 수 있는 다른 농산물을 생산하는 것으로 방향을 바꿔야 했다. 그러나 집단농장이 어떤 농작물을 파종하고 재배할 것인지 자체적으로 결정할 수 없는 것이 계획경제의 한계이자 본질이었다.

소비에트 정부의 입장에서 이러한 시스템을 고집한 이유는 다음과 같았다.

첫째, 소비에트 정부는 집단농장들을 자신의 손아귀에 쥐고 통제할 필요가 있었다.

둘째, 낮은 가격으로 농산물을 매입하고 더 높은 가격으로 가공 기업에 판매하여 초과이윤을 만들 수 있었다.

셋째, 이러한 이익은 강력한 행정부를 구축하고 소비에트 정부를 유지하는 데 필요한 재원이 되었다.

소비에트 정부는 이러한 불합리한 예속적 관계를 고려하여 집단농장들이 파산하지 않도록 그들에게 기술, 비료, 연료 등을 낮은 가격으로 공급했으며 가끔은 부채도 탕감해주었다.

코시긴(A. N. Koshgin)은 농업개혁의 필요성을 절감하고 다양한 개혁을 시도했다.* 그러나 인력 공급, 토지 공급 계약, 기술 및 연료에 대한 가격 할인, 부채 탕감과 같은 개혁이 있었지만 집단농장들의 위기는 멈추지 않았다. 중요한 원인은 농부가 토지의 주인이 되는 것을 인정하지 않는 소비에트 정부의 원칙 때문이었다.

소비에트 정부가 1980년대에 추진했던 모든 산업 분야의 자유주의경제 정책은 체제 위기를 초래했다. '페레스트로이카'라는 명칭으로 유명한 개혁 정책은 결과적으로 소비에트 체제의 붕괴를 초래하는 데 큰 영향을 미쳤다.**

소비에트연방 붕괴의 원인은 민족적·정치적인 문제에 기인하지만 그 핵심은 경제적 불안정에 있었다. 자유주의경제 조건에서도 성공적으로 활동을 유지하고 발전하는 산업은 아주 적었다. 그중에는 치르치크(chirchiq) 강 하류에 거주하던 고려인에 의해 형성된 집단농장들도 포함되었다.

"우즈베크공화국 고려인 집단농장은 소비에트연방 역사에서 인상적인 결과물 중 하나로 평가받는다."

우즈베크공화국에서 고려인 집단농장이 형성되기 시작한 것은 1937년 가을부터였다. 초기의 집단농장은 갈대밭, 늪지대, 황무지 등 쓸모없는 땅이었다. 고려인은 이처럼 척박한 땅을 개간하여 먹고살아야만 했다. 특히 소비에트 정부로부터 '불순분자'로 낙인찍힌 민족으로서 고려인은 이주의 자유를 가지지 못했고 심지어 군대에도 갈 수 없었기에, 결국 불모지를 개간하여 먹고살 수밖에 없었던 것이다.

기술도 기타 물적 자원도 없는 상태에서 고려인은 단기간에 습지를 개간하여 농사를 지었을 뿐만 아니라, 고려인이 건설한 집단농장은 우즈베크공화국을 넘어 전 소비에트연방에서 최고라고 평가받기에 이르렀다.

단순히 한 군데의 집단농장만 높은 평가를 받은 것이 아니었다. 구세대의 사람들은 1950~1960년대에 명성을 떨쳤던 '폴랴르나야 즈베즈다(북극성)', '세베르니 마야크(북쪽 등대)', '미코얀', '몰로토프', '디미트로프', '스베르들로프', '엥겔스', '프라브다(진실)' 등과 같은 타슈켄트 주(州)의 고려인 집단농장을 기억하고 있다. 우즈베크공화국 내 다른 지역들에도 이와 같이 인상적인 결과를 보인 고려인 집단농장이 여럿 있었다. 사마르칸트 주(州)의 '스탈린'[이후 '코무니즘'과 '바지르(시장)'로 명칭을 바꿈], '굴리스탄'이나 호레즘 주(州)의 '카를 마르크스', 나망간 주(州)의 '기

---

* 코시긴은 1966년부터 1980년까지 소비에트연방 내각 수상을 역임했다.
** 페레스트로이카(Perestroika)는 개혁을 의미한다.

간트(거인)' 같은 집단농장이 이에 포함된다.

"고려인 집단농장들이 이처럼
비약적으로 발전했던 이유는 무엇일까?"

소비에트연방 고려인의 역사와 문화를 서술한 출판물이라면 거의 대부분 고려인의 헌신과 성실, 총명, 높은 지식수준 및 기타 우수성에 대해 피력하며, 그들이 성공한 이유가 이러한 강점 때문이라고 쓰고 있다. 그러나 이는 부분적인 분석일 뿐이다. 이러한 품성은 어떤 민족이든 다 가지고 있다. 고려인이 다른 민족보다 더 열심히 일하고 더 우수한 지식수준과 생활력을 지니도록 이끈 원천적인 이유는, 소비에트 체제가 형성되기 이전인 19세기 후반의 제정 러시아 시기에 조선에서 연해주로 이주하고 정착했던 이주민(이하 한인)의 심리에서 찾을 수 있다.

러시아 권력층은 연해주의 한인을 동정하지도, 이들에게 큰 관심을 두지도 않았다. 따라서 낯선 땅에서 살아남기 위해 한인은 이들과 우호적인 관계를 형성할 필요가 있었다. 이를 위해서는 다른 민족들보다 더 많이 더 우수하게 일해야만 했다.

실제로 한인은 이러한 자세로 살아가면서 다른 민족들보다 우수한 민족이라는 평가를 받았다. 연해주 내 한인 마을은 러시아 마을보다 더 잘 정돈되어 있고 한인의 밭은 러시아인의 밭보다 잘 개간되어 있다고 러시아 공무원의 보고서에 적혀 있기도 하다.

특히 한인은 소비에트혁명 세력의 이데올로기를 수용하고 내전에서도 이들을 지지하면서 투쟁했다. 그리고 연해주 내에서 최초로 집단농장을 만들어서 성공시켰다.

그러나 소비에트 정부가 연해주의 한인에게 보답한 것은 중앙아시아로 강제 이주시키는 것이었다. 그 이유도 어처구니없게 일본의 간첩 행위를 방지하기 위한 것이었다. 1937년 8월 21일 소비에트연방인민의회와 공산당 중앙위원회의 회의 문건에 소비에트 정부의 결정이 명백히 나타나 있다.

왼쪽부터 폴리타젤 지도자 황만금,
세베르느 마야크 지도자 최 세르게이,
북극성 지도자 김병화.

위   스베르들로프 집단농장의 노동영웅들.
아래 왼쪽   김 드미트리(1918~1986) 스베르들로프 집단농장 회장.
아래 오른쪽 프라브다 집단농장 노동영웅들. 첫 번째 줄 왼쪽에서 두 번째 인물이 프라브다 집단농장 회장인 최 이반(1900~1976).

"남들보다 더 많이, 더 우수하게
일하고 공부하라!"

이 슬로건은 우즈베크공화국 내 고려인의 불문율
이었다.

아직도 고려인은 위협적인 기차 바퀴 소리를 기억
하고 있다. 그들은 먹고살기 위해 늪지대를 개간하
려고 치르치크 강 주변의 불모지로 뛰어들었다. 마
땅히 잘 곳이 준비되지 못해 토굴을 파서 지친 몸을
뉘어야 했다. 고통의 시간이 계속되었다. 제2차 세

계대전이 일어나자 농작물이 모두 전장에 공급되면서 고려인 자신은 나무뿌리, 낟알, 쌀 꼬투리, 명아주로 연명했다.

전쟁이 끝나고 고려인 집단농장은 기적처럼 다시 일어서기 시작했다. 그들의 성공에 대한 내용은 신문과 라디오 그리고 전당대회와 각종 학술회의에서 이야기되었다. 고려인의 집단농장에는 금빛 물결이 끊이지 않았다. 사회주의 노동영웅들 중 고려인의 이름이 나타나기 시작한 1948년부터 1957년에 이르기까지 약 130명의 우즈베크공화국 고려인이 소비에트 정부로부터 가장 영광스러운 명예를 받았다.

물론 타향에서 고려인이 성공적으로 정착한 또 다른 배경에는 토착민들이 자신이 어렵더라도 마지막 빵 한 조각까지 남들과 나눈 온정과 환대가 있었던 점도 짚을 수 있을 것이다. 고려인과 우즈베크인에게는 땅과 가족에 대한 헌신적인 사랑과 삶의 방식에서 많은 공통점이 있다는 사실도 매우 중요하다.

2005년 5월 10일부터 12일까지 우즈베크공화국을 공식적으로 방문한 대한민국 노무현 대통령과의 정상회담을 보고하는 기자회견에서, 본국의 이슬람 카리모프 대통령은 농담 반 진담 반으로 스탈린이 임기 중 유일하게 잘한 일이 한인을 연해주에서 우즈베크공화국으로 이주시킨 것이라고 했다. 그는 고려인이 우즈베크공화국의 성장에 얼마나 큰 공헌을 했는지 설명했다.

위대한 고려인 집단농장 지도자들과 노동영웅의 탄생

소비에트 정부는 비교할 수 없는 생산량을 달성한 고려인 집단농장의 지도자와 조합원들을 국가적 영웅으로 인정하고 전국적으로 그 이름을 알렸다. 먼저 지도자들을 살펴보면 다음과 같다.

김병화[폴랴르나야 즈베즈다(북극성)], 신정직[미트로프], 최 이반 안토노비치[프라브다], 김 드미트리 알렉산드로비치[스베르들로프], 한 발렌틴 안드레예비치

[자랴 코무니즈마(공산주의의 서광)], 류광선[호레즘 주(州) 구를렌스키 지역 스탈린], 이명극[나망간 주 자다르인스키 지역 기간트(거인)] 등이 대표적인 지도자였다.

이들은 모두 자주적이고 이타적이고 헌신적인 지도자였다. 어쩌면 그들은 강제 이주에 대한 결정을 내린 공무원들을 포함한 모든 권력자에게 자신의 공산주의 사상과 소비에트 정부에 대한 충성심을 증명하고 싶어 했는지도 모른다.

위와 같은 지도자들 밑에서 동고동락했던 조합원들도 자연스럽게 사회주의 노동영웅의 칭호를 받았다. '폴랴르나야 즈베즈다(북극성)' 집단농장에서 26명, '디미트로프' 집단농장에서 22명, '스베르들로프' 집단농장에서 20명, '미코얀' 집단농장에서 18명, '부제느이' 집단농장에서 16명, '프라브다(진실)' 집단농장에서 12명이 영광스러운 칭호를 받았다. 한 집단농장에서 이처럼 다수의 조합원들이 사회주의 노동영웅 칭호를 받은 것은 소비에트 역사상 더는 없다.

1950~1960년대에 고려인 집단농장들 사이에는 보이지 않는 경쟁이 있었다. 어떤 집단농장이 최고의 수확량을 달성하느냐, 어디가 복지가 가장 좋으냐, 어느 축구팀이 가장 강하느냐 등과 같은 건강한 경쟁이 지속된 것이다.

> "고려인 집단농장들 중 독보적인 존재는
> 소비에트연방 고려인공동체 대표자 중 한 사람인
> 황만금이 32년 동안 경영한 폴리타젤*이다."

폴리타젤이라는 명칭은 1933~1935년 동안 자동차 및 트랙터 담당국(이하 MTS)에 있던 '정치부서'에서 유래한다. MTS는 집단농장의 기술적 지원을 담

....

* 집단농장의 명칭인 '폴리타젤(Politadel)'은 약어로 본래 정치부서(polichekiy otdel)로 표현된다. 소비에트식 신어 창조의 특징적인 예이다. 이는 30년 이상 사회주의체제 내 마을의 성공적인 발전의 사례였으며 우즈베크공화국 고려인에게는 민족 자긍심의 상징이었다.

김 니콜라이(1904~1988) 알 호라즈미 국영
농장(호레즘 주) 회장.
엄 테렌친(1920~1996) 레닌의 길 집단농장
(타슈켄트 주) 회장.
신정직(1911~1987) 디미트로프 집단농장
(타슈켄트 주) 회장.

당했다. MTS의 정치부서들은 전국적 집단화로 인한 소비에트연방 농업의 위기를 타파하기 위해 긴급 부서로 만들어졌다. 이들 부서는 많은 권리를 가지고 있었으며 형벌을 집행할 수도 있었다. 정치부서의 담당자는 당의 농업 구역위원회가 아니라 소비에트연방 공산당 중앙위원회 산하 해당 공화국의 대표 부서에 소속되어 있었다.

정치부서들은 실무뿐만 아니라 법적·정치적으로 경영 직무도 담당했기 때문에 기존의 기타 당 소속 기관들과 달랐다. MTS 정치부서의 담당자는 집단농장의 회장과 함께 MTS의 생산 및 준비 계획, 집단농장의 조직경영 상태 관리 등을 책임지고 있었다. MTS 직원들과 집단농장 조합원들 앞에서 정치부서원들은 당 소속 관리인을 넘어 경영자, 행정관으로 활동했다.* 또한 정치부서는 조직적 경영의 강화와 집단농장 조합원들의 생활수준을 향상시키는 역할을 담당했다.**

황만금은 2세대 고려인 집단농장 회장이었다. 이 세대는 기성세대보다 지적 수준이 높으며, 사고와 활동범위도 폭넓었다.

1948년부터 1955년까지 사회주의 노동영웅의 칭호는 120명 이상의 우즈베크공화국 고려인에게 수여되었다. 1957년 황만금에게 영웅의 칭호를 수여했을 때, 고려인 집단농장의 금빛 물결은 조금 주춤

한 상태였다. 양마, 면화, 쌀 생산의 신기록을 달성했던 수치는 평균이 된 상태였다.*** 그 후 약 30년간 영웅의 칭호를 받은 우즈베크공화국 고려인은 고작 5명이었다.****

폴리타젤은 다시금 고려인 집단농장의 우수성을 전국적으로 알렸고 경쟁자를 찾을 수 없을 만큼 독

....

* 젤레닌(I. Ye. Jerelin), 「MTS의 정치부서들 '츠레즈브이차이시나(비상대책부서)', (1933~1934년) 정치의 연장선」에서 발췌. 모스크바: 《조국 역사》, 6호(1992).
** 같은 책.
*** 양마(kenaf, 洋麻)는 인피섬유 중 하나로 주로 황마 대용으로 쓰이는 한해살이풀로서, 키가 약 5.5m까지 자라며 주로 아래쪽에 섬유가 집중되어 있다. 작물은 손으로 수확하는데, 꽃이 피는 시기에 얻는 섬유가 가장 품질이 좋다. 섬유는 대개 기계로 자루에서 분리해내지만 일부 지역에서는 아직도 물에 담가 손으로 벗겨낸다. 양마는 꽤 생소한 국제적인 교역품으로 주로 밧줄범포마대 등을 만드는 데 쓰지만 신문용지, 양탄자 안감용 실 같은 다른 제품을 만드는 데에도 중요성이 증가하고 있다.
**** 이 류보비['폴리타젤' 집단농장 옥수수농원 작업반장, 1962년], 박 니콜라이[호레즘 주 구를렌스키 지역 '코무니즘' 집단농장 작업반장], 김 니콜라이 바실리에비치[호레즘 주 한킨스카야 지역 '알 - 호레즈미' 국영농장 회장, 1973년], 간 알렉세이[카라칼파크 자치 소비에트사회주의공화국 누쿠스 지역 전 소비에트연방 레닌 공산청년동맹 50주년 기념 국영농장 쌀농원 작업반장, 1973년], 간오남[타슈켄트 주 스레드네치르치크 지역 '엥겔스' 집단농장 면화농원 작업반장, 1976년].

보적 존재로 성장했다. 1980년대 초반에 폴리타젤의 매년 이익은 600만 루블 이상이었다! 이 돈으로는 '지굴리' 자동차 1,000대를 구입할 수 있었다! 그리고 집단농장 조합원의 평균 수입도 공업 종사자들보다 많았다.

폴리타젤의 업적은 무엇보다 많은 조합원, 작업반장, 농학자, 기계기술자와 기타 전문가들이 동틀 때부터 해가 질 때까지 때로는 휴일도 반납하면서 멈추지 않은 헌신적인 노동과 믿을 수 없는 열정으로 이룩한 것이다.

특히 황만금의 지도하에 폴리타젤은 우즈베크공화국 내 고려인 디아스포라의 상징적인 존재가 되었다. 황만금은 마치 인간의 성품 중 가장 좋은 것만을 가지고 있는 사람 같았다. 타고난 조직관리 능력과 더불어 그는 풍부한 지혜와 지식 그리고 통찰력을 보유하고 있었다. 그는 이러한 능력을 인민을 위해 인민의 이름으로 사용했다. 그는 사람의 심리를 잘 파악하여 자신과 관계있는 사람들뿐만 아니라 모든 사람들을 도우려 노력했다.

황만금은 강제 이주의 공포와 혹독한 전쟁을 견뎌냈다. 그는 40세도 안 되었던 젊은 시절부터 그에게 찾아온 영광을 잘 알았다. 권력의 최고봉에 있는 사람들과 만났고, 그에 대한 신문 기사가 나오고 영화가 만들어졌으며, 세계 각국의 유명 인사가 그를 만나러 왔다. 그러나 인생의 말기에는 그가 몸과 마음을 다 바친 고통 속에 있던 소비에트 체제가 그를 잔인하게 버렸다. 마치 자신의 자식들 중 최고인 자들만 무덤으로 끌어안고 가기로 한 것처럼 말이다.

1985년(을축년) 12월 12일, 언론 보도자료 중에서

캐나다 뉴펀들랜드 섬 간더라는 도시의 공항에서 비행기 DS-10기가 추락했다.
본선에 탑승하고 있던 미국 군인 250명과 승무원 8명이 사망했다.
백악관의 공식 대변인은 '적대적 행위'의 가능성을 배제시켰다.

델리에서는 인도의 국무총리 인디라 간디의 피살 사건에 대한 재판이 진행되고 있었다.

모스크바에서는 곧 도착할 예정인 북한 공산당 산하 총정치국의 일원인
조선민주주의인민공화국 정무원총리 강성산을 기다리고 있었다.

소비에트연방 기상청에 따르면, 모스크바는 낮 동안 영하 3~5도가 유지될 것이며,
서풍이 불고 눈이 적게 내리는 지역도 있을 것이라고 예보했다.

제 1 장

다시 살아난 1937년의 어두운 그림자

당시 모스크바의 12월은 쌀쌀했다. 땅은 진흙으로 질퍽했고 안개가 짙게 드리우고 있었다. 아침은 낮으로 변할 기미를 보이지 않았다. 두 시가 되면 이미 석양이 지기 시작했고 사람들은 서둘러 집으로 들어갔다.

집 안은 밝고 아늑했다. 집은 우울하고 답답한 날씨로부터, 밀고 밀리는 지하철로부터, 그리고 가게 앞에 늘어서 있는 행렬로부터 사람을 보호할 수 있게 해주었다. 집에서는 따뜻한 커피를 마시고 소파에 파묻혀 와들와들 떨던 무릎을 담요로 감싸고 텔레비전을 틀어 과거와 미래에 관한 새로운 소설 같은 소식들을 들을 수 있었다.

'러시아' 호텔 앞에 택시가 멈췄다. 검은색의 GAZ-24 기종이었다. 대체로 모스크바 택시기사들은 변덕스럽고 버릇없지만, 이 GAZ-24의 운전자는 차에서 튀어나와 뒷문을 열어주었다. 이러한 상황을 보자면, 그가 모신 고객이 범상치 않은 인물이라는 것을 짐작할 수 있었다.

차에서 회색 외투와 어두운 모자를 쓴 남자가 내렸다. 찌푸린 듯한 어두운 색의 눈은 그가 동양인임을 나타내고 있었다. 평균 이상의 키, 호리호리한 몸매, 지적인 분위기, 그러나 권위적인 표정을 한 그

남자는 무의식적으로 남들에게 경외를 받고 있었다.

그는 젊다고 할 수는 없었다. '그 머리 위에 절대 녹지 않을 눈이 내리고 있다'라는 말을 들을 만했다. 그러나 세월은 그의 어깨에 짐으로 남기보다는 오히려 그 나이에만 볼 수 있는 특별한 매력을 그에게 더해주었다.

그 남자를 뒤따라, 크지 않은 키에 살짝 통통하고 아름다운 여자가 차에서 내렸다. 그녀도 겨울에 맞는 옷을 입고 있었다.

택시기사는 아마 그를 일본이나 그런 나라에서 온 사업가나 정부 소속 공무원으로 생각했을 것이다. 혹은 외교관으로 보았을 수도 있다. 그 남자는 여자와 무슨 암호와 같은 언어로 이야기했지만 가끔은 러시아어를 쓰기도 했다. 그리고 그들이 구사하는 러시아어는 매우 유창하게 들렸다.

남자가 손에서 놓지 않던 가벼운 가죽 서류가방 말고는 그들은 별다른 짐을 가지고 있지 않았다. 동행하던 여자는 남자의 손을 꼬옥 붙잡고 있었고, 이 젊지 않은 한 쌍은 호텔의 입구로 향하는 계단을 차근차근 올라갔다.

'러시아'는 기네스북에 기록될 정도로 세계에서 가장 거대한 호텔 중 하나였다. 이 호텔은 약 4,500

명을 동시에 수용할 수 있는 2,700개 이상의 객실을 보유하고 있었다. 그리고 모스크바의 가장 한복판에 위치했었다. 그 근처에는 크렘린, 붉은 광장, 성(聖) 바실리 사원이 있었다. 호텔 안에는 2,500석이 마련된 중앙 콘서트 홀, '자랴지예' 영화관과 수많은 레스토랑과 카페가 들어서 있었다.

2006년에 모스크바 중심가를 개조하는 작업으로 인해 소비에트연방의 상징과도 같았던 이 호텔은 사라졌고, 그 자리에 보다 현대적인 건물들이 들어서게 되었지만, 소비에트 시절 이 호텔은 매우 고급스러운 장소로 알려져 있었다. 수많은 국회의원과 대표단이 각종 회의와 축제에 참가하기 위해 모여들곤 했다.

GAZ-24에서 내린 손님들은 꽤 지쳐 보였다. 모스크바의 명소들을 구경하느라 어지간히 피곤한 모양이었다.

어쩌면 눅눅하고 습했던 그날 날씨 때문이었을지도 모른다. 당시 소비에트연방의 기상청 보도에 의하면 12월 12일 모스크바에는 약한 눈이 올 예정이었고 영하 3~5도의 기온에 서풍이 예정되어 있었다. 그리고 그날 예측은 틀리지 않았다. 사실 그런 날씨가 벌써 며칠째 계속되고 있었고 갑작스러운 변화는 관측되지 않았기 때문에 틀릴 가능성도 없었다.

모스크바에 가서 세계적 명성을 가진 혁명가의 무덤을 방문하고, 볼쇼이 극장과 루즈니키를 방문하고, 트레티아코프 미술관과 크렘린 무기고의 작품들을 관람하는 것은 이 거대한 나라의 모든 시민이 소망하는 것이었다.

도도하고 거만한 이 도시는 자기의 품으로 이 모든 무리를 받아들여 그 품속에서 이들을 분해하여 '소비에트 시민'이라 불리는 기묘한 혼합물을 창조했다. 그러나 최근 몇 년간의 사건들은 이 수도의 거만과 스노비즘(snobbism)을 어느 정도 무너뜨렸다. 벨로카멘나야 기차역은 예전만큼 위엄을 풍기지 않았다. 크렘린의 '신선들'도 드디어 자신의 발이 죄 많은 이 땅에 닿는 것을 허락했고 서민의 삶에 관심을

가지게 되었다.

그러나 시민들은 여전히 물건을 구입하기 위해 가게 앞에서 줄을 서야 했다. 식료품 상점 앞에서도, 백화점 앞에서도, 공항 창구에서도, 극장에서도, 지역 주택 공급 담당부서에서도. 무엇보다 설탕, 아파트, 자동차를 구입하기 위해, 그리고 당연하게도 도스토예프스키와 업다이크의 책을 예약하기 위해서도 그들은 줄을 섰다. 간이매점 앞은 새벽부터 《리테라투르나야 가제타(문학신문)》, 《이즈베스티아(소식)》, 《노보예 브레먀(새로운 시간)》, 《아가뇨크(불씨)》의 신간을 구매하려는 사람들로 북적이고 있었다. 이러한 행렬 속에서 자라난 기묘한 시민들은 세계에서 책을 가장 많이 읽는 사람들로 남았다.

새해가 가까워짐에 따라 몇몇 상점에서는 장난감, 카드, 기타 새해맞이 물품을 할인하고 있었지만 도시는 딱히 명절 분위기를 보여주지 못했다.

호텔 벨보이가 그 남자와 여자를 반갑게 맞았고 당직 관리자인 여직원이 그들을 미소로 맞은 것으로 보아 그들은 반가운 손님인 것으로 보였다.

"고객님께서 사시던 타슈켄트는 아마 날씨도 따뜻하고 천국 같은 곳이겠죠. 저희가 사는 이 모스크바와는 다르게 말이죠." 남자에게 객실 열쇠를 건네주면서 여직원이 말했다.

"뭐, 물론 여기처럼 춥지는 않지요. 우리가 출발할 때에는 영상 12~15도 정도였고 눈도 오지 않았어요." 남자는 미소를 지으면서 답했다.

"거기 사람들은 참 복이 많네요! 타슈켄트는 역시 타슈켄트로군요! 그럼 편히 쉬세요!" 여직원이 인사를 건넸다.

타슈켄트에서 온 이 손님들은 이 간단하고 보편적인 문구를 주고받은 대화 덕분에 기분이 좋아진 모양이었다. 그들은 얼굴이 밝아졌고 주름이 퍼졌다.

"모두 잘 될 거야. 지켜보라고."

객실에 들어온 후 그 남자가 동행한 여자에게 말했다. 이유는 알 수 없었지만. 마치 그 말로 남자는 동행자뿐만 아니라 자신에게도 즐겁지 않은 생각들

을 떨치고 기운을 북돋으려 한 것 같았다.

그들은 객실에서 목욕을 하고 옷을 갈아입은 후 점심을 먹으러 나왔다.

객실에서 나오자마자, 그들에게 남자 두 명이 다가왔다. 외형으로 봐서는 러시아인이었다. 아무런 의심 없이 그 남자는 여자와 같이 옆으로 비켜 길을 내주었지만, 그 남자들은 그들 앞에 멈추어 섰다.

그 남자들 중 한 명이 남자에게 물었다.

"안녕하십니까! 실례지만, 귀하께서 황만금 그리고리예비치 맞으십니까?"

"안녕하시오! 그게 내 신분증에 적힌 이름이 맞긴 합니다."

그 손님은 놀란 표정으로 눈썹을 올리며 답했다.

"저희는 KGB에서 왔습니다."

남자는 안쪽 주머니에서 어두운 적색 증명서를 꺼내 그 손님 앞에 내보였다.

그 당시 'KGB'라는 약어는 소비에트연방 시민에게 차갑고 참을 수 없는 공포를 주는 존재였다. 특히 소비에트 첩보 기관들이 자국 시민들에게 행한 테러의 참상을 가슴 깊이 기억하고 있는 구세대들은 더욱 그러했다. 예조브, 야고다, 베리야 시절, '제국주의의 첩자', '민중의 적'과의 전투라는 표어 아래 사람들은 억울하게 밀고당하고 의심을 받아 철창 안으로 던져져 대부분 집으로 돌아가지 못했고, 그들의 이후 행방에 관해서도 친지들은 아무것도 듣지 못했다.

타슈켄트에서 온 손님은 얼굴을 살짝 움찔했지만, 아무래도 그는 그런 신분증을 가진 자들도 위협할 수 없는 사람인 것으로 보였다.

"아주 좋군요. 제가 어떻게 도와드리면 될까요?"

KGB 요원은 타슈켄트 손님의 얼굴에서 피어난 평온하고 호의적인 반응에 어느 정도 당황한 모양이었다. 그래서 그는 사죄하는 듯한 말투로 말했다.

"그게 말입니다. 저희는 어떠한 상황을 해명할 때까지 귀하를 구류하라는 지시를 받았습니다."

여자가 기겁을 하며 놀랐다.

"잡아두라니요? 어떤 상황인데요?"

황만금은 그녀를 안심시키며 말했다.

"타마라 니콜라예브나, 걱정하지 마오. 이건 오해일 것이고 지금 모든 것이 해명될 게요."

그 후, 그는 KGB 요원을 향하여 다시 한 번 강조했다.

"아무래도 당신이 무언가 착각을 한 듯합니다."

요원은 다시 한 번 물었다.

"황만금 그리고리예비치가 당신 맞습니까?"

"제가 맞긴 하지만…….'

"그럼 착각한 것은 없습니다. 저희는 타슈켄트 주 코무니스티체스키 지역 '폴리타젤' 집단농장의 회장 황만금 그리고리예비치를 구류하라는 지령을 받았습니다. 여기 저희 주소로 도착한 인가를 받은 전보입니다. 타슈켄트 주 검찰의 서명이 여기 있습니다. 이게 뭔지 아시겠죠?"

요원은 황 씨에게 전보를 보여주었다. 그는 주머니에서 안경을 꺼내어 쓰고 그 문서를 훑어보았다.

황 씨는 당혹스럽다는 듯 어깨를 움츠렸다.

"압니다. 최근에 타슈켄트에서 그분을 뵈었지요. 공산당 주공청위원회에서요. 웃으면서 건강이랑 생활이 어떤지 물어보더라고요. 그런데 여기에는 갑자기 체포하라고 적혀 있네요."

"당신을 이해합니다. 하지만 아시다시피 저희는 법의 뜻과 내용을 준수할 뿐입니다."

요원은 어깨를 으쓱했다.

황 씨는 그 말에 헛웃음을 쳤다.

"그래요? 법의 뜻과 내용이라 하셨습니까? 그럼 최고이사회의 동의는 어디에 있습니까? 아시다시피 저는 우즈베크공화국 최고이사회의 의원입니다. 그것도 보통 의원이 아닌 최고이사회 간부입니다. 법에 의하면 의원직을 수행하는 인물은 불가침이 적용됩니다. 의원을 체포하려면 최고이사회 동의가 필수입니다. 당신들은 그 동의서를 가지고 있습니까?"

"아니요."

요원은 난처해했지만 바로 다시 정신을 차렸다.

"그러나 귀하가 의원인 것은 통보받았습니다. 최

고이사회 동의는 타슈켄트에서 귀하게 제출될 것입니다."

황만금은 헛웃음을 쳤다.

"그렇다면 역시 최고이사회 동의는 없다는 것이로군요."

"저희는 검찰의 인가를 받았고, 지령서가 있고, 저희의 임무는 그 지령에 대해 왈가왈부하지 않고 이행하는 것입니다."

황만금은 조금도 속지 않았다. 그는 KGB 요원들이 고등행정기관의 명령을 이행하며, 무슨 일이 있어도 그 명령을 완수한다는 것을 정확히 이해하고 있었다. 최고이사회의 동의 여부는 그들에게 중요하지 않았다.

당시 우즈베크공화국에서는 사람들의 머리가 차례대로 잘려나갔다. 그중에는 황만금의 친구들과 지인들이 있었고, 그는 그들이 일생에 오점 하나 남기지 않았으나 '면화 스캔들'의 멍에에 잡혔음을 알고 있었다.

황만금은 자신의 경고 사항을 공화국 최고지도자에게 전하려 했으나, 그 지도자는 온갖 핑계를 대며 대면하기를 거부했다. 예전에는 그 유명한 집단농장의 최고지도자가 부탁하면 즉시 직접 폴리타젤을 방문하여 경외하는 듯 혀를 찼는데도 말이다.

안면이 있는 중앙위원회 직원들은 황 씨를 진정시켰다.

"지금 주인한테 일이 쌓여 있어요. 그리고 당신은 걱정할 필요가 없잖아요? 누가 감히 그런 일을 할 수 있겠어요? 당신한테는 아무 문제 없잖아요. 당신이 우리한테는 등대이고 모범적이고 대표적인 산업체 잖습니까. 저번 전체회의 때도 모두 한 소리 들었는데 당신이랑 메드베데프만 또 칭찬받았잖아요."

중앙 페르가나 지역의 처녀지 경작 담당자 메드베데프는 1970년대 공화국 시민경제의 지평선 위로 떠오르는 신성이었다. 그리고 우즈베크공화국 공산당 중앙위원회의 제16차 전체회의에서는 예전처럼 중앙위원회의 제1서기 우스만 호자예프가 황만금의 이름을 공화국 최고 경제지도자들 중 한 명으로 거론했다. 그가 걱정할 이유는 아무것도 없을 것 같았다. 그는 아무런 과장 없이 오직 자신의 지혜와 재능으로 진정한 국내 최고의 집단농장을 만들었다. 이에 대해 유명 작가 겸 소비에트 농촌 전문가 발렌틴 오베치킨이 서술했다. 그리고 권력의 제일 앞자리에 있는 자들도 이 사실을 알고 있었다. 소비에트연방을 방문한 수많은 해외 대표단들에게 보여주기 위한 예시로 폴리타젤이 선택된 것도 전혀 우연이 아니었다. 폴리타젤은 승리한 사회주의의 상징이자 '지혜로운 레닌식 국가 정책' 승리의 상징이었다.

황만금은 습관적으로 실무회의를 진행하고, 현장을 시찰하여 가을갈이한 밭의 상태를 점검하고, 목장에 사료가 축적되어 있는지를 점검하고, 기기 수리 상황을 점검했다. 그와 더불어 '청춘 악단'의 일에 관심을 가지고, 집단농장 조합원의 집을 방문하여 그들의 문제에 대해 들어주었다.

이 집단농장의 사람들은 전체적으로 교양과 학식을 갖추고 있었으며, 사실상 모든 집에 텔레비전이 있었고 거의 매일 상영하는 당 경제 및 법 집행 기관의 불순분자 제거에 대한 소식을 들었다. 그들은 모든 것을 알고 있었고, 자신들의 회장의 눈을 걱정스럽게 쳐다보았다. 그는 아무런 무서운 일이 없을 것이라고 그들에게 말했다. 언젠가는 누가 도둑이고 누가 정직하게 살았는지 판명될 것이라고 말했다. 당신들은 걱정할 필요 없으니 예전처럼 계속 일해달라고 말했다. 만약 무언가 부족한 것이 있으면 자신에게 알려달라, 자신이 힘닿는 만큼 그 문제를 해결해 보이겠다고 말했다.

황만금은 자신 있게 말했고, 그의 얼굴에서는 경계심을 찾아볼 수 없었다. 사람들은 진정했다.

그러나 그의 마음속은 걱정으로 가득했다.

행복하지 않은 소식들이 매일같이 찾아왔다. 최근에는 인근 집단농장의 회장들, '레닌의 길'의 테렌치이 바실리예비치와 '우즈베크공화국'의 아브구스트 로마노비치 최도 구속되었다. 그들은 지혜롭고 우수한 사람들이었으며 매우 뛰어난 집단농장의 지도자들이었다.

이 생각들에서 벗어날 수 없는 지경이 되었을 때 그는 확고한 결정을 내렸다. 위에서 도대체 무슨 일이 벌어지고 있는지 밝혀내기 전까지 집에 가지 않겠다는 결정이었다.

황만금은 당시 공화국 수장인 우즈베크공화국 공산당 중앙위원회의 제1서기 우스만 호자예프를 대면할 기회를 겨우 얻어냈다. 그는 언제나처럼 우호적으로 황 씨를 맞아주었으나 그의 시선과 행동거지에서 눈치채기 힘든 작은 변화를 느낄 수 있었다. 그는 아무런 해명도 하지 않았고 당이 정한 청렴결백함과 비리와의 사투와 같은 상투적인 이야기만을 했다.

그때 황 씨가 말했다.

"저는 공산주의자로서 상위 기관들을 만나야 할 필요가 있습니다."

그 내각의 수장은 어깨를 으쓱하며 말했다.

"그것은 당신의 권리입니다."

상위 기관들에 대해 말하면서 황만금은 당연히 1985년 봄 소비에트연방 공산당 중앙위원회 서기장이 된 고르바초프에 대해 말하고 있는 것이었다. 그에 의해 시작된 페레스트로이카는 사람들에게 드디어 이 국가에 변화가 시작된다는 희망을 심어주었다.

우스만 호자예프의 눈빛을 회상하면서 황만금에게 갑자기 떠오르는 것이 있었다. 우스만 호자예프가 이미 그때부터 자신에게 죄를 뒤집어씌우려 했다는 느낌이었다.

'1937년도의 어두운 구름이 다시 우리를 덮기 시작한 것인가'라는 생각이 황만금의 머릿속을 스쳤다. 그러나 '지금은 1930년대가 아니다'라며 황 씨는 스스로를 진정시키려 했다. 그러나 언제든 세간에 드러나지 않게 비밀리에 납치되어 KGB의 지하층에 감금될 수 있다는 생각에 부담이 가중되었다.

"명령이 무엇인지는 알겠지만, 당신들은 법이 무엇인지 이해해야 합니다!"

황만금은 KGB 요원들에게 말했다.

그는 어떤 명분도 KGB 요원들을 멈출 수 없다는 것을 잘 알고 있었다. 그는 체제를 아는 사람이었고 그 체제의 역군들이 어떤 '법'에 복종하는지 잘 알고 있었다. 그의 준법성에 대한 말은 형식적인 것이었다. 하지만 자신과 직원들에게 질서를 지키기를 강조하는 것에 익숙했던 황만금은 이런 심각한 상황에서도 그 습관을 버릴 수 없었다.

"다시 한 번 말하는데, 우리는 예속적인 사람들입니다. 우리에게 최고법규란 상부의 명령입니다."

요원은 자신의 동료를 보며 고개를 끄덕였다. 그는 황만금의 팔을 부드럽지만 강하게 붙잡았다.

"내가 도망갈 것이라고 생각하고 계십니까? 난 술래잡기를 하며 놀 나이는 지났습니다. 그리고 설사 도주할 기회가 있었다 해도 도주하지 않았을 것입니다. 내가 바로 집단농장 폴리타젤의 회장 황만금이란 말입니다."

그의 말은 매우 설득력 있게 들려서 요원은 다시 동료를 보며 고개를 끄덕였고, 그는 황만금을 놔주었다.

"저희야 더 좋지요."

우호적인 말투로 요원이 답했다.

아직도 일어나고 있는 일을 믿을 수 없었던 타마라 니콜라예브나는 절망적으로 울부짖으며 남편을 보호하려 그에게 몸을 던졌으나, 요원이 그녀의 길을 막았다.

"제발 진정하세요. 만약 이게 오해라면 내일이라도 다시 남편을 뵐 수 있을 겁니다."

"하지만 이이는 아침부터 아무것도 먹지 않았어요." 눈물을 흘리며 타마라 니콜라예브나가 말했다.

"우리는 하루 종일 중앙위원회 접수처에서 기다렸단 말입니다. 그리고 따뜻한 옷으로 갈아입혀야지요."

요원은 헛웃음을 쳤다.

"배를 굶게는 하지 않을 것입니다. 추위에 떨게 하지도 않을 겁니다. 하지만 외투는 입게 해드려야죠."

황만금은 아내에게 말했다.

"타마라, 걱정하지 마시오. 그저 오해일 거라 확신하오. 현장에서 다 밝혀질 거요."

그는 다시 자제력을 회복한 듯 보였고, 미소로 타마라 니콜라예브나를 격려했다.

황만금이 방문을 열자, 요원이 손으로 그를 멈추어 세웠다.

"죄송하지만 귀하의 짐을 검사해야 합니다."

황만금은 어깨를 으쓱했다.

"저희는 앉아 있어도 되겠지요?"

"물론입니다."

요원은 옷장을 열며 답했다.

황만금은 흐느끼고 있는 타마라 니콜라예브나를 소파에 앉혔다.

"그만하시오. 눈물로 이 사건을 도울 수는 없잖소." 그는 말했다.

요원들은 트렁크, 가방과 옷 안의 내용물을 살펴보기 시작했다. 황만금은 조용히, 살짝 비꼬는 듯한 눈빛으로 그 수색 작업을 바라보고 있었다.

"저희 일이 이런 겁니다."

살짝 부끄러워하며 타슈켄트 손님들의 옷 주머니 내용물을 살펴보던 요원이 변명을 했다.

"이해합니다."

황만금은 고개를 끄덕였다.

"아무래도 실망하신 것 같습니다만."

"우리가 실망할 이유가 있습니까?"

요원은 움찔했다.

"뭐, 무언가 대단한 걸 발견하길 기대하셨을 텐데요. 무기라든가, 아니면 달러 뭉치라든가요."

"아무것도 기대한 바가 없습니다만."

황만금이 비꼬는 것을 눈치챈 요원은 조용히 웃었다.

"우리는 그저 형식적인 일을 진행한 것뿐입니다. 조서 작성을 위해서요."

황만금은 요원들이 기다리고 있을 때부터 이미 진실에서 멀어졌음을 알 수 있었다. 그의 체포에 관해서 온갖 전설이 만들어지고 있었다.

물론 전설적인 인물들의 이름에는 항상 소문, 억측, 전설이 따라붙는다. 황만금의 경우도 그와 같았다. 버스에서, 식당에서, 직장에서 아니면 그저 거리에서 사람들은 귓속말로 서로에게 소문을 전했다.

"황 씨가 잡혔다는 소식 들었어?"

"어떤 황 씨? 집단농장 폴리타젤 회장?"

"그래, 그 양반. 그 사람 여행용 가방 속에서 미국 화폐 한 무더기랑 무기가 발견되었다고 하더라고. 누가 상상이나 했겠어?"

"설마! 어디서 외화를 그만큼 모았겠어?"

"누가 알아! 그 수년간 대규모 집단농장 회장으로 일했잖아. 그 회장들은 돈을 삽으로 퍼 담고 있고 말이야."

"비밀리에 국경을 넘으려 했다는 소문도 있더라고. 남한으로 도망을 시도했었다고 하던데."

"그 사람 비밀리에 모스크바로 날아갔다는데, 타슈켄트를 통해서가 아니라 침켄트를 통해 움직였다는군."

이와 같은 소문들이 당시 나라 전체를 뒤덮었다. 소비에트연방 KGB 장관 유리 안드로포프가 권력에 다가섬에 따라 전국적으로 부패와의 전쟁이 시작되었다. 신문 기사나 방송은 소비에트연방 각 지역의 대물 관리들의 탄핵과 체포에 대한 소식으로 넘쳐났다. 우즈베크공화국도 이 바람을 피할 수 없었다. 보도진은 사택 수사에서 현금과 수백만 루블의 가치를 지닌 귀중품들이 발각된 내무부 고위 관리들의 체포에 대해 전했다.

이런 상황에서 집단농장 회장의 체포는 딱히 놀라운 사건은 아니었으나, 이번에는 평범한 집단농장도 평범한 회장도 아니었다.

그러나 폴리타젤은 수년간 우즈베크공화국의 명함과 같은 존재였다. 황만금과 같은 영향력을 지닌 지역 단위 지도자는, 지역을 넘어 주 단위에서도 찾아볼 수 없었다.

황만금의 명예가 완전히 회복된 지금까지도 많은 사람들은 '떡을 만지면 콩고물이 묻기 마련'이라며 그가 많은 부를 축적했을 것이라 말한다.

그러나 1985년 12월 12일, 즉 황만금이 체포된 날 모스크바의 '러시아' 호텔에서 그의 객실을 수색했을 때 겨우 700루블밖에 찾아내지 못했다. 황 씨가 국경을 넘어 도주할 계획이었다는 것을 증명할 만한 물건은 아무것도 찾아낼 수 없었고, 이로 인해 KGB 요원들도 진정 놀랐을 것이다. 황 씨에게서 압류한 문서 중에는 타슈켄트행 왕복 비행기 티켓이 있었다.

만약 황만금이 국경을 넘으려 했다면 호텔에 남았을 리가 만무하며, 특히 '러시아' 호텔이면 더욱 그러하다. 1970~1980년대 세대의 사람들은 그런 호텔이 KGB 정보원들을 심어놓은 곳임을 잘 알고 있으며, 황만금 정도의 인사라면 일거수일투족이 감시되었을 것이다.

그 소문들 중 황만금이 도주하려 한 나라로 남한이 선택된 것도 매우 놀라운 것이다. 그 당시 소비에트연방은 남한과 아무런 수교를 하지 않았으며 남한에 대한 정보도 매우 적었다는 것을 알고 있을 것이다. 당시 소비에트연방의 대중 매체들은 남한에 '미국의 꼭두각시', '군부정치 체제'와 같은 꼬리표를 선사했다.

아마 이런 소문들은 민중이 아니라 황만금의 명예를 훼손시키려는 목적을 가진 고위직에서 만들어낸 이미지일 것이다. 유명 집단농장의 유명 회장이라는 사람이 엄청난 돈을 몰래 축적하고 제국주의의 보루인 미국의 충실한 연합국인 나라로 도주하려 했다는 이미지를 만들어 황 씨를 체포할 명분을 만들려 한 것이다.

KGB 요원들이 황만금을 끌고 가자 타마라 니콜라예브나는 그 뒤를 따라 달려 나갔으나 요원이 그녀를 멈추어 세웠다.

"부탁입니다. 객실로 돌아가주십시오."

"타마라, 객실로 돌아가주시오."

잠깐 멈춘 후 황만금이 말했다.

"아직은 아무한테도 전화하지 말고…… 아니, 스타니슬라프에게는 전화해주시오."

이렇게 유명 집단농장 폴리타젤의 저명한 회장, 우즈베크공화국 최고위원회의 의원이자 사회주의 노동영웅인 황만금의 전례 없는 체포가 이루어졌다.

우즈베크공화국 최고위원회의 의원을 체포하는 것 자체로도 뚜렷한 범법 행위였다. 소비에트연방과 그 공화국들의 헌법에는 해당 최고위원회의 동의 없이 의원들은 체포될 수 없다고 제정되어 있기 때문이다.

체포 후 황만금은 악명 높은 레포르토보 구치소에 감금되었으며, 며칠 후 타슈켄트로 회송되었다.

1919년(기미년, 단기 4252년*)

1919년 1월 22일 조선의 마지막 왕 고종이 서거했다. 일본인들에 의해 독살되었다는 소문이 돌았다. 고종의 장례식은 대중의 불안을 형성했다.

『한국의 역사』(서울, 1993)에서 발췌

3월 1일 탑골공원에서 독립선언서를 선포한 후 수많은 학생과 시민이 태극기를 흔들고 '대한독립만세!'를 외치면서 서로의 손을 잡고 서울 거리를 행진했다. 일본에 저항한 이 사건에 마을 211곳이 참가했으며, 시위는 총 1,500건에 참가 인원은 200만 명 이상이었다. 이 운동은 일본을 몹시 놀라게 했다. 일본은 시위자들을 몰아내기 위하여 군대와 경찰을 동원했다. 이 사건으로 7,500명이 사망했고 1만 6,000명이 부상을 입었으며 4만 7,000명이 체포되었다.

《프라브다》 신문, 1919년 9월 25일

타슈켄트. 9월 12일 제2차 투르케스탄 무슬림 공산주의자 긴급 대회가 러시아 중부와 소비에트 투르케스탄(Turkestan)의 병합에 관한 주제로 개최되었다. 본 대회 간부회는 리스쿨로프, 투르순 호자예프, 샤만수로프, 펜디예프, 알리예프, 유수포프 등으로 구성되었다.

《프라브다》 신문, 1919년 10월 26일

극동 지역에서 러시아군이 일본군과 전투를 계속했다. 여러 마을이 불타오르고 있으며 농부들은 대규모로 총살당했다. 이에 분노한 농민들이 빨치산 대대를 형성했다. 최근에는 자바이칼 및 프리아무르 주에서 일본군과 빨치산의 전투가 벌어지고 있다.

러시아전보통신사, 9월 25일

폴란드 지역의 독일 난민들의 보도에 의하면, 폴란드인들이 독일인들을 모두 내쫓고 있다고 한다. 유대인과 독일인이 함께 기소되고 있다. 9월 18일 목요일 우치 시(市)는 아수라장이 되었다. 유대인들을 전차 객차에서 끌어내리는 과정에서 그들의 수염과 살점이 함께 뜯겼다. 지금 우치 시에는 6만 8,000명의 독일인 실업자가 있다. 이러한 사건들은 폴란드 내 소수민족 권리 보호에 대한 파리 회담으로 인해 폴란드인들이 분노하여 벌어졌다.

---

* 러시아어판 원본에는 단기를 '중국 연호'로 표기하고 있다.

제 2 장

출 생

1860년대부터 러시아 연해주 지역에는 조선을 탈출한 이주민들이 조성한 마을이 여럿 있었다. 가장 거대한 한인 공동체는 포스예트(posyet)였다. 그곳은 전체 인구 중 한인의 비율이 90퍼센트에 달했다.

이주민들은 주로 농사를 지었는데 호미, 옥수수, 쌀, 콩, 귀리와 각종 채소를 재배했다. 어업에 종사하는 경우도 일부 있었다. 광업 종사자들도 적지 않았는데 특히 금광과 탄광에 많았다.

『소비에트 고려인 민족사에 관한 수필』의 저자인 역사학자 김승화의 정보에 의하면, 1910년에 포스예트 얀치힌스크(yanchihisk)의 노보키예프(novokiyef) 마을의 한인 인구는 1,038명이었으며 그중 러시아 국적을 가진 사람은 겨우 258명뿐이었다고 한다.[*] 마을 전체 인구 중 여성 인구는 30퍼센트 이하였다. 마을 거주민들은 120데샤티나의 경작지를 개간하면서 소 295마리, 돼지 157마리와 말 348필을 보유하고 있었다.[**]

노보키예프의 제1호 부자는 러시아군에 식료품을 공급하여 부를 축적했던 차노애였다.

러시아는 일본과 평화 조약을 맺은 동맹국이었지만 일본이 만주에서 군사적 영향력을 확대시키는 것을 경계하고 있었다. 1904~1905년 러일전쟁에서의

패배는 러시아인에게 아물지 않는 상처와 같은 기억이었다. 그래서 연해주, 특히 국경 인근 지역에는 많은 군사가 주둔하고 있었다. 포스예트에서 일장기의 깃발이 나부끼는 한반도 국경까지는 그야말로 엎어지면 코 닿을 거리였다. 그러나 차노애는 이러한 위기 상황을 상업적으로 잘 활용했다.

노보키예프 마을에는 석조 건축물이 22개, 목재 건축물이 118개 있었다. 이처럼 많은 수의 석조 건축물은 아무르 및 연해주 내 마을 중 단 한 군데에서도 찾아볼 수 없었다. 노보키예프 마을이 1860년대에 조성될 때 권력자들은 이 마을을 러시아 연해주의 남부 국경 전진기지로 간주했기 때문이다. 주택과 건물을 건설하기 위해 이 마을로 한인들이 많이 몰려들었다.

차노애는 당시 연해주에서 민정 당국 역할도 겸하던 군부와 좋은 관계를 유지하고 있었다. 그는 군부에 곡식과 채소를 공급하고 가축을 관리했으며 심지

---

[*] 김승화, 『소비에트 고려인 민족사에 관한 수필』(알마티: 나우카, 1965).
[**] 데샤티나(dessiatina)는 러시아에서 사용했던 땅의 측량 단위이다. 1데샤티나는 약 4,046제곱미터에 해당한다.

어 하바롭스크에서 보드카도 가져다주었다.

1917년 혁명 이후 러시아에서 폭동이 시작되었지만 차노애의 사업은 큰 영향을 받지 않았다. 그는 예전과 같이 군부대에 식료품을 공급했다. 다만 그 대상이 차르 군대에서 백군으로 바뀌었을 뿐이었다. 사실상 차노애한테 이러한 차이는 의미가 없었다. 양측 모두 똑같은 견장을 착용하고 있었고, 약속한 시간에 식료품에 대한 금액을 지불했다.

차노애의 누나인 차애범례는 황수최*의 아내가 되었다.

만약 두 사람의 결혼이 러시아가 아닌 조선에서였다면 이루어질 수 없었다. 황수최가 비록 몰락한 양반의 후손이기는 했지만 부유한 상인이라도 양반과 결혼하는 것은 그때까지 불가능했기 때문이다. 황수최는 러시아에서 태어났기 때문에 양반의 후손이라는 것에 의미를 두지 않았다. 유일하게 그에게 남겨졌던 양반으로서의 소유물은 바로 교양이었다. 포스예트에서 그는 이름보다 '황 선생님'이라고 불렸다.

그는 늘씬하고 큰 키에 근력이 평범하지 않은 사람이었다. 소문에 의하면 그는 보통 두세 명이 힘을 합쳐야 하는 160리터짜리 통을 혼자서 들 수 있었다고 한다.

대대수의 이주민들과 달리 그는 러시아어를 매우 유창하게 할 수 있었고, 그 덕에 특별한 문제 없이 국가 전역으로 움직일 수 있었다. 또한 그는 중국어와 일본어도 할 수 있었다. 중국어와 일본어는 당시 조선에서는 극소수만 누릴 수 있었던 특혜인 중국 유학 시절 동안 배웠다. 이런 배움에 대한 사랑은 경제적으로 몰락했다 해도 아들에게 교육을 전할 수 있었던 그의 아버지의 영향이었다.

언젠가 황수최는 우수리스크에서 박씨 성의 상인을 만났다. 그는 알타이족 사람, 한인, 중국인 등에게서 인삼뿌리, 모피제품을 구입하고 러시아 이주민과 군부에게서는 칼, 도끼, 그릇 및 탄약이 든 무기와 같은 각종 철제 및 유리 제품을 구입하여 만주로 들여보내고, 만주에서는 직물, 비단, 쌀을 수입하는 일을 하고 있었다.

박 씨는 건장하고 키가 큰 황수최를 보고 어디서 왔고 무슨 일을 하는지 물어보면서 대화를 나누었다. 황수최가 중국어를 한다는 사실을 알게 된 후 그는 통역자로 사업에 참여해주길 부탁했다.

황수최는 고향인 노보키예프 마을에 돈을 가져다주어야 하고 그 후 다른 일도 있기 때문에 거절했지

....

* 1992년 동아 대백과사전에 기록된 황씨의 기원은 다음과 같다. 황씨 성을 쓰는 사람들은 중국 호남 지역 출신 사람인 백익(伯益)이라는 인물의 혈족 후손들이다. 한반도 내 이 성씨의 기원에 대해서는 조선왕조 시대 문중 저서 『조선씨족통보』가 증명하고 있다. 서기 28년 신라시대 유리왕 치세 때 유신 황락(黃洛)이 사신으로 현 베트남 영토인 교지국으로 보내졌다. 그곳에서 갖은 고생을 겪은 후 그는 한반도로 돌아와 신라 땅 평해 지역에 피난처를 마련했다. 그 지역에서 그는 '황 장군'으로 불렸다. 그의 장남 갑고(甲古)가 가족에게서 독립하여 기성(평해의 옛 이름) 지역에 정착하여 평해 황씨의 시조가 되었다. 둘째아들 을고(乙古)는 장수군에 정착하여 장수 황씨의 시조가 되었다. 막내아들 병고(丙古)는 창원 황씨의 시조가 되었다. 그들의 후손이 여러 황씨 본관인 상주, 덕산, 우주, 황주 등의 시조가 되었다. 현재 황씨 성은 본관 20개로 나뉘나 대다수는 평해, 장수, 창원 등 세 본관에 속한다. 대한민국에서 1985년 확인된 황씨 성을 가진 인구는 총 56만 4,292명이다. 즉, 국가 총인구의 약 1.5퍼센트를 차지한다. 만약 이 비율을 적용하면 현재 세계에는 황씨 성을 가진 사람이 총 120만 명이라고 할 수 있다.
황수최는 양주 본관의 사람이었다. 그의 아들이며 유명 인사인 이 책의 주인공 황만금이 말한 바이다. 이에 대하여 황수최의 손녀이자 황만금의 사촌인 두샨베의 시민 엘리자베타 김이 확증했다. 동아 대백과사전에도 양주 황씨 씨족에 대한 기록이 없는 것으로 보아 이 씨족은 매우 수가 적은 것으로 보인다. 본관은 해당 혈족이 거주한 지역 이름에 기반을 두는 것으로 보아 황수최의 선대들은 서울보다 북쪽에 위치한 양주군에 거주했다고 추측할 뿐이다. 그리고 운명은 사람을 움직여 이 양주 본관의 대표자도 다른 한국인들과 같이 자신의 이상향을 찾아 고향을 등졌다. 겨울에는 매서운 추위가 불어닥치고 '푸른 눈'에 아마색 수염을 가진 사람들이 사는 북쪽 나라로 떠나, 한인들에게 익숙한 밀짚 모자가 아닌 북실북실한 모자를 쓰고 새로운 본관을 만들기 위해 떠난 것이다. 그리고 이 본관은 새로운 조국에 정착하여 양주만이 아니라 전 한국이 자랑스러워할 만한 영웅들을 낳게 된다.

만 박 씨는 포기하지 않았다.

"저도 재촉하는 것은 아닙니다. 제 카라반은 한 달 후에야 중국으로 출발합니다. 아직 필요한 물품을 다 준비하지 못했어요. 한 달이면 당신도 일을 다 마칠 수 있을 것 같습니다만."

계약을 확실히 하기 하기 위해 박 씨는 황수최를 설렁탕집으로 부른 다음 러시아 보드카 한 병으로 새로운 통역을 맞이했다.

만주로 가는 길은 빽빽한 산림으로 뒤덮인 산등성이와 협곡을 지나야 한다. 말과 나귀 60필로 구성된 카라반은 한인으로 구성된 의병들이 지키고 있었다. 일본인들과의 전투에서 다져진 그들은 무기, 피복과 식료품을 필요로 했다. 하지만 만주와 러시아 연해주 지역의 항일 공동체들이 제공하는 물자는 부족했기 때문에 때에 따라 그들은 카라반 호위대로 고용되어 필수 품목을 충당하고 있었다.

황수최는 카라반 주인인 박 씨 옆에 앉아 이동하고 있었으며 며칠 사이에 두 사람은 친해졌다. 박 씨는 자신이 조선에 가족들을 버리고 왔고 서울에 있던 자신의 저택과 상점들을 운명에 맡길 수밖에 없었던 것이 모두 일본인들 때문이라고 불평했다. 도망쳐 나올 때 바지를 기워 금괴와 보석을 숨긴 덕분에, 조국을 등진 수많은 실향민처럼 새로운 땅에서 집도 절도 없는 생활을 하지 않을 수 있었다. 그러나 새로운 땅에서 장사를 하는 일에는 많은 어려움과 위험이 따랐다. 한 걸음 뗄 때마다 러시아인들과 중국인들에게 세금을 내야 했다. 걸음마다 관리에게, 국경수비대에게, 또 누군가에게 돈을 지불해야 했다. 게다가 '홍호자(紅胡子)'라고 불리는 자들은 물건을 약탈할 뿐만 아니라 목숨도 빼앗아 갔다.

박 씨의 말을 증명이라도 하듯 카라반 근처에서 누군가 불안에 찬 목소리로 소리쳤다.

"홍호자다!"

"이런 개자식들 같으니!"

박 씨는 노하며 소리쳤다.

"저 자식들 다 뒈져버렸으면 좋겠네! 총 쏠 줄 알

아요?"

"경험은 있습니다."

황수최가 대답하며 말에서 뛰어내렸다.

벌써 총소리, 사람 비명소리와 겁먹은 말들의 울부짖음이 주위를 뒤덮고 있었다. 경비대장은 홍호자의 총탄을 피할 수 있도록 모두 협곡으로 내려가라고 지시하고, 자신은 대원들을 이끌고 사격소리가 들렸던 숲으로 향했다. 황수최는 그들과 함께 달려갔다. 박 씨는 죽을 수도 있다며 그를 멈추어 세우려 했지만 그는 그저 미소만 띠었다.

"숨으려고 하면 확실히 죽겠지요."

경비대원들이 빠르게 일제히 사격을 하자, 이런 반격을 예상하지 못한 홍호자들은 급하게 대피소를 버리고 숲 속으로 뿔뿔이 흩어졌다.

"아무래도 의병 활동을 한 적 있으신 것 같습니다."

전투 후 경비대장이 황수최에게 물었다.

"당신이 강도 한 명을 명중시키는 것을 봤습니다."

"아뇨, 참가한 적 없습니다."

황수최가 대답했다.

"러시아 군인한테 사격을 배웠습니다. 그가 일본 대사와 교섭할 때 통역을 해준 적이 있습니다."

"일본 대사와 말입니까?"

경비대장이 얼굴을 찌푸렸다.

"네. 일본 내사 말입니다."

답한 후 황수최는 갑자기 웃었다.

"2년 전쯤 우수리스크에서 사살된 일본 상인의 시체 두 구를 가져가려 왔더군요. 혹시 당신이 죽인 것 아닙니까?"

경비대장은 바로 기분이 좋아졌다.

"그거 좋네요. 저희 의병대에 참여할 생각은 없습니까?" 그가 물었다.

"안 됩니다."

박 씨가 대화에 끼어들었다.

"황 선생님은 저랑 계약도 체결했고 대가족의 가장이란 말입니다."

황수최는 구속받지 않는 삶을 좋아했다. 위험과

고난이 넘쳐난다 하더라도 아무에게도 구속받지 않고 누구의 감시도 받지 않는 것을 좋아했다. 그럼에도 의병에 들어가 빨치산 활동을 하고 싶다는 생각도 여러 번 했었다. 특히 조선에서 도망쳐 온 난민들이 일본인들의 잔악무도함에 대해 이야기할 때는 더욱 그러했다. 그러나 박 씨의 말이 옳았다. 당시 그에게는 부양해야 할 대가족이 있었다.

그 사건 후 상인들이 황수최를 찾아와 물건을 수송할 때 동행해주기를 부탁하는 경우가 많아졌다.

황수최는 중국에서 교육을 받았다. 가족 상황으로 인해 본가가 있는 노보키예프 마을로 돌아오게 되어 사실 전 과정을 다 수료할 수는 없었다. 그래도 중국에서 교육을 받는 동안 그는 중국어와 일본어를 배울 수 있었다. 하지만 가장 잘하는 언어는 어린 시절부터 사용해왔던 러시아어였다. 이로 인해 그는 또래들 사이에서 두각을 나타낼 수 있었다. 또래들은 러시아 연해주 지역에 많지 않은 한국 학교를 다녔으며 이 나라의 언어를 배우려는 의지가 강하지 않았기에 혁명과 내전 후 다가온 새로운 현실에 적응하는 데에 큰 어려움을 겪었다.

황수최는 새로운 지식과 변화에 신속히 적응하는 능력을 가지고 있었다. 그는 러시아 문학과도 친숙했다. 그가 딸들에게 지어준 이름이 나제즈다(소망), 베라(믿음), 류보브(사랑)인 것은 우연이 아니었다. 오직 막내딸만 다른 문화권의 이름인 리디야를 받게 되었다.

차노애는 매우 놀랐다. 이런 외모에 높은 교양까지 갖춘 사람이라면 더 높은 자리를 차지해 호화롭게 살 수 있었을 텐데, 그는 가족을 굶기지는 않았지만 부유하지 않은 수준을 유지하고 있었던 것이다.

사람들도 그를 존경으로 대했다. 외모와 교양 때문만은 아니었다. 그의 얼굴과 눈빛에는 호감과 신뢰를 불러일으키는 무언가가 있었다. 어쩌면 그래서 황수최는 이주민과 토착민 사이 혹은 가족들 사이에 일어나는 논쟁을 해결해달라고 자주 불려 다녔을지도 모른다.

황수최의 손녀인 엘리자베타 김은 다음과 같이 회상한다.

"웃어른들께서 말해주신 할아버지는 요즘 표현으로 말하자면 일종의 '해결사'였습니다. 그러나 중요한 것은 그분은 감각이 매우 예민한 분이었고 남의 고통을 자신의 고통처럼 품었다는 것이에요. 할머니는 할아버지의 관대함이 지나치다시며 자주 혼내셨었어요. 하지만 할아버지는 그저 '만약 빵 두 덩이가 있다면 하나는 가난한 자에게 주어라. 신이 너에게 돌려주실 것이다'라고 답하셨죠."

언젠가 한번은 황수최가 집에 낯선 병든 노인을 데리고 온 적이 있었다. 집안은 안 그래도 좁았지만 황수최는 노인에게 가장 좋은 구석을 내주어 그가 완치하도록 돌봐주었다고 한다.

애석하게도 그 노인은 일주일 후 사망했다. 장례에 대한 모든 일은 황수최가 직접 이행했다. 직접 관을 짜고, 묘지에 묘를 파고, 매장한 후에는 추도 의식을 거행했다.

며칠 후 그 노인의 아들이 그를 찾았다. 아버지의 죽음에 대해 알게 된 그는 울음을 터뜨렸다.

그 후 그는 다음과 같이 말했다.

"아버지는 오랜 시간 동안 병으로 고통스러워하셨습니다. 그런데 저는 일이 잘 풀리지 않아서 아버지를 잘 돌보지 못했습니다. 수확한 곡식은 비에 떠내려가 버렸고, 이제는 어떻게 빚을 갚아야 할지 모르겠습니다. 심지어 아버지가 집을 나가신 것도 알아채지 못했어요. 아마도 아버지는 집안이 이미 어려운데 병든 노인까지 있을 수는 없다고 생각하신 것 같습니다. 왜 그러셨을까요? 저희도 인간인데 말입니다. 아버지를 고쳐드릴 수만 있다면 다시 빚을 져도 좋은데 말이죠."

떠날 때 그 아들은 황수최 앞에서 무릎을 꿇고 큰절을 했다. 아버지의 마지막 며칠을 인간적으로 대해주고 인간적으로 장례를 치러준 것에 대한 감사의 표시였다.

황수최는 몰래 그의 품속에 돈을 넣어주었는데,

노인의 아들은 조금 후에 돌아와 황수최에게 돈을 돌려주었다.

"이미 저와 제 가족을 위해 많은 것을 해주셨는데, 저는 이 돈을 받을 수 없습니다."

"이 돈이 제 가족에게 만약에 필요한 돈이었다면 당신께 드리지도 않았을 겁니다."

황수최는 단언하며 그를 억지로 집에서 쫓아냈다. 그는 눈물을 흘리며 황수최에게 다시 감사를 표했다.

황수최는 차노애와 달리 부자가 아니었지만, 그가 돈 때문에 어려워하는 경우는 없었다. 어쩌면 정말 신이 그의 아량에 대해 갚아준 것은 아닐까? 어찌되었건 황수최는 단 한 번도 차노애에게 도움을 부탁한 적이 없었다. 많은 포스예트 주민들이 그에게 수확철인 가을까지 도와달라고 애원했는데도 말이다.

그의 행동은 이렇게 이해할 수도 있다. 황수최는 어찌되었건 양반이고 고귀한 신분을 타고난 사람인데 어떻게 자기보다 낮은 사람에게 머리를 조아릴 수 있었겠는가! 그렇다고 해도, 어떻게 자기 주머니에는 한 푼도 남기지 않으면서 다른 사람들을, 심지어 전혀 모르는 사람들도 도와줄 수 있겠는가? 차노애의 누나 차애범례는 아이들에게 필요한 물건을 사줄 돈도 없는데 남편은 돈이 생길 때마다 부자처럼 주위 사람들에게 나누어준다고 수차례 차노애에게 푸념하곤 했다. 차노애는 이를 알고 가끔 누나를 도와주었다.

1919년 초봄. 황수최가 치타 시(市)에 돈을 벌러 갔을 때도 그랬다.

차노애는 상업 거래를 위해 떠나기 전 누나에게 그의 헛간에서 옥수수 몇 자루를 가져가라고 말했다. 누나는 물론 매우 기뻤다. 옥수수는 가족에게 큰 도움이 될 수 있었기 때문이다. 차씨 가문의 딸 네 명이 모두 시집을 갔지만 넉넉하지 못한 생활로 어려움을 겪고 있었다. 게다가 차애범례는 임신한 상태였기 때문에 옥수수 몇 자루는 그녀에게 정말 귀한 것이었다. 그녀의 손에는 이제 두 살이 된 아기

가 달려 있었다. 그리고 열일곱 살 된 큰아들 상금도 있었기에, 그녀는 옥수수를 가져오기 위해 아들을 데려갔다. 돌봐줄 사람이 없던 어린 아들도 데리고 갈 수밖에 없었다.

차애범례는 아들들과 같이 말이 끄는 수레를 타고 돌아오고 있었다. 시간은 이미 정오를 지나고 있었고, 수레 위에서 옥수수 자루를 깔고 앉은 그들의 마음은 안정되고 평온했다. 어린 아들은 어머니 품속에서 졸고 있었고, 큰아들은 앞에 앉아 고삐로 말을 조종하고 있었다. 그녀가 유일하게 걱정한 것은 날이 너무 따뜻하다는 것이었다. 아침에는 아직 추위가 물러서지 않았기 때문에 말은 수레를 끌고도 문제없이 얼어붙은 하천을 지나갈 수 있었다. 하지만 지금은 해가 떠서 얼음이 녹기 시작했을 수도 있고 수레는 옥수수를 실어 더 무거워졌다. 그래서 차애범례는 자고 있던 아들을 자루 사이에 눕혀두고 조심스럽게 얼음 위를 걸어 말과 수레를 이끌었다. 큰아들 상금은 뒤에 있는 수레를 주시했다.

하천의 끝에 거의 다다랐을 때, 수레 밑 얼음은 결국 깨지고 말았다. 수레가 천천히 물속으로 가라앉기 시작했다. 차애범례는 상금에게 "동생을 구해!"라고 소리쳤고, 자기는 직접 굴레를 두 손으로 잡아 말을 강변으로 끌어당기기 시작했다. 상금은 아기를 재빨리 잡아 뺄 수 있었지만 수레는 이미 물로 가득 차 둘 다 흠뻑 젖게 되었다. 어머니는 몸을 날려 아기를 붙잡고 솜옷을 벗어 아기를 감싼 뒤 마을 쪽으로 달려 들어왔다. 상금에게는 말을 수레에서 풀어주라고 일러둔 후 이웃 사람들을 불러 옥수수와 수레를 꺼내는 일에 도움을 청했다.

황수최가 치타에서 돌아왔을 때는 심한 감기로 3일을 앓은 어린 아들이 이미 세상을 떠난 후였다.

차애범례는 슬픔에 사무쳐 앓아누웠다. 아들의 죽음에 매우 슬퍼하던 남편도 진정으로 걱정할 수밖에 없었다. 아내는 곧 출산을 해야 하지 않는가! 그래서 그는 아내를 돌보기 시작했다.

차애범례는 다시 일어서서 건강을 회복하지 않으

면 이제 뱃속에서 발로 차는 아이가 건강하게 태어날 수 없다는 것을 이해하고 있었다. 하지만 그녀는 자신을 돌볼 수가 없었다. 그 충격이 너무도 강했기 때문이다. 오직 태어날 아기에 대한 생각만이 그녀에게 힘을 주어 다시 침대에서 일어날 수 있었다.

차애범례는 태어날 아이에 대하여 점쟁이와 상담하기로 결정했다. 그녀는 이전에도 점쟁이를 만난 적이 있는데, 물론 점술과 예언을 믿지 않는 남편 몰래 가야 했다.

점쟁이는 이 가정에 대해 잘 알고 있었고, 그녀에게 닥친 슬픔에 대해서도 잘 알고 있었다. 그래서 그녀에게 다음과 같은 조언을 했다.

"척 봐도 심각한 병에 걸렸구먼. 그리고 네 나이도 이제 절대 젊은 나이가 아니고 말이야. 그러니까 아이가 건강하게 태어나려면, 산파가 건강한 여성이어야 하고, 네 아이를 처음 몇 개월 동안 보살펴줄 사람도 건강한 여성이어야 해. 출산은 내가 시키는 대로 해야 한다."

차애범례는 모든 의식을 점쟁이가 말한 그대로 이행했다. 출산이 다가옴을 느끼자 그녀는 미리 출산 장소로 준비해둔 마구간으로 갔다. 그녀가 출산을 마친 후 산파가 아이를 받아 따뜻한 물로 씻겼고, 아이를 포대기로 감싼 후 나모브 혈족의 어떤 여성에게 건네주었다. 그녀는 거름을 밖으로 버리는 구멍을 통해 아기를 건네주었다. 이렇게 해야만 아이가 건강하게 태어나고 나중에 유명하고 부자가 될 것이라고 점쟁이가 예언했기 때문이었다.

물론 이것은 미신이었다.

한반도에는 단 한 번도 민족 전체를 묶는 단일 종교가 존재했던 적이 없었다. 고려시대에 지배적인 위치를 차지했던 불교도 조선시대에는 핍박을 받고 유교로 대체되었다. 그러나 유교는 종교라기보다는 가정과 사회에 대한 법규에 가까웠다. 그리고 대다수의 가정에는 미신이 번창했고 무속 신앙을 믿었다. 심지어 최고의 기술을 자랑하는 오늘날까지도 대기업 사장들과 박사들도 고인이 된 선대의 무덤에

절을 한다. 그리고 이것이 미신임을 전혀 의심하지 않기도 한다.

아이 양육을 다른 가족에게 맡기는 것도 구세대 한인 가정에게는 널리 퍼진 현상이었다. 이것은 의료적 시점에서도 설명할 수 있다. 병든 어머니에게서 태어난 병든 아기에게 건강한 여성의 젖을 물리는 것은 당연히 아이에게 좋은 영향을 끼친다. 민간 신앙적으로는 이렇게 하면 악한 영들이 아이를 찾지 못할 것이라 생각했다.

어찌되었건 점쟁이의 점괘는 정말로 들어맞은 결과를 낳았다. 바로 그날, 1919년 5월 1일 차애범례가 낳은 아들은 미래의, 현재 시점에서는 소비에트 연방의 가장 뛰어난 고려인이 될 운명을 타고났다.

갓 태어난 아기에게는 황만금이라는 이름을 주었다. 러시아식으로는 티모페이(Timofei)라는 이름도 주었다.

만금이 태어난 후 얼마 안 있어 아버지와 큰아들은 적군에 동원되었다. 차노애는 가족과 함께 중국으로 도주해야 했다. 그는 백군과 협력한 혐의로 소비에트 정권 측으로부터 위협을 받고 있었다. 소비에트연방 내 전국적으로 대규모 숙청의 바람이 불었기 때문에 만약 그가 남아 있었더라면 큰 화를 면치 못했을 것이다.

황수최는 연해주에 창궐했던 한인 빨치산 대대와 정기군 부대에서 복무했으며 일본인 진압에 참여했다. 그러나 큰아들에게서는 오랜 기간 동안 소식이 없었다. 시간이 흐른 후 쪽지 하나가 도착했다. 이마저도 그가 아니라 그가 복무했던 대대장으로부터 온 것이었다. 그는 혁명을 위한 전투에서 영웅적으로 전사했던 것이다.

그리하여 황수최의 가족은 아들을 한 명 더 잃었다. 어쩌면 막내아들 만금이 이 가족에게는 생활의 중심이자 중요한 희망이었을 수도 있다.

공식문서에는 황만금이 태어난 해는 1921년으로 기록되어 있으며, 출생지는 블라디보스토크라고 한다. 하지만 그의 아들 스타니슬라프 티모페예비치의

주장에 의하면, 아버지 황만금은 자신이 1919년에 태어났다고 여러 번 말했다고 한다. 그리고 그가 태어난 곳도 블라디보스토크가 아니라 포스예트 지역 노보키예프 마을이라고 한다.

당시에는 1930년대까지 문서에 정확한 생년월일은커녕 성명이 정확히 적혀 있는 경우도 드물었다. 이는 농촌 지역에 교양이 있는 사람의 수가 한인들 사이에서도 부족했고 호적 보고 기록 기관에도 부족해서 그런 것이었다.

6년 후 1925년에는 이 거대한 국가의 다른 끝자락, 유라시아 대륙 한복판의 모스크바에서 우즈베크 공화국으로 도착한 한인 공동체가 타슈켄트 주에 농업합동조합 '일심'을 세웠으며, 농업 집단화 기간에 '폴리타젤'이라는 명칭을 달게 되었다.

황만금의 저서 『집단농장 폴리타젤』
(모스크바: 콜로스, 1974) 에서 발췌

대략 50년 전에 극동에서 우즈베크공화국으로 이주한 고려인 1세대들이 있었다. 이 공동체 중 하나는 타슈켄트 주 치르치크 강 상류에 정착했고 지금 그곳에 집단농장 폴리타젤이 있게 되었다. 그 시점부터 우리 집단농장의 역사는 시작된다. 그 역사는 절대 쉬운 것이 아니었다. 집단농장 설립자들은 수많은 어려움을 겪어야 했다.

고려인 농민들은 벼 재배의 전문가였기 때문에 그들은 작물을 재배하기 적합한 지역에 자신들을 정착시켜주기를 주요 기관에 부탁했다. 그러나 배당받은 치르치크 강의 상류, 중류, 하류는 엄청난 늪지대와 이동하기 부적합한 돌무더기로 가득 찬 곳이었다.

극동의 이주민에게 우즈베크는 물러설 수 없는 마지막 땅이었다. 현지 주민들은 그들을 형제와 같이 친구처럼 따뜻하게 맞아주었다. 공화국의 당 및 소비에트 기관들은 새로 자리 잡은 이들을 도와주었으며 그 후 얼마 지나지 않아 훌륭한 집단농장들이 탄생했다.

집단농장 폴리타젤의 발단은 1925년 4월 11일로 거

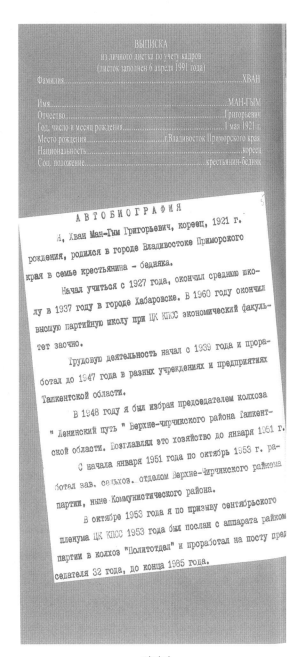

이력서
인사기록과의 개인 기록에서 발췌
(본 기록은 1991년 4월 6일 형성됨)

성	황
이름	만금
부칭	그리고리예비치
생년월일	1921년 5월 1일
출생지	연해주 블라디보스토크
민족	한인
사회적 위치	농민 - 빈농

슬러 올라간다. 타슈켄트 주(州) 문서보관소 토지측량사 쿠시(P. Kushi)의 기록에 따르면, 타슈켄트 집단농장으로 등록된 것 중에는 '일심'이 있었다고 한다. 일심 집단농장의 첫 번째 회장은 전직 조합원 김 니콜라이였으며, 당 집단농장 조직의 제1서기는 김석범이었다.

일심은 치르치크 강 인근에 위치했으며 현재까지 남아 있는 '치빈테파(모기 언덕)'의 일부를 차지했다. 이곳에는 다른 소규모 집단농장들도 있었다.

치빈테파 인근 지역은 완전히 야생지대였는데, 밤마다 자칼의 울부짖음이 들려 사람들이 두려움에 빠졌고, 모기 등 각종 해충이 무수히 많았다. 주택 근처에는 거북, 도마뱀뿐 아니라 맹독을 지닌 독사, 전갈도 기어 다녔다. 간혹 열대 말라리아가 창궐하기도 했다. 그러나 집단농장 조합원들은 용기를 가지고 이 땅의 개간을 위해 싸웠다. 소규모 집단농장들은 이를 견뎌낼 수 없어서 일심 집단농장이 점진적으로 다른 집단농장들을 통합했다. 1931년 집단농장 조합원의 요구에 따라 명칭을 '옥차브르(시월)'로 바꾸었다.

집단농장에 들어오고 싶어 하는 지역민의 숫자도 빠른 속도로 증가했다. 농사에 적합하게 개간된 토지는 비대해진 농장의 규모에 비해 모자라서 미개척지를 개간하여 농토를 넓혀나갔다. 치르치크 강 상류 지역의 중부 인근에 있는 늪지인 양기바자르(Yangibozor)를 집단농장이 통합했다. 마을 주위에는 벼와 밭작물 파종을 위해 개간된 크지 않은 구역들이 군데군데 있었다. 첫해에 옥차브르가 벼 파종을 위해 사용할 수 있는 땅은 겨우 40헥타르밖에 되지 않았다. 남은 공간을 차지하는 것은 농부들의 능숙한 손길을 기다리는 방대한 갈대밭, 늪지대, 그리고 소택지였다.

집단농장으로 모든 인원이 이주를 마친 것은 1932년이었다. 낡고 허름한 진흙 초가집과 거의 무너져 내린 별관 아홉 채를 주택으로 사용했다. 집단농장 조합원 중 일부는 임시로 토굴집, 천막(유르트)이나 날림집에 거주할 수밖에 없었다. 이 땅에는 집단농장을 확장할 수 있는 가능성이 넘쳐났지만 경작 면적을 확장하려면 마을을 둘러싼 늪지를 말리고 덤불과 돌을 제거해야 했다.

당시 집단농장에는 기술이라 할 만한 것이 없었다. 토지 계획, 관개용 및 건조용 도랑 작업 등은 모두 손으로 직접 보습과 삽을 써서 진행했고, 흙은 자루와 수레로 옮기고 외바퀴 손수레로 운반했다. 집단농장 조합원들은 노동으로 농사에 적합한 땅을 만들어나갔다. 수확 및 배수 장치, 관개용 도랑과 관개 기구를 설치했다. 우즈베크농업은행에서 옥차브르는 대출을 받았다. 늪지대는 인간의 노동을 통해 점차 변화되어갔다.

1931년, 치르치크 강 지역에 처음으로 MTS가 들어왔다. 지역의 당 조직을 지원하기 위해 소비에트 공산당 중앙위원회는 마을에서 정기적으로 일할 수 있는 공산주의자 2만 5,000명을 도시로 파견했으며, 이들은 모두 10월 사회주의 대혁명에 참여한 사람이었다. 그 2만 5,000명 중 한 명인 펠로긴(M. G. Pelogin)이 이 지역 MTS의 수뇌가 되었다.

MTS의 설립은 마을 노동역군들의 노동 및 정치적 활동성의 성장에 영향을 미쳤다. MTS 덕분에 집단농장 노동은 생산성이 높아지고 농작물의 품질이 향상되었으며 집단농장 구조가 강화될 수 있었다.

옥차브르 현장에서 근무한 MTS의 최초 기계 운영자들은 사회 및 경제 발전에 크게 공헌했다. 집단농장에는 타시풀라토프(T. Tashpulatov), 김거중, 안강절, 박영표 등과 같이 트랙터 작업조에서 일했던 이들의 이름을 아직도 기억하는 사람들이 있다.

집단농장의 구조 강화와 농업을 발전시킨 중요한 계기는 MTS에 정치부서가 생긴 것이다. 그 부서들은 MTS와 국영 농장의 당 운영 향상을 담당하기 위해 소집되었다. 정치부서들은 빠른 시일 내에 농업 종사자들에 대한 강한 영향력과 존경심을 얻게 되었다. 모두의 의견이 일치한 요구 사항에 따라 1933년 옥차브르는 정치부서들을 기리는 의미로 명칭을 '폴리타젤'로 바꾸었다. 집단농장의 두 번째 탄생을 기리기 위하여 농장의 중심인 호자 마을을 지나가는 관개용 수로는 '옥차브르 수로'로 부르게 되었다.

만금이 태어난 후 얼마 지나지 않아 황수최의 가

정은 블라디보스토크로 이사했다. 아마 그곳에서 황수최가 아들의 출생신고를 했을 것으로 추정된다.

황수최는 앞에서 언급했듯이 모국어인 한국어 외에도 일본어, 중국어, 러시아어를 구사할 수 있었기 때문에 어느 국가 기관의 통역이나 교사로 일할 수 있었다. 그러나 황수최는 개인의 자유를 매우 귀중히 여겼으며 누구에게도 구속되고 싶지 않았다. 그렇기 때문에 그는 '유랑 예술인'이라는 길을 선택했고, 예전처럼 한곳에서 일하지 않고 한 지역에서 다른 지역으로 물품을 운반하는 상인들의 통역가 겸 경비원으로 고용되었다. 그 수년간 그는 각종 직업을 가졌는데, 그 직업 중에는 제빵사도 있었다.

황수최는 블라디보스토크의 부유한 한인 상인에게서 작은 집을 임대하여 가족을 정착시키고, 그 자신은 다시 일용할 양식을 구하기 위해 드넓은 세상으로 나갔다. 그는 친척들이 살던 하바롭스크와 비로비잔을 방문했고 이르쿠츠크까지 도달했다.

한마디로 그는 한곳에 정착하여 살 수 있는 사람이 아니었다. 어쩌면 그는 마음에 맞고 뿌리를 내릴 만한 곳을 찾고 있었을지도 모른다. 그의 가정은 얼마 동안 블라디보스토크에서 거주한 뒤 하바롭스크로 이주했다.

그곳에서 만금은 학교에서 중등교육을 받았다.

학교 취주악단의 축하음악이 졸업식에서 울려 퍼지고 대학 입학시험을 막 마친 그때 연해주 한인들에게 마른하늘에 날벼락처럼 무지막지한 명령이 떨어졌다. 바로 강제 이주였다!

1937년(정축년, 단기 4270년)

《프라브다》 신문, 1937년 4월 23일
극동 소비에트에서 해외 첩보원들이 온갖 가능한 계략을 쓰고 있다.
요원들은 첩보 작업을 진행해야 하는 해당 지역 주민처럼 위장한다.
정찰 작업은 본국 영토 내 각 목표 지역의 민족 구성을 감안하기 때문에
조선 혹은 중국 국적이나 러시아 백군 출신 요원을 파견한다고 한다.

《프라브다》 신문, 1937년 9월 27일
타슈켄트 핵심 당원 집회. 우즈베크공산당 중앙위원회 제3차 회의 결과 보고를
중앙위원회 제2서기 야코블레프 동무가 발표했다.
보고자는 당원들에게 이크라모프가 반혁명 부르주아민족주의 단체의 일원임이 발각되었다는 것을 공표했다.
야코블레프 동무는 당원들에게 이크라모프의 제1서기 직책을 박탈하고, 본 인물은 당에서 파문되며,
담당 부서에 사건을 인도한다는 전체회의의 결정을 공표했다.
회의는 열렬한 갈채로 이 결정에 찬동했다.

제 3 장

위 대 한 탈 출

1937년 8월 21일, 소비에트연방 공산당 중앙위원회 및 소비에트연방 인민대표자회의는 스탈린 및 몰로토프의 서명하에 연해주 내 한인의 중앙아시아 및 카자흐스탄 이주에 대한 조례를 확정했다. 이 정책의 정당성으로 제시한 이유는 '일본의 첩보 행위를 진압하기 위함'이었다.

소비에트연방의 극동 국경은 평화롭지 못했다. 일본은 1910년 조선을 합방한 후 수년간 소비에트연방과 국경을 맞대고 있는 중국 영토 대부분과 만주를 차지했다. 소비에트연방은 일본의 지속적인 확장을 경계하여 자국의 국경을 강화했다. 정부는 국경 봉쇄 관련 정책을 적용하고, 신규 방어 시설을 건설했으며 병력을 증가했다. '불순분자들'을 국경 지역에서 다른 지역으로 이주시키는 것도 이 정책의 일부였다.

이러한 분자들에는 한인뿐만 아니라 중국인, 리투아니아인, 라트비아인, 폴란드인, 체코인이 포함되었으며, 흔히 '하얼빈 사람들'이라 불리는 중국에 이주했다가 본국으로 귀국한 전 러시아 백군도 포함되었다.

내전 기간 동안 일본을 전 민족의 숙적으로 받아들였던 한인들은 1919~1922년간 소비에트 연해주를 장악했던 일본 점령군에 대항하여 빨치산 전투를 전개했다. 역사학자 김승화는 연해주와 자바이칼 지역에서 활동한 한인 빨치산 대대가 48개나 되었다고 저술했다. 그렇지만 기타 고위직 한인들과 같이 결과적으로 빨치산들도 탄압의 대상이 되었다.

안 드 레 이 오 를 로 프 의 기 사 "석 방"에 서 발 췌 《이즈베스티아》지, 1991)

극동 한인들에게 1937년은 변혁의 운명을 받아들여야 하는 시기였다. 7학년까지 한인 학교에서 교육을 받은 황만금은 러시아 학교로 전학하여 나쁘지 않은 성적으로 졸업한 후 블라디보스토크에서 해양대학에 입학하려 했다. 그곳에서 황만금은 하바롭스크에 있는 집으로 시험을 잘 마쳤다는 전보를 보냈다. 그런데 갑자기 아버지로부터 '즉시 돌아오라'는 긴급 호출을 받았다. 그는 불안했다. 아버지에게 안 좋은 일이 생긴 것일까? 어머니와는 1933년에 이미 사별한 상태였다.

황만금은 급하게 아파트로 돌아왔다. 아버지는 '우리를 중앙아시아로 이주시킬 것'이라는 당혹스러운 소식을 전해주었다. 그다음 날 누군가 문을 두드리더니, 짐을 정리할 시간으로 하루를 주겠다고 전언했다. 딱히 꾸릴 짐은 없었다. 합판 여행용 가방 두 개와 이불이 든 배낭 하나가 전부였다. 화물 트럭은 특별 열차가 기다리는 기차역으로 그들을 데려다주었다. 자동차가 계속해서 도착했다. 화물칸에는 사람들이 가득 차게 되었다.

황만금은 다음과 같이 당시를 회상했다.

"교통비로 우리는 각각 200루블씩을 받았다. 괜찮은 양복을 구할 수 있는 금액이었다. 차량에는 작은 난로가 있었고, 물과 음식은 역에 멈출 때 구할 수 있었다. 거기에는 우리를 기다리고 있는 사람들이 있었다. 대체적으로 나쁘지 않게 구성된 정책이었다. 물론 대략 20만 명의 한인을 이주시키는 것을 그렇게 묘사할 수 있다면 말이다. 이동한 기간은 한 달이 조금 안 되었고, 1937년 10월 20일에 타슈켄트에서 멀리 떨어지지 않은 브레브스카야 역에 우리를 하차시켰다. 어떤 사람들은 더 멀리 가게 되었고, 어떤 사람들은 카자흐스탄에 도착하게 되었다. 아버지는 제빵소에 조합원으로 취직했고, 나는 그다음 해 타슈켄트로 출발해 대학의 역사학과에 들어갔다. 3학년을 마치고 난 후 전쟁이 발발했다. 1941년 5월 1일, 나는 20살이 되었다. 난 벌써 5년째 콤소몰*로 활동하고 있었다. 물론 나를 전방에 배치해달라는 청원서를 작성했고, 당 가입을 요청하는 청원서를 제출했다. 1942년도에 난 공산주의자가 되었지만, 전방에는 배치되지 못했다. 그 대신 시골 학교의 선생이 되라는 지시를 받았다. 그 일이 당시 매우 시급하다고 했다. 나를 심사한 당 구역 집행위원회 회의실에는 등유 램프가 켜져 있었다. 많은 질문을 받았지만 특별한 장애요인은 없었다. 우리 고려인을 탄압 대상으로 간주한 사람은 한 명도 없었다. 참고로 구역위원회의 제2서기는 고려인이었고, 제1서기는 카자흐인, 회장은 우즈베크인이었다. 그 외에도 러시아인들이 앉아 있었다. 현지 주민들이 빵과 협력으로 이주민들을 도와준 것은 절대 잊을 수 없다. 순박하게 살았고 모두가 소비에트 사람들이었다. 현세대의 민족 간 문제들은 어디서 오는 것인가?"

1937년 8월 21일 공표된 조례는 철저한 기밀로 인장이 박힌 채 진행되었다. 그렇지만 그 조례에 대한 정보는 어떻게든 밖으로 새어 나갔다. 한인들 사이에서는 온갖 소문이 퍼졌지만 그걸 믿는 사람은 적었다. 소비에트 권력을 신성시하며 신뢰하는 사람이 대부분이었다. 그들은 그 권력이 그 정도로 극악한 법령을 발표할 수 있을 것이라는 상상도 하지 못했다.

그러나 머지않아 소문은 사실로 밝혀졌다. 모든 집단 거주 지역에서 회의가 진행되었으며, 소비에트 연방 공산당 중앙위원회 및 인민위원회가 그 악명 높은 조례를 낭독했다. 그 모임들에서는 당과 정부가 일본 제국주의자들이 위협하는 한인의 안전을 걱정하여 국경으로부터 먼 곳으로 이주시키기로 결정했다고 말했다. 그러나 시간과 목적지에 대해서는 아무런 말도 없었다.

10월 9일, 이주민들을 실은 첫 번째 열차가 출발했다.

우즈베크공화국 내무부 문서보관소 제50310번으로 보관되어 있는 1937년 10월 3일 자 전보에 의하면, 9월 30일 스바보드나야 역에서 47번 기차로 302가족의 1,486명의 이주민을 실은 후 열차가 출발했다고 한다.

이 열차에 황수최의 가족도 있었다. 60개가 넘는 객차는 사람들로 꽉 찼다. 차량들은 가축을 포함한 각종 화물을 운반하는 화차였다. 각 차량에는 평균적으로 5가족, 즉 20~25명 정도가 탑승했다. 이주민들의 가구, 가재도구 등을 실은 차량이 별도로 있었으며, 호송 병력용 객차도 그 구성에 포함되어 있었다.

물론 수송책임자였던 체르냐브스키는 키가 크고 풍채가 좋으며 무엇보다 훌륭한 러시아어 실력으로 다른 이주민들보다 두드러져 보이는 황수최를 주목했다. 그를 자신의 객차에 초대한 체르냐브스키는

---

* 콤소몰(Komsomol)은 소비에트연방 레닌 공산주의 청년동맹을 말한다.

오랫동안 그와 이야기를 나눈 후 그를 자신의 보좌관으로 임명했다. 황수최가 맡은 책무는 이주민이 단 한 명도 열차를 놓치지 않도록 하는 것과, 객차에 설치된 쇠 난로의 연료로 사용되는 석탄과 물의 공급을 제때에 받을 수 있도록 하는 것이었다.

이미 청년으로 성장한 아들 황만금은 자연스럽게 아버지의 전령이 되었다. 아버지의 명령을 수행하고, 객차들을 돌아다니고, 사람들에게 열차 담당자의 명령과 광고를 전달했다.

그는 이런 일들을 좋아했다. 침상에 누워서 어느 한 점을 멍하니 쳐다보거나 승객들과 시답잖은 대화를 나누는 인생은 그의 활동적 성향상 맞지 않았다. 그래서 그는 아버지가 어떤 일을 하라고 할 때마다 매우 기뻐했다.

한번은 객차 한 곳에서 마찰이 빚어졌다. 한 가족이 다른 가족의 빵을 훔치다가 시비가 붙은 것이었다. 말다툼이 주먹다짐으로 가기 직전에 황수최와 만금이 도착했다. 비범한 힘을 가지고 있는 그 부자는 빠르게 이웃들을 떼어냈다. 황수최는 마찰을 빚은 양측을 난로 옆에 앉혀 아무 일도 없었다는 듯 그들과 다른 사람들에게 병자는 없는지, 불만 사항은 없는지 물어보았다. 그 후 그는 아들에게 무언가 속삭였고, 아들은 자기 객차로 갔다. 잠시 후 그는 빵한 덩이를 들고 돌아왔다.

황수최는 빵을 둘로 잘라 마찰을 빚은 양측에게 반씩 나누어 주었다. 객차 주민들은 자신이 거지도 아니고 굶주린 것도 아니니 다른 사람의 빵은 필요 없다면서 앞을 다투어 거절했다.

"당신들이 거지도 아니고 굶주린 것도 아니면 왜 싸웠습니까?" 황수최는 물었다.

"빵 한 덩이 때문에 늑대처럼 서로의 목을 물어뜯으려 해놓고서. 아마 같은 마을에서 오신 것 같은데, 그리고도 동향인이라 서로를 부를 수 있겠습니까?"

부끄러워진 주민들은 침묵하고 못마땅한 얼굴로 서로를 바라보았다.

"이렇게 합시다." 황수최가 말했다.

"화해하는 의미로 이 빵 반쪽씩 받으세요. 이건 한 가마에서 나온 것들입니다. 한 가마로 음식을 나눈 사이는 적일 수가 없습니다."

첫 번째 열차는 9월 29일 우즈베크공화국에 도착했다.

그 후 42일간 이곳으로 대략 1만 6,000가족, 7만 4,500명의 한인을 실은 객차가 도착했다. 스탈린 정부가 우즈베크공화국에 떠넘긴 짐은 실로 엄청난 것이었다. 문서보관소의 소장 문서들에 의하면, 많은 지방 정부 당국들은 이와 같은 수많은 인구를 맞이할 준비가 전혀 되어 있지 않았다. 사실 준비할 시간도 없었다. 강제 이주에 대한 조례는 8월 21일 공표되었는데 첫 번째 열차가 우즈베크공화국으로 9월 말에 도착한 것이다. 일부 가족들은 마구간, 농장, 헛간에 정착했고, 학교와 시민회관에 정착한 경우도 있었다. 땅굴에서 겨울을 지내야 하는 이주민들도 많았다. 그들의 지붕은 갈대로 짠 단이었다.

내무인민위원회의 스레드네치르치크 구역위원회 담당자 스텔마흐와 보안담당자 김제일의 서명이 기입된 1937년 10월 20일 특별보고에는 다음과 같이 적혀 있다.

"이주민 중 3분의 2는 주택이 아닌 임시 거주용 산업 건물, 특별 임시 가건물과 유목민 천막에서 거주하고 있다. 숙소들은 4월에서 10월까지 거주하기에 적합하기 때문에 동절기를 지낼 수 없는 곳이다. 숙소 내부의 기온은 낮은 편이다."

이렇게 거주 조건이 나빠서 '스탈린' 집단농장의 120가족 중 약 50가족이 자의로 촌락으로 떠나거나 심지어 스레드네치르치크 지역으로 떠났으며, 1인 가족의 경우는 말할 필요도 없다.

불만족스러운 거주 조건으로 인해 유아들이 치명적인 영향을 받았다. 예를 들면, '블류헤르'와 '옥차브르 20년' 집단농장의 경우 유아 사망이 매일 두 건씩 발생했다. 장티푸스 발발 사례가 두 건이나 기록되었다.

이주민들은 타슈켄트 주 치르치크 강 왼쪽 강변의 산림에 주로 정착했다. 수많은 한인 가족들은 시르다리야, 호레즘, 사마르칸드, 페르가나 주 및 카라칼파크에 정착했다. 50개의 고려인 집단농장이 건설되었다.

집단농장 단위로 이주하는 사례가 많았으며, 그들은 연해주에서부터 쓰던 이전 집단농장의 명칭을 새로운 땅에서도 유지했다. 'III 인테르나치오날', '세베르느이 마야크', '크라스느이 보스토크', '신두히네츠' 등이 그러한 경우였다. 이 이름들은 수십 년에 걸쳐서 유지되었고, 그 후 시대 풍조에 따라서도 바뀌었지만 주로 정치 상황에 따라 바뀌었다. 타슈켄트 주 니즈네치르치크 지역의 '크라스느이 보스토크' 집단농장은 '자랴 코무니즈마(공산주의의 여명)'으로, 그후 '굴리스탄'으로 바뀌었다.

주로 강기슭 늪지대로 구성된 새로운 땅에 세워진 고려인 집단농장들은 단기간에 기반을 세웠을 뿐만 아니라 사회경제적 및 문화적 발전 측면에서 뛰어난 성공을 일구어냈다. 다른 집단농장들의 발전을 조금도 저하시키지 않으면서 고려인 집단농장은 수확량, 신생산기술 도입, 사회 인프라 구조 조성 및 기타 지표 기준의 통계 평균을 훨씬 넘겼다.

이주민을 실은 기차는 브레브스카야 역에 도착했다. 역에는 이미 화물 자동차와 급송 장치들이 대기하고 있었다. 이주민들은 취주악단 공연으로 환영을 받았다. 지방정부 당국에서, 많은 내무인민위원회 공무원들과 군인들도 찾아왔다.

황수최는 내무인민위원회 제복을 입은 한인을 보고 새삼 놀라서 그에게 다가갔다.

"한인입니까?"

한국어로 그가 물어보았다.

"한인입니다. 그런데 그게 중요한가요?"

무뚝뚝한 대답이 돌아왔다.

"화내지 마시게." 평온하게 황수최가 말했다.

"당신에게 필요한 것은 없소. 그저 한인들 사이에서도 고위 관리가 있다는 사실이 기뻤을 뿐이오."

"관리는 아니오."

내무인민위원회 공무원이 진정하고 말했다.

"하사관 김제일이오. 어느 객차에서 오셨소?"

박차원은 만금의 아버지인 황수최의 친누이 류바 아주머니의 남편이었다. 참고로 당시 만금은 주로 '티모페이'나 '티모샤'로 불렸기 때문에, 이후 그가 우즈베크공화국 당 경제 지도부에 들어갔을 때 문서에는 '황만금 그리고리예비치'로 기입되어 있었지만 '티모페이 그리고리예비치'로 주로 불렸다. 한국식 이름은 연해주 한인들에게 아직 강하게 남아 있던 오랜 전통에 따라 주어졌었다. 러시아식 이름은 러시아 환경에 적응하기 위한 목적으로 일찍 혹은 늦게 주어졌다. 러시아 국적을 받아들였을 때 한인들은 대부분 그 즉시 세례를 받고 러시아식 이름을 지었다.

티모페이는 박차원의 가족을 잘 알았다. 어머니가 사별한 후 아버지는 벌이를 위해 나가면서 아들을 박차원에게 자주 맡겼다. 그리고 황수최가 한인을 싣고 서쪽으로 향한 첫 번째 차량에 대한 소식을 들었을 때 그는 그 즉시 돌아와 아들을 데리고 갔다. 그때 황수최와 그 자매들의 인생 방향도 나뉘었다. 그와 아들은 우즈베크공화국의 타슈켄트 주 브레브스카야 역으로 향했으며, 박차원과 그의 가족은 카자흐스탄 아크몰린스크로 향했다.

1938년 봄에 박차원은 다른 동향인들과 밀밭에서 일했다. 새싹이 막 돋았을 때 박차원은 기쁨에 겨워 뛰며 누군가에게 주먹을 세우며 소리쳤다.

"당신들은 우리가 추위와 굶주림으로 죽기를 바랐겠지! 하지만 우리는 어떻게든 살아남는다!"

이 말이 어떻게 내무인민위원회 공무원의 귀에까지 도달했는지는 설명하기 힘들다. 어쩌면 동향민중 한 명이 '혁명 각성'을 위해 행정당국에서 칭찬으로 은화 30개를 벌기 위해 밀고했을지도 모른다. 참고로, 이런 일은 부끄럽지만 그 비극적인 시간에는 아주 흔한 것이었다. 어쩌면 박차원이 일하던 작업반에 내무인민위원회 공무원이 정보원을 심어뒀을지도 모른다. 그날 저녁에 땅굴로 제복을 입은 군인 세 명이 찾아와 그를 체포했다.

박차원을 유죄로 돌린 혐의는 '반소비에트 프로파간다'였으며 그는 '민중의 적'으로 선포되었다.

오랫동안 그에 대한 소식은 들리지 않았다. 아내 류바가 물었을 때 내무인민위원회 지역 관할국에서는 짧고 완고하게 '있어야 할 곳에 있습니다'라고 말할 뿐이었다. 수개월이 지난 후에야 류바는 법정이 아니라 '트로이카'(당시 주요 권력 부서 세 곳인 당, 소비에트, 내무인민위원회의 대표자 한 명씩으로 구성된 위원회)에서 그에게 수년간의 투옥을 선고했음을 알게 되었다.

당시에 '민중의 적'은 환영받지 못했기 때문에 쉽게 감금되었다. 그렇게 박차원은 굴라그(구소비에트 연방 교정 노동 수용소 관리국)의 수용소 중 한 곳으로 보내져 북부 땅에서 벌목을 하게 되었다. 당시 수용소는 대부분 거대한 페초라 강 연안에 위치했다.

이에 대해 알게 된 황수최는 매부를 만나기 위해 그 연안 지역을 방문했다. 그가 어떻게 우즈베크공화국을 떠날 수 있었는지는 아무도 알지 못한다. 그 당시 그의 신분증에는 다른 성인 고려인들과 같이 특별 이주민이라는 낙인이 남아 있었기 때문에 해당 지역 담당 기관의 특별 허가 없이는 지정된 지역을 넘어 갈 수 없었다. 가장 가능성 있는 가설은 그의 교양 수준이나 사람들과 공통 주제를 찾아낼 수 있는 재능 덕분에 어떻게든 그런 허가를 받을 수 있었다는 것이다.

매부와의 조우는 즐겁지 못했다. 겨우 몇 분만 만나도록 허가되었기 때문이다. 하지만 그나마 매우 운이 좋은 것이었다. 황수최는 매부를 첫눈에 알아볼 수 없었다. 이전에는 즐겁고 쾌활한 사람이었는데, 그 앞에 서 있는 사람은 초췌하고 늙은 남성이었다. 박차원의 애수 어린 시선은 황수최에게 괴로움을 남겼다.

매부는 떠나면서 말했다.

"내 가족을 우즈베크공화국으로 데려가 주게, 내 아이들을 부탁하네."

그는 마치 자신의 일생이 친지에게서 분리된 채 수용소에서 끝날 것이라는 것을 아는 듯이 말했다. 결국 박차원은 수용소 생활의 무게를 견뎌내지 못했다. 황수최는 매부와의 약속을 지킬 수 없었다. 북부에서 돌아온 후 얼마 있지 않아 그도 죽음을 맞이한 것이다. 그러나 그 약속은 막내아들인 황만금에게 전해졌고, 전쟁 후 그는 류바 아주머니의 아이들을 데려갔으며, 그들은 수년간 황만금의 폴리타젤 내 주택에서 살았다.

티모페이는 자신의 인생의 길을 찾는 중이었다.

연해주에서 그는 선원이 되길 꿈꿨다. 심지어 항해자 시험도 치렀다. 그리고 만약 강제 이주가 없었다면 꿈을 이뤘을 것이다. 그러나 운명은 그를 다른 길로 이끌었다.

장영진의 회고 중에서

한인 사범전문학교를 졸업한 후 나는 그로데콥스키 지역 신한촌 마을의 초등학교 담당으로 발령을 받았다. 그때가 한인들에게 불운의 해였던 1937년이었다.

여름에는 집단농장 농지에서 부모님을 도우며 일을 했다. 8월 중순에는 그로데콥스키(현 우수리스크) 내무인민위원회 관리국으로 지정 장소까지 이동 허가를 받기 위해 찾아갔다. 이미 그 당시부터 이동 제한이 있었고, 특히 그로데콥스키 지역은 국경 지역이었기 때문에 더욱 통제가 심했다. 관리국 담당자는 내 문서들을 검토한 후 집으로 돌아가 특별명령이 내려지기 전까지 휴식을 취하라고 했다. 나는 9월 1일에 복직해야 한다고 반박했지만, 그는 그저 자기가 알 바 아니라고 대답할 뿐이었다.

그는 발령문서에 붉은 잉크로 된 '특별명령까지 보류'라는 낙인을 찍고 나에게 돌려주었다. 수십 년이 지나서야 당 최고 기관에서 이미 한인 강제 이주에 대한 결정

장영진은 1917년생이다. 우수리스크 한인 사범전문학교를 졸업하고 1938~1940년 동안 폴리타젤의 19번 학교에서 한국어 교사로 근무했다. 우즈베크공화국 고려인문화센터 연장자이사회 소속의 임원으로 있다가 2012년에 사망했다.

을 내렸다는 것을 알게 되었다. 그렇기 때문에 관리국 담당자는 상부의 명령을 이행하기만 한 것이었다.

나는 집단농장의 부모님들에게 돌아왔고, 그 당시 그들은 클럽을 만들었다. 건물은 거의 완공된 상태였지만 지붕으로 덮을 짚을 준비해야 했다. 이 작업은 마을 의회 회장인 최찬하가 청년들에게 맡겼으며 그 대표는 내가 되었다. 우리는 신속하고 열의 있게 일했다. 사실 그 클럽은 우리와 같은 청년들을 위한 것이었다. 그 일을 마친 후 클럽 개장일이 정해졌다. 우리는 모두 그날을 기대하고 있었다.

그러나 9월 30일 최찬하는 나를 불러 마을 활동원들을 즉시 소집하라는 명령을 내렸다. 그는 매우 중요한 일 때문에 당 구역위원회 대표, 내무인민위원회 지역위원회 대표 및 군부 내 군사동원부의 대표(흔히 말하는 '트로이카')가 도착했다고 말했다.

독서실로 쓰던 통나무집에 약 30명이 소집되었다. 우리 앞에는 우선 지역위원회 대표가 나와 소비에트연방 최고지도부의 결정에 따라 극동 연안의 한인들을 중앙아시아와 카자흐스탄으로 이주시킨다는 말을 전했다. 그의 말에 의하면, 이 결정은 국가 안보를 위해 내려진 것이라 했다. 연해주에서 소비에트연방과 일본과의

관계가 악화됨에 따라 한인으로 변장한 일본 첩보원들이나 방해분자가 심어졌을 수 있다는 것이다.

이 지시는 우리에게 마른하늘에 날벼락 같은 소리였다. 어떻게 이럴 수가 있는가? 우리 세대는 소비에트 체제가 제시했던 이상향을 믿고 있었다. 한인들은 활동적으로 반일본 활동, 내전과 새로운 인생 건설에 참여했었는데, 지금 그 사람들을 일본의 내부협조자로 몰아가고 있는 것이다. 이렇게 우리는 처음으로 전체주의 국가의 폭정과 불법과 맞닥트리게 되었다.

내무인민위원회와 군부 대표들은 회의 참여자들에게 민중을 혼란에 빠트리지 말도록 엄하게 당부했다. 오히려 그들은 활동원들이 조직적 이주 준비를 이끌어야 한다고 주장했다.

이렇게 한인의 강제 이주가 시작되었다.

10월 16일에 '보스토치니 파르티잔' 집단농장(이 집단농장의 설립자 및 조합원들은 대부분이 연해주에서 활동했던 빨치산들이었다)의 논이 펼쳐진 페트로브카 역에 열차가 준비되었다.

우리 객차에는 우리 가족, 오인권 회장의 가족과 당 조직책을 맡고 있는 박정현의 가족 이렇게 세 가족이 탑승했다. 그 어떠한 생활 조건도 갖추어지지 않았고 세면대도, 화장실도 없었다. 잠은 2층 침상에서 잤다. 음식과 차는 흔히 배불뚝이 난로(부르주이카)라 부르던 놋쇠난로를 이용하여 준비했다.

여정은 매우 오랫동안 이어졌고 괴로웠다. 수많은 역과 대피역에서 오랫동안 정지했다. 기차가 멈출 때마다 그 즉시 사람들은 객차에서 달려 나왔다. 빵을 사려고 나오는 사람도 있었고, 식수를 담으려고 나오는 사람, 생리적 문제를 해결하려고 나오는 사람도 있었다.

여정 중에는 각종 사건이 일어났다. 누군가 사망해도 기차의 다음 역까지 기다려야 했고, 길 중간에 재빠르게 사체를 파묻었다. 바이칼 근처를 지나갈 때는 포스예트 지역에서 온 이주민들을 실은 기차가 전복했다는 소문이 돈 적도 있었다. 이것이 사실이었는지는 아직까지도 아무도 모르지만, 어찌되었건 공식적으로 확인된 경우는 없었다.

10월 30일에 열차는 노보시비르스크에 도착했다. 다른 철로에는 블라디보스토크와 우수리스크에서 출발한 한인 이주민의 열차들이 서 있었다. 어떤 이유였는지는 아무도 모르지만 두 이웃 열차의 젊은 난봉꾼들이 단체로 싸움을 벌였다. 아무래도 한 열차의 만취한 청년들이 일으킨 싸움 같았다. 술이 있는 곳에는 난봉이 일어나기 마련이다. 그들은 필사적으로 벽에 부딪히며 싸웠다. 어떤 결과가 났는지는 아무도 모른다. 그 난봉꾼들은 노인들의 설득도, 사령관들의 협박도 듣지 않았다. 사령관이 공중에 위협사격을 가한 후에야 그들은 정신을 차렸다. 다행히도 피해자 없이 사건은 마무리되었다.

아리스 역에서 우리 열차는 남쪽으로 방향을 틀어 타슈켄트에 도착했다. 여기서 잠시 정지한 후 열차는 다시 계속 움직였다. 카우프만스카야 역을 지난 후 마지막 도착역인 55번째 대피역에 도착했다.

운명의 장난으로 명절인 11월 7일에 우리는 새로운 조국이 될 땅에 발을 디뎠다. 그러나 당시 우리 청년들은 미래에 대해 별로 생각하지 않았다. 이주민들 사이에는 활기와 약간의 명절 분위기가 감돌았다. 드디어 대이주의 서사시가 끝났다! 또한 지방정부 당국은 우리의 도착에 맞추어 거리를 명절 현수막과 표어로 장식했다. 그러나 그다음 날 이주민들 사이의 명절 분위기는 사라졌다. 1937년 11월 8일 우리 열차는 짐을 내리기 시작했다. 이주민들은 각종 물건과 식기와 살림거리를 드럭과 운송수단에 싣고 목적지로 향했다. 그 목적지란 치르치크 강 하류의 좌측 연안에 있는 개간되지 않은 갈대밭이었다. 주택이 부족해서 우리 가족은 이전에 마구간이었던 곳에 정착했다. 그래도 우리는 운이 좋은 편이라고 할 수 있었다. 우리는 머리 위에 지붕이라도 있었으니까. 첫 번째 겨울을 토막집에서 보내야 하는 가족도 많았다.

겨울은 춥지는 않았지만 습했다. 이주민들은 새로운 땅에 적응하자마자 현장 작업에 착수했다. 현존하는 관개수로를 청소하고 새로운 수로를 만들고 갈대를 제거하는 등, 한마디로 내년 농사 준비를 시작했다. 동시에 갈대와 진흙으로 임시 거처를 세웠다.

이주민들은 어느새 희망을 가지고 미래의 수확을 생각하며 살아갔다. 그러나 1938년 2월에 대규모 체포가 진행되었다. 한인의 최고 지도자들이라 할 수 있는 국가 및 당 소속 공무원, 군인, 문화 역군, 교육 역군, 예술 역군 들이었다.

겨울에 나는 6촌 형제인 전영극에게서, 그가 경리주임으로 일하는 19번 중학교와 그의 집이 위치한 베르흐네치르치크 지역의 집단농장 폴리타젤로 즉시 오라는 전보를 받았다. 알고 보니 학교 교사 수 명이 거짓 고발로 인해 체포된 것이었다. 전체주의 정권은 우리 디아스포라를 탄압하려고 온갖 짓을 다 하는 것 같았고, 가장 교양 있고 능력 있는 대표자들을 제거하여 이 민족을 이름 없는 대중으로 만들려 하는 것 같았다.

솔직히 나도 이 탄압을 두려워했지만 어떤 집단농장 밭에서 자신을 잃어버릴 수도 있고 또한 그것을 원하지도 않았기에, 그 학교에서 근무하는 것에 동의했다. 내무인민위원회는 그 학교를 반소비에트 사상의 온상으로 간주하고 있었다.

그렇게 1938년 3월 나는 19번 학교의 교사가 되었고 그 자리는 새로운 땅에서의 내 첫 직장이었다. 나는 3학년을 맡게 되었다. 5~9학년의 한국어 수업도 겸했다. 게다가 학교의 콤소몰 단체 서기로 임명되었다. 그와 동시에 집단농장의 사회활동에도 열렬히 참여했다. 표어와 벽보를 만들고, 휴일에는 젊은 교사들과 고학년 공산청년동맹원들과 파종 작업에 참여했다. 집단농장의 지도부는 몇 번이고 우리를 칭찬했다. 포상 차원으로 타슈켄트의 텔만 기념 공원에서 휴식 시간을 가질 수 있도록 트럭을 지원해주기도 했다.

학년을 마칠 때 즈음 나는 대학에 입학하려 했다. 그러나 학교 교장이었던 김헌놉은 한 학년을 더 남으라고 나를 설득했고, 포상 차원에서 한국어 교사 숙련도 개선을 위한 2개월 과정에 보내주었다. 학과는 양기율 중학교에서 진행되었고 그 학교 교장은 유성흔이었다.

1938년 8월에 우리 학교로 크즐오르다 사범대학의 졸업생들인 김원곤과 김원길이 오게 되었다. 그들은 학교뿐 아니라 집단농장 폴리타젤 전체에 활기를 불어넣었다. 학교에서는 콤소몰 신문 《우치첼》을 발행하기 시작했는데 편집장은 김원곤이 맡았다. 김원길의 제안에 따라 집단농장 축구팀이 만들어졌다. 학교 교장 김헌놉은 골키퍼로, 수학 교사 김병량은 미드필더로, 9학년 학생 엄자율은 센터백으로, 김원길은 코치 겸 선수로, 나는 라이트윙으로 활동했다. 다른 선수들은 집단농장 청년 중에서 골라 채웠다.

첫 번째 게임은 '몰니예' 집단농장 소속팀과 치렀다. 우리는 승리했지만 어떤 점수로 이겼는지는 기억나지 않는다. 그 후 집단농장 폴리타젤 팀은 스레드네치르치크 지역, 니즈네치르치크 지역과 양기율 시(市)의 집단농장 팀들과 경기를 치렀다. 양기율을 제외하고 대부분의 경기에서 우리 팀은 승리를 거뒀다. 이 성공으로 인해 집단농장 지도부는 선수들과 팀 코치들에게 선물을 주었다.

학교와 집단농장에서 열렬히 활동한 덕분에 1939년 5월에 나는 공산당 당원 후보로 선발되었다. 그러나 소비에트연방 인민위원회와 소비에트연방 공산당 중앙위원회의 특별 법령에 따라 1939년 9월부터 학교에서 한국어 교육이 금지되었다. 이렇게 소비에트연방 한인들은 모국어를 상실했으며, 오늘날 독립한 우즈베크공화국에서 이를 회복하려고 하나 엄청난 어려움을 겪고 있다.

나는 직장을 잃었고 해임될 수밖에 없었다. 베르흐네치르치크 공산 청년동맹 지역위원회 제1서기가 나를 불러 지역위원회 제2서기 자리를 제안했다. 하지만 나는 대학에 진학할 예정이었기 때문에 거부했다.

베르흐네치르치크 지역 집단농장 폴리타젤은 1925년 전국 각지의 금광에서 일한 한인들에 의해 조직되었다. 그들 중에는 러시아 여성을 아내로 두는 경우가 많았다. 농장은 벼를 경작했다. 회장은 최성이라는 사람이었고 한반도 북부 사투리를 썼다. 당시에 폴리타젤은 매우 자그마한 집단농장이었다. 지도부 건물 근처에 100명 이하를 수용할 수 있는 클럽이 있었고, 독서실로 쓰던 통나무집이 있었다. 학교로 쓰던 1층 건물은 대규모 이주 후 얼마 있지 않아 1937년에 세운 것이었다. 그

당시 이는 대규모 공사였다. 현재 그 건물에는 병원이 들어서 있다. 학교 옆에는 관람석이나 지붕이 없는 운동장이 있었다.

집단농장 조합원들은 방 두세 개짜리 주택에서 살았다. 주택 바닥은 '온돌', 혹은 우리 고려인이 부르던 '구두리(구들)'로 덮었다. 다른 집단농장들과 달리 그 당시에 벌써 전기가 공급되었다. 주택들은 세 개의 거리를 따라 자리 잡았다. 아스팔트가 없었기 때문에 비가 오는 날이면 거리에는 다닐 수 없을 만큼 진흙 구덩이가 생겼다. 사람들은 고무장화를 신고 다녔다. 선생님들은 학교에 도착해서 보통 구두로 갈아 신곤 했다.

음식은 놋쇠 가마를 이용해 요리했고, 주로 갈대나 나뭇가지를 연료로 사용했으며 공공건물에서는 석탄을 사용했다.

1939년 초에 폴리타젤 회장으로 전 해군 장교 최 모이세이가 임명되었다. 1938년 집단농장에는 김 게르만의 지도하에 취주악단이 구성되었다. 노동을 마친 저녁에는 집단농장에 음악이 울려 퍼졌다. 이곳에는 지역 청년들뿐만 아니라 이웃 집단농장인 '가이다마크', '소치 알리즘' 등에서도 청년들이 찾아왔다.

우수리스크 전문학교 학생이었을 때 나는 춤을 잘 배웠다. 우리 학교 고학년생들을 상대로 댄스 수업을 만들어달라고 부탁했다. 그러고는 청년들에게 폭스트롯, 왈츠, 탱고를 가르쳤다.

독서실로 쓰던 통나무집의 담당자는 소비에트 공산당 학교 졸업생인 최남극이었고, 그는 집단농장들 사이에서 대규모 문화 활동을 이끌었다.

가난했지만 청년들은 유행에 따라 입으려 노력했다. 옷과 신발은 저렴한 편이었기에 청년들은 제법 멋있게 옷을 입을 수 있었다.

1941~1945년 동안 전 보리스 니콜라예비치가 교장으로 근무했다. 1946년, 수백 명의 소비에트 고려인 중에서 그가 북한으로 보내졌다. 그는 1950~1953년에 벌어진 골육상잔의 한국전쟁 중에 사망했다. 19번 학교 초등학년 담당 교사였던 최한극도 북한에서 일했었다. 그는 1962년 우즈베크공화국으로 돌아왔고 1975년에

60세로 사망했다.

다른 학교에서 일하면서도 나는 19번 학교와 집단농장 폴리타젤의 성공을 꾸준히 주시했다. 이 학교는 그 당시의 다른 학교들과는 다른 무엇인가가 있었다. 그리고 집단농장이 황만금의 손에 맡겨졌을 때 전국 최고의 농장으로 변신했다. 나는 수차례 집단농장을 찾았고, 내가 젊은 선생으로 처음 폴리타젤을 방문했을 때부터 그 당시까지 일어난 엄청난 변화에 대단히 놀랐다. 내가 그 집단농장에서 근무한 시간은 2년 정도밖에 되지 않지만 난 언제나 그 장소와 그 사람들에 대해 애정을 가지고 있었다. 어디선가 누군가가 그 농장에 대해 말하는 것을 들을 때마다 나는 긍지와 자신감을 느꼈다.

그리고 황만금은 언제나 나에게 우리 민족 최고의 대표자로, 우리의 자랑이자 긍지로 남았다.

황 만 금 의 저 서 『집 단 농 장 폴 리 타 젤』
(모스크바: 콜로스, 1974) 에 서 발 췌

1937년 즈음 늪지대는 대부분 건조되었다. 이 땅을 개간하기에는 턱없이 일손이 부족했다. 1937년 10월 18일에 집단농장 폴리타젤에 극동으로부터 새로운 이주민 단체가 도착했다. 그날 총회는 한인 100가족을 집단농장으로 받아들이는 것이었다. 이는 단기간 동안 일손 부족 문제를 해결했으나 그와 동시에 당 조직과 지도부에게 다른 새로운 문제들을 야기했으며 그 당시에는 해결책을 찾는 것이 매우 어려웠다. 우선적으로 신이주민들의 거처가 필요했다. 하지만 집단농장 베테랑들의 가족도 제대로 된 주택을 갖지 못한 경우가 많았다. 임시적으로 몇몇 공업용 건물을 거처로 삼아야 했다. 그 후 음식 배급 조성, 아이들 학교 교육, 의료 혜택 등과 같은 문제가 발생했다.

이 모든 문제를 해결하기 위해 집단농장 조합원 중 가장 권위가 있던 사람들로 위원회가 구성되었다. 박견재, 김석봄, 최 타티아나가 그 구성원들이었다.

건조된 처녀지에서 집단 노동을 개시한 첫날부터 이 주민들은 높은 자각성과 기강과 성실성을 보였다.

2년이 지난 후 집단농장은 처녀지를 개간하여 농업 생산 분야를 확장하면서 농장의 경제기반을 강화했다. 1939년 집단농장 폴리타젤은 규모를 확장했다. 이웃에 크지 않은 집단농장인 '노바야 지즌'과 연합한 것이다. 이 농장은 농가 70개로 구성되었고, 농작지는 215헥타르였으며 그중 185헥타르에는 벼농사를 짓고 있었다. 수확량은 헥타르당 1,500~1,800킬로그램을 넘지 않았다. 토지는 제대로 개간되지 않아 고갈되었고 메말라 있었다. 노동일에 대한 급여도 매우 낮은 편이었다. 집단농장 조합원들의 사회 및 생산 발전에 대한 물질적 관심이 부족하여 개인주의적 성향이 매우 심하게 발전된 상태였다.

비대해진 집단농장 폴리타젤의 지도부와 당 조직은 가능한 방책을 총동원하여 사회의 새 일원들의 활동을 집단농장 생산 발전으로 전환할 수 있도록 노력했다. 집단농장 폴리타젤에는 농학자, 축산 전문가, 기술자, 의사, 교사, 농사 역원, 축산가, 건축가 등 고급 전문가들이 계속해서 찾아왔다. 지도부, 당 및 공산 청년동맹 조직들은 단체 내에서 많은 대규모 조직 및 정치교육 작업을 진행했다. 집단농장 청년들은 농업 활동에 대한 애정을 키웠다. 중학교를 마친 후 그들 중 다수는 농사 관련 전문직을 가지고 평생 집단농장에서 살면서 일했다. 중등 및 고등 교육을 마친 사람들은 전문가가 된 후 다시 집단농장으로 돌아와 활동적인 일원이 되었다.

집단농장 폴리타젤의 성공을 확정 지은 주요 요인은 집단농장 조합원들 간의 다민족적 우정이었다. 폴리타젤에는 우즈베크인, 한인, 러시아인, 카자흐인, 위구르인, 타타르인 등 총 13개 민족이 한가족처럼 살면서 일하고 있었다. 이는 공산당과 소비에트 정부 민족정책의 결과가 현실화된 것이었다.

전쟁 전 5년 동안 집단농장의 생산과 사람들의 물질적·문화적 생활수준 상승을 위한 노력이 지속되었다. 집단농장과 국영농장은 국가로부터 본국에서 생산된 신기술과 미네랄 비료와 산업, 문화 및 생활적 건물에 대한 각종 자료를 제공받았다. 우즈베크공화국의 당, 소비에트 및 농업 기관들은 집단농장 역군들의 노력이 공산당 농업 정책을 현실화시키는 것으로 간주했다. 전반적으로 향후 경제 및 사회 발전을 위한 훌륭한 가능성이 집단농장에 조성되었다. 그러나 1941년 6월에 제2차 세계대전이 시작되었다. 그 사건은 근본적으로 소비에트 시민의 생활을 변화시켰다.

첫 번째 날 집단농장 폴리타젤 조합원 중 75명이 전선으로 나갔다. 모든 트럭, 일부 4륜 포장마차와 다수의 말이 군대로 차출되었다. 제2차 세계대전 전체 기간 동안 집단농장 폴리타젤의 수많은 최고 인재들이 조국을 지키는 영웅이 되었다. 그들 중 대부분이 조국을 위해 목숨을 바쳤다.

전쟁으로 인해 뒤에 남은 사람들은 엄청난 영웅적 노동을 하면서 모든 체력을 써야 했다. 소비에트 군대로 향한 사람들의 빈자리를 여성, 청소년, 노인이 대신했다. 그들은 자신의 아들, 남편, 아버지, 형의 직업을 대신하여 헌신적으로 조국에 최대한 많은 농산품을 제공하기 위해 노력했다. 자신의 개인적 저축과 예비 재산을 이용하여 폴리타젤의 집단농장 조합원들은 국방기금에 식료품, 담배, 따뜻한 의류, 구두 등을 지원했다. 집단농장 조합원들은 국방기금과 특정 군부 대대, 산업체 조합원들에게 그들이 소유했던 곡식, 고기와 기타 식료품을 아낌없이 바쳤다.

사라토브의 집단농장 조합원 페라폰트 골로바트이의 애국적 활동은 집단농장으로부터 뜨거운 반응을 받았다. 폴리타젤 조합원 중 자신의 월급 일부를 전선에 바치지 않은 사람이 없었다. 탱크와 비행기 제작을 위해 집단농장 폴리타젤에서는 50만 루블 이상의 돈이 모였다. 또한 우즈베크공화국 20주년 기념 탱크 대대 구축을 위해 35만 루블이 모였다. 이 기간 동안 집단농장의 당 및 공산 청년동맹 단체들이 매우 두드러진 활약을 보였다.

전쟁으로 인해 새로운 전력 공급이 필요했다. 무기와 장비를 제조하는 산업체로 끊임없이 전기를 공급해야 했다. 골로드나야 초원 지대의 시르다리야 강에서는 파르하드 수력발전소 건설이 시작되었다. 여기서 생산되는 전기는 시급히 제철소로 보내야 했다. 집단농장 조합원들은 발전소 건설현장으로 자발적인 지원을 나갔다. 파르하드 수력 발전소 건설 현장에 100명 이상의 폴리타젤 출신 조합원이 참가했다. 이들의 헌신적 노동에 대해 소비에트 정부는 표창장과 보상으로 보답했다.

그 당시에는 면화밭과 논, 가축 농장에서도 일손이 필요했다. 빵, 양마 섬유, 면 등의 생산을 증대시켜야 했다. 지금 생각해보면 당시에 어떻게 그 모든 것을 했는지 놀라게 된다. 사람들은 두세 가지 전문성을 지니게 되었고 밤낮으로 일했다. 이 모든 것은 전쟁 기간에 살아남은 소비에트 시민이라면 모두 알고 있을 것이다.

집단농장의 피해는 커져갔다. 가축 수도 상당히 감소했으며, 자연스럽게 축산물 생산도 타격을 받았다. 개간 및 유압 시설, 관개 수로는 청소와 수리 작업이 필요했으며, 각종 비료는 부족했고, 무엇보다 일손이 너무나 적었다. 1945년 5월의 상황은 이렇게 진행되고 있었다. 집단농장 조합원들은 이 모든 어려움을 이겨낼 수 있을 것이라 믿었다.

1953년 3월 3일에 이오시프 비사리오노비치 스탈린이 사망했다.

1953년 6월 26일에 소비에트연방 공산당 중앙위원회 상임 간부회의에서 육군 원수 주코프(G. K. Jukov)의 주도하에 소비에트연방 내무부 장관 베리야(R. Veriya)가 군인들에게 체포되었다.

1953년 6월 27일에 판문점에서 피비린내 나는 한국전쟁을 종결시킨 휴전 협정이 체결되었다.
미합중국의 클라크 장군과 북한 및 중공군 대표가 서명했다. 남한 대표는 문서에 서명을 거부했다.

제 4 장

집 단 농 장 의 회 장

집단농장은 전쟁으로 인해 경제적으로 상당히 심각한 상황에 처해 있었다. 1953년 9월 소비에트연방 중앙위원회 상임 간부회에서 집단농장 간부 증원에 대한 결정이 내려진 것도 이러한 이유 때문이었다.

황만금은 당시 베르흐네치르치크 지역 당위원회 농업 부서 담당자였다. 그 지역의 경제가 주로 농업에 의존한다는 점을 감안했을 때 그의 직책은 매우 높은 편이었다. 그리고 만약 황만금이 계속 당 서열을 따라 올랐다면 지역위원회의 서기가 될 수도 있었다. 어쩌면 중앙위원회에까지 승진했을지도 모른다.

황만금은 종이, 보고서, 장부와 싸워야 하는 사무실 생활에 신물이 났다. 활동적인 업무가 하고 싶었다. 이미 그 지역 '레닌의 길' 집단농장의 회장을 지냈기 때문에 더욱 그러했다. 그는 이 일이 자신에게 적합하다고 생각했다.

그런 황만금에게 기회가 왔다.

그가 지도했던 집단농장이 채무에서 벗어나 정상 궤도로 진입했다는 사실이 지역위원회의 주목을 받았다. 당에는 젊고 유능한 지도자가 필요했다. 9월 상임 간부회의 이후 황만금은 그에게 기회가 왔음을 직감했다. 그는 지역위원회 서기를 찾아가 자기를

다시 생산직으로 배치해달라고 요청했다. 그는 황만금의 선택에 놀라고 말았다. 폴리타젤은 그 당시 파산 직전의 상태에 놓인 허약한 농장이었던 것이다. 이 집단농장이 국가에 갚아야 할 부채는 약 200만 루블 수준으로 천문학적인 수치였다. 무엇보다 이 집단농장의 작업 상태를 고려하면 현실적으로 채무 변제의 가능성은 없었다. 양마 수확량은 헥타르당 3,500킬로그램이었는데 이는 이웃 농장인 '스베르들로프' 집단농장보다 몇 배나 적은 수치였다. 집단농장 조합원들은 농장 경영에 의욕이 없었으며 부업에 종사하면서 살아가고 있었다. 집단농장 작업에 나오지 않는 경우도 허다했다.

"물론 폴리타젤을 일으킬 필요는 있습니다만……."
지역위원회 서기가 말끝을 흐렸다.

"당 주위원회가 당신을 주시하고 있습니다. 당은 당신이 내부 과업을 훌륭히 완수할 것이라고 생각하고 있습니다."

지역위원회 서기가 안타까운 듯이 말을 이어갔다. 그러나 황만금은 이미 결심을 굳혔다. 집단농장으로 가거나 지역위원회를 나와 그를 만족시킬 수 있는 다른 직업을 찾기로 한 것이었다. 그는 34세라는 나이를 사무실에서 바지나 문지르며 보낼 생각은

전혀 없었다. 결국 지역위원회 서기는 황만금의 요청을 받아들이면서 다음과 같이 조건을 제시했다.

"집단농장의 주어진 조건을 인정하고 불평하지 마시기 바랍니다."

황만금은 자신의 저서 『노동으로, 오직 노동으로』에서 당시의 상황을 다음과 같이 묘사했다.

"지역위원회에서 농업부서 담당자로 일하면서 나는 이 집단농장의 상황을 잘 알고 있었다. 그곳을 자주 들러서 집단농장 조합원들과 대화를 나눴다. 공포가 아니라 양심을 위해 일할 준비가 된 사람들이 많았다. 그들의 창조적 정신을 북돋워줄 공통점을 찾기만 하면 되었다. 모든 것은 지도부와 인력 선발 및 배치에 달려 있었다. 1953년 10월 23일 전체회의에서 집단농장 조합원들은 나를 회장으로 임명했다. 집단농장 조합원들의 기대를 실현시키지 못한 소수의 임원들만 재선임되었다."

황만금은 가족과 함께 타슈켄트에 편입되었던 벡테미르 마을에 살고 있었다. 벡테미르에서 집단농장까지는 걸어서 가야 했다. 당시 폴리타젤은 너무도 빈곤하여 회장에게 차량을 제공하지 못했다. 이는 타슈켄트 주 다른 고려인 집단농장에서는 상상하기 힘든 일이었다. 도로의 상태도 매우 비참했다. 가을과 겨울만 되면 진흙이 무릎까지 닿을 정도였다.

황만금의 첫 번째 운전기사였던 이 알렉세이 그리고리예비치는 다음과 같이 회상했다.

어려운 시간이었기에 자기 손으로 '일용할 양식'을 구한다는 것을 일찍 알 수밖에 없었습니다. 겨우 14살이었던 1943년도에 나는 화물차 짐꾼으로 취직했습니다. 8년 동안 포대를 던지는 삶이었습니다. 나는 운전기사 과정에 등록했고, 그 당시 나의 아버지는 자가용 '모스크비치'를 가지고 있었습니다. 나는 쿠일류크에서 택시기사로 일했고 지역 인근으로 가는 경우도 많았습니다. 거기에서 황 씨를 처음 만났습니다. 내가 차를 타고 가고 있으면 그 옆에 장화와 속옷을 껴입은 그가 도로를 따라 걷고 있는 것을 자주 보았습니다. 매일 아침 8시에

'레닌의 길'에서 회장으로 임명된 폴리타젤까지 말입니다. 지금 주마 바자르로 향하는 분기점, 정확히는 현재 교통경찰서 초소가 있는 장소까지 데려다드리곤 했습니다. 그다음부터는 직접 무릎까지 오는 진흙을 거슬러 자기 두 다리로 갔습니다. 통성명을 한 다음에 나에게 같이 일하자고 제안했습니다. 당시 농장에는 1932년에 생산된 GAZ-AA 화물차 기종의 낡은 ZIS트럭 정도만 있었습니다. 그래서 3~4개월 동안 그 집단농장에 신형 '모스크비치'가 보급될 때까지 제 차로 그를 데려다주었습니다.

티모페이 그리고리예비치는 당 지역위원회와 주위원회를 돌아다니면서 폴리타젤을 회생시키는 데 필요한 모든 요청을 매일같이 하고 다녔습니다. 먼저 사람들을 먹이기 위해 식료품을 얻어냈습니다. 그러나 다음 날 아침을 걱정할 정도로 여전히 재정은 바닥이었습니다. 나는 안타까워서 그를 위해 빵을 두세 개 챙겨 가곤 했습니다. 그러나 새로운 회장은 일을 엄격하게 관리했습니다. 특히 현장에서의 음주를 묵과하지 않았습니다. 누군가 한잔 걸친 채 집단농장 지도부에 나타나기만 하면 그 사람과는 오래도록 대화를 나누지 않았습니다. 직책과 공로를 감안하지 않고 무자비하게 해고했습니다. 평범한 농부건 고위 간부건 중요하지 않았습니다. 한동안 술을 입에 댈 생각조차 들지 않도록 교육시키는 경우도 있었습니다. 트랙터 운전수 박 니콜라이도 예외가 될 수 없었습니다. 한참 후에 그는 회장이 진정 엄격한 사람이었다고 인정했습니다. 어쩌면 당시 다른 선택을 할 수가 없었던 것은 아니었을까요?

며칠 밤을 지새우며 사무실과 현장 그리고 집단농장을 떠나지 않던 회장의 모습을 보면서 조합원들은 자신도 모르게 기운이 나기 시작했다고 합니다. 동이 틀 때부터 해가 질 때까지 휴일을 반납하고 일했습니다. 처음으로 좋은 양마와 쌀을 수확할 수 있었습니다. 평범한 집단농장 조합원이 일당 50~60루블을 받게 되는 수준으로 발전했습니다. 주변에 있던 번영한 집단농장들도 그 정도 일당은 지급하지 못했습니다.

ВЫПИСКА

из личного листка по учету кадров
(листок заполнен 6 апреля 1991 года)

Фамилия	ХВАН
Имя	МАН-ГЫМ
Отчество	Григорьевич
Год, число и месяц рождения	1 мая 1921 г.
Место рождения	г. Владивосток Приморского края
Национальность	кореец
Соц. положение	крестьянин-бедняк
Партийность	член КПСС
партстаж	с июня 1946 г. партбилет № 25591815
Образование	высшее
Название учебного заведения	Высшая партийная школа при ЦК КПСС
факультет	экономический
Год поступления	1954
Год окончания	1960
Какими иностранными и языками народов СССР владеете	иностранными языками не владею, знаю русский, корейский языки
Выполняемая работа с начала трудовой деятельности	III.1939 — VII.39 заготовитель стройматериалов хлопкозавода № 5, г. Янгиюль

VIII.1939 — VII.40 секретарь артели инвалидов, г. Янгиюль

VIII.1940 — III.43 учитель школы колхоза «Кзыл Узбекистан» Нижнечирчикский район Ташкентской области

III.1943 — III.47 директор подсобного хозяйства управления Ташкентской железной дороги г. Ташкент

III.1947 — XII.47 управляющий подсобным хозяйством ОРСа завода «Средазхиммаш» г. Чирчик

XII.1947 — XII.48 директор подсобного хозяйства управления Ташкентской железной дороги г. Ташкент

XII.1948 — I.51 председатель правления колхоза «Ленинский путь» Верхнечирский район Ташкентской области

I.1951 — X.53 заведующий сельскохозяйственным отделом райкома партии Верхнечирчикский район Ташкентской области

X.1953–1985 председатель колхоза «Политотдел» Верхнечирчикский район Ташкентской области

II.1990 по настоящее время член правления колхоза «Политотдел» Верхнечирчикский район Ташкентской области

ХАРАКТЕРИСТИКА

на товарища ХВАНА МАН ГЫМ ГРИГОРЬЕВИЧА,
председателя колхоза «Политотдел» Коммунистического района Ташкентской области Узбекской ССР

Товарищ Хван Ман Гым Григорьевич 1921 года рождения, кореец, член КПСС с 1946 года, партийный билет № 07171790, образование высшее — окончил заочную Высшую партийную школу при ЦК КПСС в 1960 году.

Товарищ Хван М. Г. после сентябрьского (1953 года) Пленума ЦК КПСС, являясь заведующим сельскохозяйственным отделом Верхнечирчикского (ныне Коммунистического) райкома КП Узбекистана, по партийной путевке, в октябре 1953 года, возглавил самый экономически слабый колхоз «Политотдел». Обладая выдающимися организаторскими способностями, политической зрелостью, трудолюбием, настойчивостью и инициативой, опираясь на партийную организацию, тов. Хван М. Г. сумел за короткий срок коренным образом перестроить колхозное производство, поднять культуру земледелия, обеспечить высокую эффективность использования земель и производственных фондов. Уже в 1956 году производство валовой продукции в денежном выражении возросло в двадцать с лишним раз.

С каждым годом коллектив «Политотдела» решает все более сложные задачи экономического и социального развития. Начиная с 1954 года, как годовые, так и пятилетние планы по производству и продаже государству сельскохозяйственной продукции выполнялись коллективом досрочно. Неуклонно росли и доходы колхоза, которые со 180 тысяч рублей в 1953 году увеличились до 15 318 тысяч рублей в 1980 году. Особенно высоким подъемом сельскохозяйственного производства характеризуются годы одиннадцатой пятилетки. Взятый коллективом курс на интенсификацию производства, широкое внедрение прогрессивных технологий обеспечило коллективу досрочное выполнение заданий пятилетки. Сверх пятилетнего плана произведено 4 600 тонн хлопка-сырца, 16 600 тонн стебля кенафа, 3 000 тонн зерна, 660 тонн мяса, 2 345 тонн молока, 759 тысяч штук яиц, 28,8 тонны шелковичных коконов. При плане в 51 437 тысяч рублей денежный доход за одиннадцатую пятилетку достиг, по предварительным подсчетам, 77 586 тысяч рублей, что на 26 149 тысяч рублей больше, чем установлено плановым заданием.

Обладающий высоким чувством ответственности за порученное дело, партийной принципиальностью, социалистической предприимчивостью, тов. Хван М. Г. является инициатором широкого внедрения в производство достижений науки, техники, передового опыта. Колхоз «Политотдел» одним из первых в республике внедрил биологический метод борьбы с сельскохозяйственными вредителями, метод посева хлопчатника по гребням, биостимулятора роста растений. Благодаря инициативе председателя колхоза, в «Политотделе» освоено производство гибридных семян кукурузы нового высокоэффективного сорта БЦ-66-61. В 1985 году колхоз отправил в хозяйства Узбекистана 2 700 тонн гибридных семян — в полтора раза больше, чем предусмотрено плановым заданием.

Колхоз «Политотдел» располагает высокопродуктивным животноводством. Совершенствуя племенную работу, углубляя внутрихозяйственную специализацию с переводом ее на промышленные методы производства, создавая прочную кормовую базу, коллектив молочно-товарной фермы обеспечивает надои молока, превышающие 4 000 килограммов. Среднесдаточный вес крупного рогатого скота доведен до 450 килограммов. По инициативе тов. Хвана М. Г. в ФРГ преобретено 400 высокоплеменных телок, которые составили ядро высокопродуктивного молочного стада, что позволит в ближайшие годы довести среднегодовой надой молока до 5 500 килограммов. В настоящее время ведутся проектные работы по созданию крупного молочного комплекса на 1 200 голов с городком для коллектива молочно-товарной фермы.

В целях успешного выполнения Продовольственной программы, по инициативе тов. Хвана М. Г. в одиннадцатой пятилетке введен в эксплуатацию свинокомплекс на 3 000 голов. Это позволило довести годовое производство свинины до 300 тонн. Б настоящее время завершается работа по вводу в эксплуатацию еще трех свинарников на 2 000 голов. Это позволит в 1986 году увеличить производство свинины до 500 тонн.

Одной из крупных мер, осуществленных по инициативе и под руководством тов. Хвана М. Г. явилось сооружение в 1985 году крупного водовода с дюкером и шестикилометровой лотковой трассой для орошения 250 гектаров на богарном участке имени Ахунбабаева. Проявляя неустанную заботу об экономическом развитии колхоза тов. Хван М. Г. вместе с тем энергично, настойчиво и целеустремленно добивается решения крупно масштабных задач социального развития коллектива. В настоящее время основная часть членов колхоза с семьями проживает в современных благоустроенных жилых домах, число которых с каждым годом увеличивается. В колхозе имеется 7 средних школ, 6 круглогодичных детских дошкольных учреждений и 6 сезонных, крупный торговый центр. Обеспечено образцовое медицинское обслуживание, которое ведет больница на 120 коек с единственным в стране на селе аллергологическим отделением, поликлиника на 200 посещений, 5 фельдшерско-акушерских пунктов. По инициативе т. Хвана М. Г., в настоящее время ведутся проектные работы по реконструкции больницы, созданию при ней бальнелогического отделения с водолечебницей.

К услугам колхозников Дом культуры, 2 клуба, 3 кинотеатра, колхозный музей, 6 библиотек, музыкальная школа, хореографическая студия.

Колхоз «Политотдел» является одним из редких коллективов, где физическая культура и спорт получили особенно широкий размах. В 11 спортивных секциях подготовлено 48 мастеров спорта СССР, отличная женская команда по хоккею на траве участвует в соревнованиях коллективов высшей лиги. Успехи колхоза «Политотдел» неоднократно отмечались высокими наградами. За победу во Всесоюзном социалистическом соревновании коллективу 7 раз присуждались переходящие Красные Знамена ЦК КПСС, Совета Министров СССР, ЩСПС и ЦК ВЛКСМ, из них с занесением на Всесоюзную Доску Почета ВДОХ СССР: 1977, 1982 и 1983 годы, за победу в республиканском — дважды переходящие Красные Знамена ЦК Компартии Узбекистана, Совета Министров Узбекской ССР, Узсозпрофа и ЦК ЛКСМ Узбекистана.

За успехи, достигнутые в развитии колхоза, выполнение планов девятой пятилетки по производству и продаже государству продуктов земледелия и животноводства, в 1976 году «Политотдел» награжден орденом Трудового Красного Знамени. Колхоз награжден Почетным Знаком за высокую эффективность и качество работы в Х-ой пятилетке (1976–1980 гг.).

На протяжении всех лет тов. Хван М. Г. отличает активная жизненная позиция, глубокая партийность, настоящие качества политического бойца. Обладая высоким авторитетом, он семь раз избирался делегатом на съезды Компартии Узбекистана, 5 раз — делегатом Коммунистической партии Советского Союза. Тов., Хван М. Г. 4 раза избирался членом Центрального Комитета Компартии Узбекистана, б раз депутатом, в том числе 5 раз — членом Президиума Верховного Совета Узбекской ССР. За выдающиеся успехи, достигнутые в деле советского хлопководства, широкого применения достижений науки и передового опыта в возделывании хлопчатника и получения высокихких и устойчивых урожаев хлопка-сырца Указом Президиума Верховного Совета СССР от II января 1957 года тов. Хван М. Г. удостоен звания Героя Социалистического Труда. Он награжден тремя орденами Ленина, орденом Октябрьской революции, медалью «За трудовое отличие». Ему присвоено также звание заслуженного хлопкороба Узбекской ССР, он удостоен четырех Почетных Грамот Президиума Верховного Совета Узбекской ССР.

В 1983 году тов. Хван М. Г. за разработку и внедрение в производство биологического метода запиты растений в УзССР удостоен звания Лауреата Премии Совета Министров СССР.

Первый секретарь Коммунистического райкома КП Узбекистана
У. Мирзакулов

새로운 회장이 처음 착수한 일은 집단농장 소유로 된 토지를 검사하는 것이었다. 그는 몇 날 밤을 지새우면서 신물이 날 정도로 과거 보고서나 회계 문서, 그리고 집단농장 활동과 관련된 각종 문서들을 검토했다. 낮에는 전문가들이나 집단농장 조합원들과 오랜 시간 동안 담화를 진행했다. 그는 집단농장 전체를 구석구석 누비면서 토지의 모든 조각을 조사하고 관개망, 도로와 생산시설의 상태를 점검했다.

모든 필수 정보를 수집한 후에야 알맞은 조직적 정책을 만들기 시작했다.

첫 번째 정책은 가장 어렵지만 가장 필요한 것이었다. 집단농장 개인의 정원 면적을 감소시켜서 집단 생산용 토지로 징발했다. 개인의 정원을 무단히 확장시켜준 것은 과거 집단농장 지도부가 결정한 것이었다. 따라서 황만금의 결정에 반대하는 조합원들이 늘어났다. 집단농장을 떠나겠다고 하는 사람들도 있었고, 작업을 방해하는 사람들도 있었으며, 반대는 하지 않는 듯 보였지만 새로운 회장을 지지하지 않는 사람들도 있었다. 심지어 '내 땅을 건들기만 해봐라!'라고 협박하는 사람들도 있었다. 이러한 시행착오 끝에 집단농장 조합원들은 지도부가 당위원회와 협력하여 개발한 조직적·경제적·사회적 일괄 조치에 만장일치로 동의했다. 그러나 개인 정원을 보유한 사람들의 이익과 직접적으로 관계되는 조치를 실현시키는 과정에서 여전히 적개심을 표현했다.

두 번째는 인력 정책에 관한 것이었다. 전문가 중 일부는 전문성이 아니라 혈연을 기반으로 임명된 사람들이었다. 또한 작업반장이나 조장도 지식이나 작업 수준으로 임명된 것이 아니었다. 황만금은 이를 과감하게 정리했다. 해고된 사람도 있었고 평범한 집단농장 조합원 직책으로 좌천된 사람도 있었다.

결과적으로 두 가지 정책을 시행하면서 새로운 회장은 상상할 수도 없는 수의 적을 만들었다. 몰이해의 벽과 노골적인 적개심에 둘러싸인 어려운 상황에서 황만금은 첫 번째 농사의 성공이 그에 대한 조합원들의 생각을 바꾸고 그에 대한 신뢰를 높이는 길

이라고 생각했다.

토지 사용, 인력 문제, 노동 기강에 대한 엄격한 조치들은 봄에 그대로 결과로 나타났다. 황만금에게 최초였던 씨 뿌리기는 성공적으로 마무리되었다. 어떻게든 집단농장 조합원들을 보상하는 차원에서 회장은 그들에게 쌀과 보리 곡물을 선금으로 주기 위해 수단을 강구했다. 선금의 지급과 함께 집단농장 조합원들의 황만금에 대한 태도가 우호적으로 바뀌었다. 가을 수확을 통해 황만금을 집단농장의 진정한 회장이라고 믿는 분위기가 만들어졌다.

1954년에 폴리타젤 집단농장은 오랜만에 국가 과제를 표준 이상으로 달성했다. 중요한 것은 사람들에게 작업에 대한 좋은 자극이 생겼다는 것이다. 작업마다 그들은 현금 45코페이카와 곡식 3.6킬로그램씩을 지급받았다. 이런 보수는 꿈도 꿀 수 없는 수치였다.

집단농장의 경작지는 대부분 양마 생산에 집중되었다. 양마 덕분에 1937년 치르치크 강 범람원에 이주한 후 고려인 집단농장들이 일어설 수 있었기 때문이다. 특히 전후 기간에 비약적인 경제적 발전을 할 수 있었던 것도 양마 덕이었다. 양마는 많은 고려인 집단농장들을 그저 먹여 살린 것이 아니라, 가장 부유한 농장들로 만든 금광과도 같았다. 노동영웅의 칭호를 받은 우즈베크공화국의 고려인 130명 중 100명 정도는 양마 수확 성과 덕분에 그 명예를 받게 된 것이다. 고려인 집단농장은 양마를 주요 작물로 선택한 채 사실상 그 생산과 수확에 혁명을 일으켰다. 1940년대 후반 우즈베크공화국의 인피섬유 생산자들은 지금까지 보지 못했던 목표인 헥타르당 8톤이라는 수치를 앞두고 있었다. 처음에는 이 목표를 개별 조장들과 작업반장들이 이행하다가 그 후 집단농장 전체에서 이행하게 되었다. 인피섬유 생산자들 수십 명이 노동영웅이 되었으며, 수확 요구량은 11톤으로 늘어났고, 그 후에는 15톤까지 증가했다. 1960년대에는 평균 20톤의 수확량을 올렸다. 급기야 양마 생산자를 대상으로 훈장을 수여하는 사례

는 중지되었다. 양마는 손이 많이 가는 농업 작물 중 하나이다. 매우 변덕스럽고 온갖 질병에 노출되어 있기 때문에 매일 관리해주어야 했다. 수확 기간은 집단농장 조합원들에게 지옥과 같은 나날이었다. 그러나 사람들은 수확이 많을수록 수입이 많아질 것을 알고 있었기에 지옥을 지나갈 준비가 되어 있었다. 게다가 이러한 경제 발전으로 인해 권력층뿐 아니라 고려인과 같이 살고 일하는 다른 민족들의 고려인에 대한 인식도 우호적으로 바뀌었다. 집단농장들의 사회적 인프라도 급격하게 향상되었으며 고려인의 교육 및 문화 수준도 높아졌다.

황만금의 저서『집단농장 폴리타젤』
(모스크바: 콜로스, 1974) 에 서 발 췌

집단농장 폴리타젤 지도부와 당위원회는 농장의 상태를 매우 주의 깊게 분석한 후 집단 생산과 집단농장 조합원들의 문화생활 수준의 향상을 보장하는 조직적·경제적·농산업적·목축업적 및 사회적 일괄 조치들을 개발했다. 정책 계획은 집단회의에서 검토되어 모든 사람에게 만장일치로 동의를 얻었다.

계획된 정책을 현실화시키기 위해 모든 체력과 자원을 투자했다. 우선 집단농장의 규정을 함부로 위반하는 사람들과 전면전을 벌였다. 집단농장 지도부와 당위원회는 집단농장 생산 발전에 대한 물질적 관심을 향상시키지 않고서는 그리고 집단농장 조합원들의 일당을 증가시키지 않고서는 유지할 수 없다는 것을 이해했다.

집단농장 폴리타젤은 당시 제2 베르흐네치르치크 MTS에 소속되어 있었고 큰 도움을 받았다. 그러나 기계가 모자랐기 때문에 기계화되지 못한 작업이 많았으며 너무도 많은 작업 분량을 수작업에 의존했다. 작업의 광범위한 기계화와 전기화 없이는 농업 발전 수준을 향상시킬 수 없었다. 기계화가 이루어져야 높은 농작물 수확량을 달성할 수 있었고 축산업도 발전할 수 있었다. 그러나 어떻게 이를 달성할 수 있는가?

1953년 9월 소비에트연방 공산당 중앙위원회 상임

간부회의가 해결책을 제시했다. 1955년 말 즈음 이 해결책의 영향은 집단농장 영역에 긍정적으로 나타나기 시작했다. 집단농장의 MTS에 새로운 기기가 도입되면서 기계화 작업 분량이 증가했다. 이에 따라 젊은 집단농장 조합원 중 다양한 전문성을 보유한 기계 전문가와 고수준의 트랙터 운전수를 양성시킬 필요가 있었다. MTS는 교육과정을 열었다. 폴리타젤의 사람들은 MTS와 베르흐네치르치크 지역 국토 관리 부서의 기계 전문가 및 농학자들과 농작물 수확을 증대시키는 모든 노력을 다했다.

모르구노프(A. T. Morgunov)가 서장으로 근무하던 제2 베르흐네치르치크 MTS는 1953년 이곳에 도착하여 집단농장 폴리타젤의 농작물 생산 향상에 과학을 도입하는 데 큰 도움을 주었다. 기계화를 통한 생산 구조 개편이 모든 농작물의 수확량을 확연하게 향상시켰다.

1951년부터 1963년까지 집단농장 폴리타젤로 수많은 소규모 집단농장들이 통합되었다. 이 과정에서 새로운 관개 시설의 도입이 필요했다. 경작지 면적 증대 및 소형 관개 수로를 대형으로 교체하는 작업과 관련하여 토목작업이 진행되었다. 기존의 구조물을 재건축하고 신규 구조물을 건설했다. 게다가 신규 관개 시설을 이전하는 작업이 기존의 늪지대 건조 작업과 동시에 진행되었다.

경제적으로 취약한 집단농장들이 통합되어 토지 면적이 확장되면서 수확량이 확연하게 증가했다. 몰로토프 집단농장이 이러한 혜택을 받았다. 통합 시점에 이 집단농장에서는 벼와 양마를 재배했으며 면화는 전혀 경작하지 않았다. 전체적인 농작물의 수확량은 매우 낮은 편이었다. 양마 수확량은 헥타르당 5,100킬로그램을 넘지 않았고 쌀은 1,660킬로그램을 넘지 않았다. 심지어 건초 더미도 헥타르당 3,160킬로그램 정도만 수확되었다. 가축의 생산성도 매우 낮았다. 무엇보다 기계화가 전혀 이루어지지 않았다. 심하게 망가진 화물차 한 대, 마차 다섯 대, 말 쟁기 두 개, 다 허물어져 가는 별채 다섯 채만이 있었다. 당연히 이런 조건의 집단농장은 수익성이 보장될 수 없었다. 농작물 수확량과 축산물의 생산성을 향상시키기 위해서 집단농장 폴리타젤이 지원해야만 했다.

1958년에는 폴리타젤과 '코무니즘' 집단농장이 통합되었다. 이곳에는 면화 재배 경험이 축적되었고 면화 재배자들의 수준이 높았기 때문에 양측은 시너지 효과를 기대했다. 1959년에 폴리타젤은 최초로 면화 파종을 대규모로 시도했다. 집단농장의 지도부와 당 조직은 면화 재배 작업반에 이미 이 작물에 대한 경험이 있는 집단농장 일원들을 포함시켰으며, 그와 더불어 이전에 면화 재배에 대한 경험이 없는 조합원들을 교육시켰다. 첫해 집단농장의 면화 생산량 평균은 헥타르당 3,560킬로그램이었는데 '코무니즘' 집단농장은 단 한 번도 2,160킬로그램을 넘긴 적이 없었다.

생산성이 취약한 집단농장들이 상대적으로 발전된 폴리타젤에 통합되면서 농업 집중도가 강화되었으며 토지, 물, 기기를 더욱 합리적으로 사용할 수 있는 가능성이 열렸다. 우즈베크공화국 토착민인 세습 면화 재배자들도 폴리타젤의 일원이 되었다. 더욱 거대해진 집단농장은 모든 작물의 수확량과 축산업의 생산성을 증가시켰다. 특히 생산 원가가 감소되고 생산 단위에 대한 노동력 소모가 축소되었다.

집단농장의 통합은 양적인 측면뿐 아니라 질적인 측면에서도 변화를 가져왔다. 천수 영역에서 파종 면적이 확장된 덕분에 가축을 위한 목초지 조성과 건초 공급이 상당히 향상되었다. 손이 많이 가는 작물인 면화, 양마와 쌀을 담당하는 조합원들은 그 역할이 균등하게 분배되었다. 토지, 관수, 그리고 노동력을 더욱 경제적으로 사용할 수 있는 현실적인 조건이 형성되었다.

폴리타젤을 중심으로 소규모 목축 농장들이 통합되면서 대규모 목장이 만들어지고 이를 기반으로 목축 조직을 구축했다. 식량 기지 강화와 더불어 가축 및 조류 사료 공급이 향상되어 최신의 축산학 및 수의학적 업적을 대규모로 적용할 수 있었다. 기존 집단농장들의 젖소 한 마리당 평균 우유 생산량이 867킬로그램이었다면, 통합 이후 1967년에는 2,344킬로그램까지 증가했고 1974년에는 4,000킬로그램까지 생산했다.

황만금은 계절이 지날 때마다 경험을 쌓고자 했다. 이웃 농장들을 자주 방문하고 많은 집단농장의 지도자들, 특히 그 당시 전국적으로 유명했던 김병화와 김 드미트리 알렉산드로비치와 친분을 쌓았다. 그들로부터 최고의 경험을 배운 황만금은 그것을 그대로 폴리타젤에 적용시키지 않았다. 새로운 여행을 떠나고 새로운 사람들을 만날 때마다 머릿속에는 새로운 발상이 떠올랐고 이를 실현시키기 위해 스스로 공부했다. 업무가 바쁘고 아들이 셋이나 되는 가정이 있었지만 그는 책을 놓지 않았다. 집단농장의 회장이 된 후 황만금은 소비에트연방 공산당 중앙위원회 산하 당 교육기관의 경제학부에 입학했다.

소비에트연방의 당 교육기관은 지도자가 될 간부를 육성하는 기능을 담당했다. 따라서 당, 소비에트 기관의 중고위층 관리들은 대부분 이 학교들에서 교육을 받았다. 최고 수준의 교수진이 교육을 했으며 수강자들에 대한 요구기준도 매우 높은 편이었다. 황만금은 가을같이가 어떻게 진행되었는지, 왜 지금까지 현장 기지에 전기가 공급되지 않고 있는지, 언제 집단농장에 자체적으로 기술이 생길지 걱정하느라 정치경제학, 변증법적 및 역사적 유물론에 대한 수업을 매우 어렵게 통과했다.

공부를 포기하고 싶었던 적도 한두 번이 아니었다. 수많은 유명 집단농장 회장들도 고등교육 없이 자신의 집단농장을 운영하고 있지 않는가! 그러나 황만금은 바로 이러한 생각을 떨쳐버리고 다시 학문에 빠져들었다.

나중에 그는 작가에게 이런 말을 남겼다.

"지도하기 위해서는 자신이 내린 결정이 어떠한 결과를 초래할지 알아야 합니다. 그렇기 때문에 광범위한 지식이 필요합니다. 저는 고등교육 수료증을 받았을 당시 이미 마흔이었습니다. 제 장남 발레리는 이미 대학생이었습니다."

공부하는 것은 어려웠다. 황만금은 강제 이주 전인 1937년에 하바롭스크에서 교육을 마쳤기 때문이다. 전쟁 후 그는 대학에서 공부했지만 일 때문에 졸업을 할 수 없었다. 당시 그는 '레닌의 길' 집단농장의 회장으로 임명되어 정신없이 일하고 있었다. 특히 교육이 인간에게 무엇을 주는지 이해하지 못한 시기였다. 그는 젊었고 모든 걸 알고 있는 것 같았고 열망과 열정으로 모든 일을 해낼 수 있을 것이라 확신했었다.

그러나 자신의 선택으로 당 서열에 의한 출세를 포기하고 폴리타젤로 직접 갔다. 신뢰하지 않는 침울한 사람들의 얼굴을 보았다. 많은 사람들은 그가 무엇을 할 수 있겠냐고, 그가 우리에게 무엇을 제공할 수 있겠냐고 비웃었다. 첫 번째 집단농장 회의에서 그는 마음속으로 굳게 다짐했다. 사람들의 태도를 바꾸기 위해 무엇이든 하겠노라고. 그러나 그들은 비참한 상태였다. 젊은 회장이 어떻게 손을 대야 할지 모르는 문제들도 있었다. 바로 그때 그는 책을 잡았다.

"저는 그때 결론을 내렸습니다. 다른 사람들을 가르치고 그들에게 명령을 내리려면 그들보다 더 많이, 그리고 더 잘 알아야 한다고 말입니다. 그때가 되어서야 비로소 같이 일하는 사람들이 나를 완전히 신뢰할 수 있습니다. 수료증이 뭐가 중요합니까! 그저 종이일 뿐입니다. 저는 수료증을 위해 공부한 것이 아닙니다. 저는 자신을 위해 제 집단농장을 위해 공부한 것입니다."

황만금은 교육이 공동체와 집단농장의 발전을 위해 얼마나 큰 역할을 하는지 이해했다. 그는 아버지와 같이 19번 학교를 감독했고, 그 학교는 타슈켄트 주 내 명문 학교 중 하나가 되었으며 졸업생들을 국내 최고 대학들로 보냈다. 폴리타젤은 젊은 전문가들에게는 대다수의 대학 졸업생들이 상상도 못하는 조건을 제시했다. 집단농장에는 박사들이 필요 없었다. 그러나 폴리타젤에는 존재했다.

황만금은 문화와 스포츠 분야에도 최고의 전문가들을 끌어들였다. 집단농장 내 연예 분야에서 활동한 발레 교사는 우즈베크공화국 대표 예술인 황정옥이었으며, 폴리타젤 여자필드하키팀 대표는 우즈베크공화국 대표 코치 황 이고르였다. 이와 비슷한 사

례는 수없이 많다. 중요한 것은 이 전문가들이 폴리타젤에 들어오면 이후부터 열정을 가지고 일했으며 대도시로 나가려 하지 않았다는 점이다.

이 모든 것이 구조적으로 연결되고 유기적으로 선순환하면서 폴리타젤은 전국적으로 유명한 집단농장의 반열에 올라섰다.

집단농장이 수여받은 훈장

명령서
타슈켄트 주 베르흐네치르치크 구(區) 집단농장 폴리타젤에 대한 조합원 적기 훈장 표창

타슈켄트 주 베르흐네치르치크 구 집단농장 폴리타젤이 이룬 농업 생산의 발전과 제9차 농축업 생산 5개년계획 수행을
표창하며 조합원 적기 훈장을 수여한다.

소비에트연방 공산당 서기장 포드고르니
소비에트연방 공산당 총비서 게오그라제

1976년 2월 19일, 모스크바 크렘린

제 5 장

올림포스 산에서

황만금의 개혁은 농업 생산성 문제를 해결하는 데 경이로운 결과를 가져왔다. 경제적으로 뒤떨어졌던 폴리타젤은 말 그대로 3년 만에 완벽히 변했다. 지역구 수준을 벗어나 주에서 선두 자리를 차지할 수 있었다. 1957년 1월에는 소비에트연방 최고 상임위원회의 명령으로 황만금은 사회노동영웅 칭호를 받았으며, 10명의 집단농장 조합원들도 훈장과 메달을 수여받았다.

우즈베크공화국 집단농장 역사에서 이와 같이 비약적으로 평판이 상승한 경우는 없었다. 당시 소비에트연방 공화국에서 인지도가 높던 김병화('북극성' 집단농장), 김 드미트리 알렉산드로비치('스베르들로바' 집단농장), 신정직('디미트로바' 집단농장) 등 다른 우즈베크공화국 고려인 집단농장의 유명한 지도자들이 이전까지 아무도 알지 못했던 황만금이라는 젊은이의 행보에 오히려 호기심을 가지고 주시했다. 황만금이 금성 영웅 호칭을 받을 당시 그는 공식적으로 36세가 채 되지 않았다.

매년 시간이 흘러도 폴리타젤의 성장 속도는 떨어지지 않고 오히려 더욱 빠르게 성장했다. 소비에트연방의 시민들이 이 집단농장이 재배한 옥수수의 놀랄 만한 수확량에 대해 이야기를 시작했을 때, 그리고 국가 고위 인사들이 폴리타젤의 성장에 관심을 보이기 시작했을 때 우즈베크공화국에 새로운 세대의 리더가 나타났다는 것이 인지되었다. 새로운 사고력을 가지고 당시엔 존재하지 않던 혁신적인 것들에 대해 생각할 수 있는 지도자인 황만금은 1960년대 초반을 대표하는 농업지도자들 중 한 명으로 자리매김할 수 있었다.

1976년 폴리타젤 집단농장의 발전은 최고조에 달했으며, 폴리타젤의 수장은 자신의 육체적·정신적·창조적 능력을 최대한 발휘할 수 있는 전성기를 누렸다. 물론 그가 누렸던 영광은 대단한 노력을 기반으로 이루어진 것이다. 그는 폴리타젤 집단농장의 대명사였다. 그는 폴리타젤 집단농장 조합원들과 함께 일구어낸 이 영광과 이미지를 유지하기 위해 노력했다.

황만금은 우즈베크공화국 주요 정부기관의 지도자로도 활동했다. 우즈베크공화국 공산당 중앙위원회 위원, 우즈베크공화국 상임위원회 위원, 소비에트연방 공산당대회 대표자로 선출된 것이다.

폴리타젤 집단농장은 사마르칸트, 부하라, 히바의 역사적인 유적들과 같이 우즈베크공화국의 명승지로서 인정받았다. 우즈베크공화국을 방문한 고위

층들이 폴리타젤을 가는 것은 필수 코스가 되었다. 예를 들면 소비에트연방 당 서기를 역임한 니키타 흐루시초프, 레오니드 브레즈네프, 제1대 베트남 민주공화국 주석 호찌민, 아유브 한 파키스탄 대통령, 하페즈 알아사드 시리아 대통령, 트류궤 브라텔리 노르웨이 수상 등이 이곳을 공식 방문했다.

황만금은 제1대 우즈베크공화국 공산당 중앙위원회 당 서기인 샤라프 라시도비치 라시도프와 수년간 긴밀한 유대 관계를 유지했다. 라시도프 당 서기는 특별한 이유 없이도 폴리타젤 집단농장을 방문해 휴식을 취하기도 했다.

이와 더불어 과학·문화·예술·스포츠 등 다양한 분야의 인물들이 폴리타젤 집단농장에 관심을 가졌다. 예를 들면 세계 최초의 우주비행사 유리 가가린, 체스 세계챔피언 마이아 치부르다니제, 올림픽 금메달리스트인 체조선수 김 넬리, 작가이자 기자였던 발렌틴 오베치킨, 소설가 김 아나톨리 등이 있다.

유명 작가이자 기자였던 발렌틴 오베치킨은 폴리타젤 집단농장을 방문한 후 "내 인생에서 이보다 좋은 집단농장과 좋은 지도자를 본 적이 없다. 어느 도시나 마을을 가더라도 이와 같은 물질적 풍요로움, 생활문화, 생산성을 보기 힘들다"고 소감을 말했다. 위대한 노동 집단은 최신 과학과 장비를 이용해 면화, 양마, 옥수수 등에서 안정적으로 높은 수확량을 이루었다. 온실, 낙농장, 메추라기 사업 등 부가적인 수익이 창출되었다. 1980년대 중반에는 집단농장의 총수입이 1,500만에서 1,600만 루블을 기록했으며 순이익은 600만 루블에 달했다.

이것이 폴리타젤 집단농장이 1975년 달성한 기록들이다.

당시 폴리타젤은 우즈베크공화국 농업의 가장 큰 집단농장 중 하나였다. 파종 면적은 6,319헥타르였으며, 그 가운데 4,168헥타르는 관개 토양이었고 2,154헥타르는 천수답이었다.

당시 정부가 단종재배 정책을 주도했기에 전체 관개토양의 48퍼센트인 2,000헥타르에는 면화를 재배했으며, 30퍼센트인 1,240헥타르에는 양마를, 그리고 나머지 22퍼센트의 토양에 파, 옥수수 등 나머지 작물들을 재배했다.

1975년 집단농장은 8,506톤의 면화를 생산했으며 (1헥타르당 4.26톤의 수확량), 양마는 2만 2,960톤(1헥타르당 20톤), 곡물은 3,250톤을 생산했다. 소 한 마리당 우유 생산량은 연간 4,443킬로그램이었다.

대형 가축 수는 2,800마리였고, 250대의 다양한 트랙터와 160대의 차량, 각종 장비들이 사용되었으며, 195명의 고등 및 중등교육을 마친 전문가가 근무했다.

이러한 생산 지표는 사람들에게 크게 와 닿지 않을 수도 있다. 그렇다면 이와 같은 지표가 집단농장 구성원들의 복지에 어떠한 영향을 미쳤을까? 1980년 집단농장 구성원의 평균 임금은 3,235루블이었으며, 한 가정당 평균 수익은 7,000루블 이상이었다. 이것은 소작지에서 벌어들이는 수익, 다양한 혜택과 사회 복지 기금을 제외한 금액이다.

집단농장의 문화발전을 위한 복지 수준도 높았다. 폴리타젤은 문화시설을 건설하는 데 많은 성공을 거두었다. 1,200명을 수용할 수 있는 문화회관, 두 개의 스타디움, 백화점과 병원, 학교 등은 대도시에서 가장 좋은 시설들과 견줄 수 있었다.

집단농장 마을에는 주택 보급 계획에 따라 한 채당 60~80제곱미터 면적의 1~2층 주택이 건설되었다. 이와 같은 주택의 가격은 3,000에서 4,000루블 정도였다. 이를 위해 집단농장은 5년에서 7년 기간의 장기 대출을 제공했을 뿐 아니라 교통, 건축 자재들도 지원했다. 집단농장의 자금으로 아스팔트 도로, 전선, 수도, 가스관 등이 건설되었다.

흥미로운 사실은 집단농장 구성원들의 개인 자산 중에는 가축이 거의 없었다는 점이다. 집단농장 조합원들은 공동 사육을 통해 필요한 우유, 닭고기, 메추리알, 고기, 야채 등 식재료를 안정적으로 보급했다. 또한 미용실이 포함된 4개의 사우나, 120여 개의 침실을 갖춘 병원과 최신설비의 통합 네트워크로 운영되는 의료기관, 500개가량의 번호가 저장된 자동전화교환국, 3개의 라디오 방송실을 운영했다.

이러한 환경은 사람들의 흥미를 끌기에 충분했다. 폴리타젤 집단농장에서 일자리를 구하기 위해서는 차례를 기다려야 할 정도였다. 도시민들은 백화점에서 물건을 구입하기 위해, '튤판' 식당에서 맛있는 국수를 먹기 위해, 문화회관에서 콘서트를 관람하기 위해 집단농장을 방문했다. 황만금의 회상에 따르면, 1974년 트류웨 브라텔리 노르웨이

1959년 호찌민의 폴리타젤 방문 사진들.

왼쪽 위　1962년 니키타 흐루시초프 방문 사진.
왼쪽 아래　리 류보프 노동영웅.

오른쪽 위　1966년 파키스탄 아유브 한 대통령 방문 사진.
오른쪽 중간　1966년 소련 공산당 전당대회 참가 사진.
오른쪽 아래　1976년 소련 공산당 전당대회 참가 사진.

수상이 우즈베크공화국에 입국해 폴리타젤 집단농장을 방문했을 당시 "만약 소비에트연방의 모든 집단농장들이 폴리타젤과 같다면, 우리는 당신들의 농업시스템을 전면적으로 모방했을 것이다"라고 언급했다.

각종 훈장, 국가 고위 지도부의 감사장, 당대회와 고위 사법기관 참여, 외국 고위 인사 영접, 유명 기자들과의 인터뷰 등 그 시기는 행복감에 머리가 어지러울 정도였으나 이는 황만금을 괴롭히지 않았다.

황만금은 영광의 정점에 있었지만, 근면하고 완강하면서도 집단농장 조합원들에게 필요한 것들을 잘 찾아내는 지도자로서, 친절한 경영주로서, 멋진 말동무로서 자신의 면모를 잃지 않았다.

폴리타젤 집단농장은 우즈베크공화국의 자랑거

위　1960년대 소련집단농장 대회
　　참가 사진.
아래　1974년 노르웨이 트뤼그베
　　브라텔리 총리 방문 사진.

리였다. 오늘날 우즈베크공화국 내에 분산된 고려인의 다양하고 힘들었던 역사에 대해 이야기하면서, 우리는 황만금이라는 잊을 수 없는 지도자를 필두로 한 집단농장 조합원들의 찬란한 과거 역시 우리 역사의 한 장이었다는 사실을 잊어서는 안 된다.

폴리타젤 집단농장에는 러시아인·고려인·우즈베크인·카자흐인·타타르인·우크라이나인 등 다양한 민족이 거주하며 근무했으나, 황만금은 자신의 민족적 뿌리를 결코 잊지 않았다. 이는 그 직위를 역임한 다른 지도자들과의 차이점이었지만 그는 민족주의자라고 비난받는 것을 두려워하지 않았다.

필자 김 브루트가 고려인 신문인 《레닌 기치》(현재의 《고려일보》. 알마티에 편집실이 있다)의 특파원으로 근무할 당시에는 이러한 상황과 부딪칠 일이 한 번도 없었다. 예를 들면, 나망간 주(州)에서 신문 홍보 활동을 진행할 당시 100여 명 이상으로 구성된 한 작업반의 반장이 "우리는 이미 지역 신문을 구독하고 있다. 한국어는 아무도 읽을 줄 모른다"고 말하며 구독을 거부한 적이 있다. 그에게 신문 한 페이지가 러시아어로 발행된다는 사실은 아무런 상관이 없었다. 이러한 상황에서 구해준 건 한 집단농장의 관리자였다. 그는 우즈베크인이었다. 그는 필자에게 "나는 우즈베크인이지만 반드시 당신들의 신문을 구독하겠습니다"라고 말했다. 작업반장은 관리자의 말을 따를 수밖에 없었다.

폴리타젤은 《레닌 기치》 신문을 매년 400부씩 신청하여 구독했다. 황만금은 개인적으로 신문사 편집장과 만나 반드시 점심 또는 저녁 식사에 초대해서 신문 발간의 문제점에 대해 상세하게 물어보았다.

1970년대 후반에 필자 김 브루트가 집단농장 연례회의를 취재하기 위해 폴리타젤 집단농장으로 출발했을 때 이런 일이 발생했다. 필자는 각 주(州)와 구(區), 그리고 유명 출판사에서 고위급 인사들이 집단농장 회의에 참석한다는 것을 알고 있었다. 필자는 특별히 눈에 띄지 않도록 조심했다. 그때는 《레닌 기치》 신문에서 근무를 시작한 지 얼마 되지 않았을 때였다. 회의가 끝날 무렵에 필자는 이미 회의 내용에 대한 보고서 작성을 위해 도시로 돌아갈 채비를 마치고 있었다. 그때 박 바실리 시묘노비치 당위원회 서기가 불러 세우며 "회장님께서 당신을 점심식사에 초대했습니다"라고 말했다.

집단농장 대표가 필자의 참석 사실을 알고 있다는 점도 몰랐으며, 필자를 초대했다는 사실도 놀라웠다. 물론 이는 기쁜 일이었다. 전설적인 공인과 인터뷰를 할 가능성이 생긴 것이었다. 점심식사에는 당 구역위원회 제1서기를 비롯한 여러 사람이 있었다. 황만금은 필자를 손님들에게 '우리 고려인 신문의 특파원'이라고 소개했다. 그는 틀림없이 '우리'라고 말했다. 이 말이 필자에게 마음의 위안이 되었다.

신문에 대한 직원들의 마음은 이중적이었다. 한편으로는 이 거대한 국가에서 고려인 신문이 발행된다는 점, 이것이 우리 마음에 자긍심으로 남지 않는다 하더라도 적어도 우리는 일종의 정신적인 편안함을 느낄 수 있었다. 다른 한편으로는 신문이 오로지 한국어로만 발행된다는 점이다. 대략적으로 계산했을 때 구독자의 겨우 10퍼센트가량만이 한국어를 간신히 읽을 수 있었다. 기자들도 러시아어를 모국어로 사용하고 있기 때문에 기사가 실리기 전에 한국어로 원본을 번역해 겨우 읽을 수 있을 정도였다. 어떤 경우에는 이러한 사실이 일종의 콤플렉스로 느껴졌다.

점심식사에서는 그를 인터뷰할 수 없었다. 황만금은 "질문은 나중에 하시고 지금은 일단 식사를 합시다. 우리 요리사들의 기분을 상하게 할 수는 없지요"라고 부드럽게 인터뷰를 거절했다. 그러나 그의 단순한 한마디 '우리 신문'이라는 말은 필자의 마음속에 새겨져 콤플렉스를 극복하는 데 많은 도움을 주었다. 고려인 문화 발전과 보존에 황만금의 공헌은 매우 귀중하다.

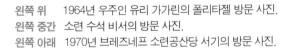

왼쪽 위   1964년 우주인 유리 가가린의 폴리타젤 방문 사진.
왼쪽 중간 소련 수석 비서의 방문 사진.
왼쪽 아래 1970년 브레즈네프 소련공산당 서기의 방문 사진.

오른쪽 위   시리아 하페즈 알 아사드 대통령 방문 사진.
오른쪽 아래 일본 아사히신문사와의 인터뷰.

1986년에 수행할 경제 및 사회 개발 국가 계획안이 통과된
제2차 우즈베크공화국 상임위원회 회의가 타슈켄트에서 개최되었다.
타슈켄트에 있는 국립역사박물관[구(舊)레닌박물관]에서
'면화 스캔들'이라는 주제로 작은 규모의 박람회가 개최되었다.*
이 주제는 소비에트연방의 침체기에 발생한 우즈베크공화국 역사 가운데 비극의 한 페이지였다.

----

*   면화 스캔들: 1970~1980년대 우즈베크 사회주의공화국의
       경제 관련 부패 및 권력 남용에 대한 형사 사건들을 말한다.

제 6 장

골고다 언덕

면화 스캔들

1970년대 후반에서 1980년대 초반에는 소비에트 연방의 체제를 무너뜨릴 수 있을 정도의 돌이킬 수 없는 경제적·정치적 위기가 발생했다. 사람들의 사회적 인식이 변화하기 시작했다. 공산주의의 위대한 사상이 실제 현실에서 적용되지 못하고 있었다.

정부 정책은 물질적으로도 정신적으로도 손실만을 일으켰다. 소비에트연방 국가들의 역사에는 재정적으로 매우 궁핍했던 힘든 역사가 포함되어 있다.

물론 경제적 부분과 정신적 부분에서 상승곡선을 나타내던 시기도 있었다. 첫 10년간 대다수의 사람들은 '인류의 밝은 역사가 시작되었다'고 굳게 믿었다. 이는 소비에트연방을 미국과 동급의 초강대국으로 만들 정도로 사람들이 열심히 일하는 계기가 되었다. 그러나 사람들이 자신이 노력한 결과의 열매를 거두려 할 때부터 갈수록 나라가 역경에 처하기 시작했다. 트로츠키주의자 근절운동을 필두로 나라를 공포의 나락으로 빠트리는 유혈 탄압이 나타나기 시작했다. 제2차 세계대전이 시작되고 국가의 경제 수준이 건국 당시 수준으로까지 약화되었다. 이후

미개척지 개발, 우주 탐사, 흐루시초프의 해빙 정책 등이 실행되었다. 그러나 군비 경쟁이 시작되면서 다시 재정적 위기에 돌입했다.

당시의 체제는 모든 능력과 가능성을 소진하는 데에 지나지 않았다. 중앙정부는 국민들에 대한 물질적인 복지 성장을 거짓 수치로 속이려 했으나, 서로 다른 암나사와 수나사가 맞물릴 수 없는 것과 같이 체제에 대한 국민의 신뢰는 회복될 수 없었다.

이후 고르바초프가 나타났다. 국민은 자신들이 실감할 수 있는 식량을 원했다. 고르바초프는 식량을 보급하지 않았지만 '페레스트로이카'와 '글라스노스트'라는 새로운 슬로건으로 개혁을 시도했다. 국민들은 페레스트로이카 주창자의 주장을 경청하기 위해 텔레비전 앞에 모여들었다.

반면에 정치가들은 특권을 가진 일부 사람들만을 위한 체제를 비판하지 않았다. 권력자들은 이를 알리지 않기 위해 노력했고, 국민들은 이러한 사실에 대해 추측만 할 뿐이었다. 국가에 재정적 위기를 야기한 특권 계층들의 최고급 휴양지 방문이나 고급 뷔페 이용만을 이야기하는 것이 아니다. 사회는 특권을 가진 자들과 가지지 못한 자들의 두 계층으로 나뉘었다. 양 계층이 누리는 삶이나 준수하는 법은

각각 달랐다. 빠르건 늦건 양 계층의 평화적 공존은 끝날 수밖에 없었다. 현재 이 슬로건들이 시작된 모스크바에서는 당시의 정치가들이나 이런 사실들에 대해 아무도 알지 못한다. 당시 권력을 지녔던 정치가들은 대부분 고급 휴양과 고급 뷔페 이용 특권을 자신에게 부여하면서 이를 순수한 기분전환처럼 여겼다.

특권계층은 자기의 특권을 버리고 싶지 않았다. 그 대신 그들은 국가에 위기를 가져온 '장본인'들을 수색해 찾아냈다. 이러한 작업은 사회혁명당원과 트로츠키주의자를 수색하는 것으로 시작해서 독일 간첩과 일본 군국주의자 수색으로 이어졌다. '침체의 시대'라 불렸던 이해에는 포도 재배자나 면화 재배자들이 '노동 및 기술적 규율 위반자'로서 그 '장본인'이 되었다.

체제는 단순히 불필요해진 존재에서 벗어나 사람들의 인식과 생각에 악영향을 미치는 존재가 되어갔다. 그 세대의 사람들은 식량, 신발, 의류를 배급받기 위한 굴욕적인 거대 행렬을 기억하고 있다. 물론 부정하게 추가로 돈을 지불하면 필요한 물건들을 배급받을 수 있었다. 이와 더불어 부정부패와 혈연, 뇌물 등이 성행했다.

소비에트연방 고위 권력자들은 당시의 상황을 바꾸고 위기를 타파하기 위해 매우 다양한 대책을 실행했다. 이러한 계획 가운데에는 수많은 재앙을 불러일으킨 알코올중독 근절운동도 포함되어 있었다. 이로 인해 포도 사업에서 수습할 수 없는 피해를 입어 포도 재배자들이 도산하기 시작했다. 그러나 이 운동으로 국민들의 음주가 감소하진 않았다. 이에 대한 반작용으로 설탕 소비량이 급격히 증가했다. 설탕은 밀주인 사마곤의 주재료이기 때문이었다. 노동 규율 준수 역시 새로운 정부의 정책 가운데 하나였다. 경찰들은 도시의 상점, 공원 등 공공장소에서 노동 시간에 노동을 하지 않는다며 사람들을 잡아갔다. 면화 수확 시기에는 일부 현지 지도자들이 낮 시간에 거리 산책을 금지하기까지 했다. 과연 자신들

노동의 결과를 물질적으로 보상받지 못하는 사람들에게 노동을 강요해도 되는 것일까?

고르바초프는 페레스트로이카를 실시했다. 그러나 페레스트로이카는 보여주기 식 개혁이었을 뿐이고, 정작 최고위층을 대상으론 개혁이 진행되지 않았기에 재정적 위기를 막기엔 부족했다. 페레스트로이카는 오히려 체제 붕괴를 가속시켰다. 얼마 지나지 않아 소비에트연방은 붕괴되었으며 중앙정부에 이용만 당하던 15개 공화국은 독립국가로 탄생했다.

재정적 위기를 몰고 온 장본인들을 찾는 작업이 시작되었다. 이러한 수색 작업은 크렘린 궁이나 다른 곳에서 실시된 것이 아니라 바로 우즈베크공화국이 수색 장소였다. '면화 스캔들'은 이렇게 시작되었다.

이 사건에 대해 우즈베크공화국 시민들은 잘 알고 있다. 이 사건에 대해 기록한 문헌도 있으며 영화도 제작되었다. 1984년부터 1988년 중반까지 검찰과 내무부 사건 조사단이 우즈베크공화국 시민 약 2만 5,000명 이상을 대상으로 형사 소송을 제기했다는 사실도 기억할 가치가 있다. 중앙정부는 혐의자들을 찾아서 소송을 제기하고, 감옥에 집어넣으라는 명령을 수백 명의 조사단에게 내렸다. 실제로 이 명령은 실현되었다.

이것은 제2차 세계대전 이후 우즈베크공화국에서 발생한 가장 큰 탄압이었다.

우즈베크공화국 내에 뇌물수수, 부정부패가 존재하지 않았을까? 분명히 있었다. 이를 부정하는 것은 진실을 외면하는 것이다. 그러나 이는 당시 체제 자체가 이러한 사회의 종양이 발생하도록 촉진했기 때문이다. 체제 말기 무렵에는 이러한 부정부패에 의해서만 유지될 수 있었다.

권력자들은 당시의 체제를 유지하고 보전하기 위한 방안을 필요로 했다. 이러한 목적을 달성하기 위한 계획이 있었는데, 이것은 경제 분야가 정상적인 상태를 유지하기 위해 반드시 필요한 것이나 당시

체제에 의해 완벽히 왜곡되었다. 예를 들면, 면화 수확을 목표만큼 달성하면 훈장과 메달을 수여하고 직책을 높여주지만, 목표를 달성하지 못하면 당시 사회적 지위와 미래를 보장하는 당원증을 빼앗았다. 따라서 모든 직급의 지도자와 관리자들은 부여 받은 목표치를 달성하기 위해 어떠한 수단과 방법도 가리지 않게 되었다.

수자원 및 토양 자원의 무분별한 사용, 대량의 농약과 광물성 비료 사용, '기록'을 세우기 위한 끝없는 경쟁, 이와 같은 농업 방식은 아랄 해의 비극, 광대한 토지의 염분화, 농약 중독 발병 등 결과적으로 우즈베크공화국과 다른 중앙아시아 국가들의 경제적 손실을 야기했다.

폴리타젤 집단농장은 근면하면서도 미래를 다른 이들보다 정확히 예측할 수 있는 능력을 지닌 황만금 덕분에 번영을 누릴 수 있었던 농장 중 하나이다. 그러나 우즈베크공화국이 불행한 기억으로 가득했던 해에 모스크바에서 파견된 '질서 회복자'들의 속물 같은 논리에 따르면 '부자들은 무언가를 훔친 자들'이었다. 많은 사건 조사단원들은 황만금을 체포한 후 폴리타젤 집단농장의 부가 어떠한 피와 노력으로 축적될 수 있었는지에 대해서는 전혀 관심이 없었다.

황만금은 석방된 이후 격리실에서 조사를 받으면서 어떠한 일을 겪었는지 누구에게도 말하지 않았으며, 우리는 이에 대해 앞으로도 결코 알 수 없을 것이다.

안드레이 오를로프의 기사 "석방"에서 발췌 (《이즈베스티아》지, 1991)

한 변호사는 "어떠한 비리나 집단농장 구성원들의 특별 수당으로 지급된 15만 2,922루블 착복 등 황만금의 범죄에 대한 실제 증거는 존재하지 않았다"고 말했다. 15명의 조사단원은 사람들을 데려와 '수당 계산서에 서명했는가? 돈을 받았는가? 그 돈은 불법적인 돈이니 돌려주어야 한다. 돈을 받지 않았다고 말해라'는 식의 조사를 했다. 집단농장 구성원들은 '불법' 자금을 받았다는 혐의를 피하기 위해 이에 동의했다.

그들은 단지 폭행으로 사람들을 위협했던 것이다. 김 쇼표르 씨는 5일간 독방에서 이를 뽑아버리고 목을 조르겠다는 협박을 받으며 벌거벗은 상태로 갇혀 있었다. 그는 석방 후에 심근경색으로 한 달 반가량 병원에 입원해야 했다. 작업반장 보조였던 M. Ten 씨는 취조가 끝난 후 집으로 돌아와 목을 맸다. 마을은 충격에 휩싸였고, 조사단원들은 이러한 사건 이후 수월히 취조할 수 있었다. 증인들은 건강하게 살아서 돌아오기 위해 모든 증거 자료를 제공했다.

황만금은 이후 한 가지를 제외한 나머지 혐의를 모두 벗었다. 그는 2년형을 선고받았지만, 이는 아마도 그에 대한 구금을 정당화하기 위한 것이었다고 생각된다. 결과적으로 그는 3년 6개월간 투옥되어 있었고 어떠한 사과도 받지 못한 채 풀려났다.

우리는 그의 투옥 기간이 만료되었음에도 그가 석방되지 못했던 것에 대해 고소장을 제출했다. 변호사의 임무는 명확한 일이었다. 그리고 법원과 변호사는 명확한 사실들(그 가운데에는 증명된 사실들과 증명되지 않은 사실들을 포함했다)을 가지고 재판을 진행했다. 그러나 재판에서 해결할 수 없는 범주의 내용들이 있었다. 예를 들면, 나는 황만금이 처음 조사를 받기 시작했을 때 그 스스로 거짓 자료를 제출했다는 것을 비난할 수 없었다. 황만금은 "그들은 나를 심문할 때 때리지도 않고, 조롱하지도 않았다. 하지만 그런 것보다 나를 힘들게 한 일이 있었다. 이바노프와 그들란이란 사람들과 대화를 했었다. 그들은 나에게 '지도계층 가운데 누군가에게 뇌물을 건넸다고 인정하십시오. 안 그러면 당신에게 자유란 없을 것입니다. 부인을 투옥시키고 아이들도 투옥시키겠습니다'라고 말했다. 이미 직위는 해제된 상태였다. 어떻게 해야 했을까? 아이들은 무슨 잘못으로 투옥되어야 하겠나, 차라리 내가 징역을 사는 것이 낫지. 그래서 그들이 불러주는 모든 내용에 서명을 했다"고 말했다.

야쿠보프의 기사 "스캔들"에서 발췌

이해는 우즈베크공화국에서 인위적으로 '면화 스캔들'이 만들어진 해이다. 부유한 집단농장같이 좋은 먹잇감이 이들의 관심을 피할 수는 없었을 것이다. 황만금은 평소와 다를 바 없이 이러한 시기를 절제하며 참고 지내왔다. 그러나 이는 삶이라고 부를 수도 없었다. 매일 아침 어디선가 체포를 하겠다며 찾아왔다. 어떠한 영장 발부도 없이 수일 동안 사람들을 구금하고, 갈취하며, 그들이 범죄를 시인하게 하기 위한 육체적 고문도 서슴지 않았다. 그들의 목표는 하나였다. 바로 황만금을 추락시키는 것. 증거물을 찾아내서 집단농장의 수장이 뇌물수뢰자라는 것을 증명하는 것이다.

황만금은 자신이 집단농장의 수장으로 있을 때 집단농장이 필요로 하는 것들을 찾고, 모두에게 다가가고, 중요한 모든 일을 처리하는 데 확신을 가지고 했다. 이러한 조사가 진행되는 것에 힘들어할 때 그는 진실을 알리기 위해 1985년 12월 10일 모스크바로 출국했으나 2일 후 체포되었다.

당시 황만금 체포에 대해 믿을 수 없는 소문들이 떠돌았다. 그가 한국으로 도망갈 채비를 했다는 것과 그가 체포당할 당시 500만 또는 5,000만 달러를 가지고 있었다는 것이다.

나는 이것이 소문이 아닌 중상모략이라고 단호히 말했다. 더군다나 이 내용은 황만금이 집단농장 구성원들을 착복하고 수십만 루블의 뇌물을 받았다고 그를 추락시키려 한 조사 당국으로부터 나온 소문이었다. 이것은 모두 헛소리다. 이러한 내용들과 비슷한 사실은 전혀 없었다. 황만금은 점심식사를 하기 위해 모스크바의 호텔 '러시아'의 계단을 내려오는 도중 체포되었다. 객실에서 수색이 진행되었지만 사법 당국 조사관들이 발견한 것은 700루블과 트레이닝복, 실내용 슬리퍼뿐이었다. 모스크바에서 5일간 구금된 후 그는 국가안보위원회의 격리 조사실이 있는 타슈켄트로 이송되었다. 바로 그곳에서 그에 대한 비합법적인 조사가 진행된 것이다

황만금의 둘째아들 황 스타니슬라프의 회상

그 후 우리 가정에 위기가 몰아쳤다. 나중에 황만금은 명예를 회복할 수 있었지만, 처음에 그를 자랑스러워하고 기뻐하며 우상같이 섬기던 무리를 포함한 모두가 그러한 그를 잊고 전혀 존재하지 않는 다른 사람으로 만들었고, 조사기관에 그에 대한 비난과 밀고를 하면서 그를 힘들게 했다.

농장에서 날카로운 갈대에 베이며 벽돌의 표면같이 거친 물집이 잡힌 손으로 잉크, 펜과 종이를 잡고 있었을 그를 생각할수록 가슴 아프고 슬픈 일이다.

어떻게 사람들이 그럴 수 있을까? 어떻게 이런 일이 일어날 수 있지? 자신들의 지도자와 만날 때 마음을 담아 악수했던 사람들이 벌인 일이다.

그들이 두려움 때문에 어쩔 수 없이 벌인 일인지, 고의적으로 정직한 사람을 짓밟기 위해 벌인 일인지 알 수 없다. 예전에는 어떻게 그를 따를 수 있었을까? 무엇을 원했는가? 그때의 질문에는 아직도 해답을 구할 수 없었다. 이제는 아무런 의미가 없는 일이다.

당시의 내 상황을 말하자면, 끔찍할 정도로 불공평한 대우를 받는 아버지의 상황과 힘든 고난으로 가득해 매우 힘든 상황이었다. 이러한 중상과 비방은 우리 가족 모두를 예외 없이 힘들게 했다. 그 당시가 가장 힘들었던 시기이다.

조사 기간 중엔 일을 그만두었다. 사직에 대해 그들은 '부탁'했다고 표현하지만, 실제론 강제로 사직서를 작성하게 한 것이다. 그해에는 사우나 경비, 작업반장, 운동 코치 등을 하며 겨우 연명했다.

봄에 고향 같던 집단농장을 떠났다. 항상 아버지를 상기시키는 친족들과 대다수의 사람들을 만나는 것이 너무 힘든 일이었다.

일에만 몰두하기 시작했다. 쿨류크 지역에 땅을 5헥타르 임대하고 '호실로트'라는 회사를 만들었다.

황만금의 운전기사 (1972~1985년) 김 알렉세이 트로피모비치의 회상

나는 그 끔찍한 날을 마치 영화의 슬로모션같이 기억할 수 있다. 한 편의 슬픈 탐정소설 같았다. 12월 13일에 일어난 일이었던가. 처음엔 불행이 찾아올 어떠한 징조도 없었던 것 같다. 평소와 다를 바 없는 아침, 연료를 주유하고 운전을 준비하기 위해 차고에 갔다. 마기스트랄 도로로 나와 운행을 하기 시작한 지 얼마 지나지 않았을 때, 10대에서 12대가량의 차량이 나를 쫓아왔다. 전부 '볼가' 차량이었다. 이런 아침에 또 우리 마을에 무엇을 하러 왔을까 싶어 이상하다고 생각했다. 그 이상은 생각할 필요가 없었다. 그 차량 중 두 대가 나를 가로막으며 정지할 것을 요구했다. 차량 번호판도 분명히 보일 만한 상태였고, 누구의 차량인지도 이미 알고 있는 듯했다. 관련 서류를 보여주며 자신들을 따라올 것을 요구했다. 뒤따라오던 같은 행렬의 모든 차량과 함께 출발해 경로를 보니 황만금의 저택으로 가는 길이었다. 대여섯 명의 사람이 곧장 집으로 들어가 수색을 시작했다. 그 가운데 한 명은 지뢰탐지기를 가지고 차량 트렁크를 검사하기도 했다.

현금과 금품을 찾기 시작했다. 나에겐 안마당에서 기다리라고 지시해서, 나는 그렇게 하루 종일 그곳에 서 있었다. 어떤 곳으로 이동하는 것도 허락받지 못했고, 내가 어디 있는지 집에 알리지도 못하게 했다. 저녁 시간이 다 되었을 때 나를 다른 장소에 데려갔다. 그곳에서 벨트, 시계를 벗고 주머니 속에 들어 있는 물건들을 꺼내라고 강요했다. 운전 면허증, 볼펜, 잔돈 등 모두 일반적으로 운전수가 가지고 있는 물건들이었다. 그때 우리 집에서도 수색 작업이 실시되었다. 그들이 정확히 무엇을 찾기 위해 수색을 했는지는 알 수 없지만, 그들은 아무것도 가져가지 않았고, 의사록을 작성해 우리 부부에게 서명하라고 했다.

그러나 그때까지 나는 아무것도 알고 있는 것이 없었다. 내 정신은 안마당에 남아 손목에 수갑을 차는 것에 대해서만 생각하고 있었다. 어디로 가는 거지? 처음 가는 곳은 정해져 있던 듯했지만, 이후 도시로 가서 '루나차르스키' 길에 있는 어느 회색 건물의 지하로 갔다. 당시 나는 공포와 당혹감에 빠져 있었다. 무엇을 위해? 왜? 어떻게 집에 연락을 하지? 나는 어디 있는 거지? 이런 생각들이 머릿속에 가득했다. 도착한 곳에서는 누군가 기다리고 있었다. 방에 있던 사람은 유식한 사람인 듯했다. 그의 첫 질문은 "어떤 일로 잡혀 온 거지?"였고, 이어 "너는 황만금의 운전수지?"라고 덧붙였다. 그는 지루하지 않고 부드럽게 나에게 질문하기 시작했으나, 나는 그러한 호기심이 많은 말상대가 마음에 들지 않았다. 나는 당시 혼란스럽고 당혹스러운 상황에 있었고, '이식'이라는 단어도 잘 모르는 시골 청년일 뿐이었다. 하지만 왠지 직감적으로 말문을 닫고, 마음의 심한 동요와 불안을 핑계로 그와의 대화를 중단했다.

당시 우리 집에서는 아내와 아이들이 어쩔 줄을 모르고 헤매고 있었다. 다음 날이 되어서야 내 아내 베라는 타슈켄트로 가서 여러 기관과 부서에 찾아가 나의 상황을 알리기 위해 노력했다. 아내는 얼마 지나지 않아 검찰의 조사관들을 주시하며 나에게서 그들이 무엇을 얻으려 하는지 알 수 있었다. 대답은 평범했다. "당신 남편은 황만금과 관련한 조사를 받고 있습니다. 만약 그에게 잘못이 없다면 곧 석방될 것입니다. 인내를 가지고 더 기다리십시오." 아내가 무엇을 더 할 수 있었을까?

나는 매일 조사를 받으려 불려 나갔다. 의사록, 증거서류, 끝없는 질문이 이어졌다. 조사받는 내용은 많았지만 그것들은 모두 하나의 결론에 도달했다. '황만금의 개인 운전기사인 당신은 누가 황만금에게 뇌물을 주고 그가 누구에게 뇌물을 주는지 당연히 알 것이다. 그의 돈과 금품은 어디에 있나? 누가 그와 밀접한 친분을 가졌는가, 그리고 그들과 어떠한 일을 진행했는가?' 그들은 황만금에게 중요한 사람도 아닌 나를 증인으로 세우려 했기 때문에 나는 황만금의 명예를 훼손하는 어떠한 말도 할 수 없었다.

그들은 곧 증거와 범죄 구성요소가 불충분하다는 것을 깨닫고 나를 석방시켰다. 집에서는 나를 마치 죽은 사람이 돌아온 것같이 맞이했다. 구치소에 갇혀 있던 것은 며칠간이었지만 마음의 상처는 평생 동안 사라지지 않았다. 나의 아내 베라 역시 그해 겨울 이후 쇠약해졌다. 젊은이들에게조차 이러한 심한 충격을 남기는데 노인들에게는 어떠할까?

본래 탄압의 시나리오는 1937년부터 계속되어왔다. 당시에는 탄압의 강도가 약했지만 지금은 시대가 바뀌었다. 우리는 1930~1940년대에도 탄압을 받는 사람의 가족이 '적국민의 아내'와 '적국민의 아들'로 불렸다는 것을 기억하고 있다. 그들 역시 흔히 탄압을 받았다. 황만금의 아들들은 그러한 상황을 겪지는 않았지만 아버지의 체포 이후 여러 굴욕을 당하고 고배를 마셔야만 했다.

황만금의 둘째아들인 스타니슬라프의 경우에 당시의 직위를 해제당하고 오랫동안 일자리를 구할 수 없었다. 그가 제안받은 일들은 사우나에서 하는 일이었다. 눈부신 학력과 선진 기술들을 사용하는 업무의 뛰어난 경험을 가진 전문가였지만 그가 제안받은 일은 사우나 관리자 같은 일밖에 없었다.

셋째아들인 예브게니 역시 당시 직위를 해제당했다. 교통대학 졸업생이자 차량 관련 부서의 수장이었던 그는 사료 공장의 관리자로 임명되었다.

황만금의 체포에 대한 루머들은 폴리타젤 집단농장에까지 다다랐다. 황만금의 둘째아들 황 스타니슬라프는 이렇게 회상한다.

늦은 저녁, 내가 회사에서 집으로 돌아왔을 때 모스크바에서 전화가 왔다. 타마라 니콜라예브나의 목소리를 들었을 때 나는 바로 가장 두려워하던 일이 일어났단 걸 알 수 있었다. 사건이 발생한 지 벌써 20년이란 세월이 흘렀으나, 나는 아직도 이 일을 떠올릴 때마다 분노와 전율에 몸서리친다. 나는 이러한 사건의 전개가 될 수 있다는 마음의 준비를 한 상태였다. 당시 나는 소비에트 체제를 충분히 공부한 상태였다. 아버지가 체포되었다는 사실은 나와 가까운 모든 사람들에게 충격이었다.

아버지를 타슈켄트로 이송했다는 사실을 알고 난 후, 나는 바로 자국 검찰로 달려갔다. 당시 검찰 부총장이었던 라프테프를 만난 후 나는 아버지와의 면회를 부탁했다. 라프테프는 나에게 어떠한 예의도 갖추지 않고 나를 대했다. 그는 퉁명스럽게 "무슨 면회? 그는 범죄자야! 도둑이라고! 어떤 면회도 없을 줄 알아!"라고 말했던 것이다.

'자그마치 25년 동안이나 신문에서 아버지에 대해 정직하고 좋은 사람 중 하나라는 평판이 알려져 왔는데 어떻게 이런 일이 벌어질 수가' 하고 나는 분개했다.

라프테프는 "집에나 돌아가. 안 그러면 너도 체포해 버리겠다"며 협박했다. 나는 이에 대해 "무슨 죄로?"라고 물었다. 그러자 그는 "잡아넣고 나면 무슨 죄로 체포한 건지 충분히 알 수 있겠지"라고 답했다.

당시 사법 당국은 아버지를 이런 태도로 대했다. 아버지에 대한 재판도 없었으며, 헌법이 제대로 준수되는지를 감독하던 한 검찰 고위관계자는 아버지를 '범죄자'라고 불렀다. 아버지의 무고함에 대해서는 언급할 필요조차 없었다.

당연히 우리는 소비에트연방 총검찰청, 소비에트연방 공산당 중앙위원회, 고르바초프 등 모든 재판소에 편지를 보냈으나 이에 대한 대답은 하나였다. '황만금 관련 사건은 소비에트연방 공산당 중앙위원회가 담당하고 있다.'

내 생각엔 소비에트연방 공산당 중앙위원회보다 심한 통제를 하는 고위 권력기관은 없었다. 어쩌면 아버지의 실권은 중앙위원회가 주도했을 수도 있다. 어떠한 법도 준수되지 않았다. 아버지의 체포 이후 1년 6개월 만에야 아버지의 의원 허가 박탈 과정이 종료되었다. 아버지는 우즈베크공화국 상임위원회 의원이었다. 그냥 의원도 아닌 최고위원회 의원이었다.

나는 그 과정이 진행되는 곳에 있었다. 의원들은 필시 자신의 입장을 정리한 상태였을 것이다. 의원들 가운데 한 명이 '일단 재판을 하고 그 후에 필요하다면 그의 의원직을 박탈하자'고 말했으나, 다른 의원들은 그의 말을 끊고 잘난 척하지 말라는 태도로 응했다. 다시 말해

이는 '상층부'가 아버지의 반대편에 있다는 것과 그들로부터 도움을 바랄 수 없다는 것을 뜻했다.

12월 14일 아침에는 집단농장에 지역 검찰을 필두로 경찰과 검찰 조사단원이 들어왔다. 그들 가운데는 중앙 정부가 '우즈베크공화국 일'을 해결하기 위해 우즈베크공화국 사법 당국에 '도움'을 주라고 보낸 프리발티카 지역에서 온 조사단원도 있었다. 그들은 아버지와 함께 지내던 우리 집과 큰형 발레리와 막내 동생 예브게니의 집을 둘러쌌다.

마치 영화와 같았다. 그들은 방으로 들이닥쳐 가구들을 뒤집고, 베개를 잘랐다. 바닥, 벽, 심지어 텃밭도 지뢰 탐지기로 수색을 실시했다. 아마도 그들이 있을 것이라 생각한, 아버지가 숨겨둔 재물을 수색했던 것 같다. 그들은 아무것도 발견하지 못하자 '상황이 악화되길 원하지 않는다면 자진해서 주시는 것이 좋겠습니다'라는 투로 우리를 협박했다.

아버지는 체포되었고, 집단농장 내에서도 상황이 좋진 않았다. 아버지와 함께 많은 성공을 이루고 직위를 맡은 많은 이들이 아버지로부터 멀어지기 위해 노력했다. 지인들과 이웃들은 우리와 교제하기를 두려워했으며 길에서 마주쳐도 모른 척 돌아가기 일쑤였다.

각고의 노력 끝에 아버지를 면회할 수 있었다. 아버지는 아무 일도 없던 것처럼 보이기 위해 노력했고, 가족과 아이들 그리고 집단농장 일에 대해서만 물어보셨다.

야쿠보프 변호사의 증언

이에 대해 이야기하자면 우선 당시 우즈베크공화국을 둘러싼 상황을 알아야 한다. '면화 스캔들'이 시작될 당시 뇌물 수수 혐의로 기소된 사람들은 면화 사업을 한 사람만이 아니었다. 우즈베크공화국 사법 당국 관계자 가운데서도 다수가 기소를 당했다. 우즈베크공화국의 많은 정부기관 관계자들이 교체되었다. 그 자리엔 '중앙'에서 파견된 사람들이 임명되었으며, 이들 가운데 법률과 무관한 사람도 있었다. 그들은 다량의 체포 영장을 발부하고 수단과 방법을 가리지 않는 조사 방식을 비밀스럽게 승인하며 사람들의 운명을 결정지었다. 우즈베크공화국 내에서 사람들은 이들을 '낙하산 부대'라고 불렀다. 검찰총장으로는 부투를린, 검찰 부총장으로는 가이다노프가 임명되었다. 그들이 벌인 일에 대해 이야기하자면 많은 시간이 소요될 것이다. 직접적으로 조사를 지휘한 사람은 타슈켄트 주 전 검사인 주라예프와 부검찰인 토로포프, 상임 조사단원 후도야로프였다. 그들이 황만금 체포 이후 폴리타젤 집단농장을 방문한 100여 명의 사람들로 구성된 조사단을 지휘했으며, 집단농장에 위치한 황만금의 자택 이외에도 그의 친척, 개인 운전기사의 집까지 수색을 지시했다. 황만금의 자택에서 샹들리에나 부서진 의자까지도 포함한 모든 재산을 꺼내 조사하고, 아무것도 발견하지 못하자 창고로 가서 창고를 봉인했다.

사전 조사는 1년 이상 진행되었으며, 이 모든 기간 동안 황만금은 구속된 상태였다. 1987년 2월이 되어서야 그에게 소송이 제기되었다. 그때 황만금의 친척들은 나에게 그를 변호해달라고 부탁했다. 이 일 직전까지 나는 한 어려운 사건 하나를 맡아 진행하고 있었으나, 이 일이 단지 물리적 차원에서 어려운 것이 아님을 체감했다. 나는 이 사건이 정치적 성향이 강한 사건이라는 것을 인지했으며, 그에 대한 변호를 포기하든가 여러 가능성 있는 압력이나 온갖 방해를 두려워하지 않고 그를 변호하든가를 선택해야 한다는 것을 알고 있었다. 이에 반대되는 많은 요인이 있었지만, 나는 황만금을 변호하는 길을 택했다. 그가 얼마나 뛰어나고 정직한 사람인지 알고 있었기 때문이다. 내가 이 사건에 대해 조사했을 때 그에게 제기된 소송은 42건에 달했다. 조사한 결과는 놀라웠다. 조사단은 많은 진실을 어둠에 묻고, 짜깁기된 새로운 내용을 만들어냈다. 재판에서 인정받은 모든 증거 자료들 뒤로는 거짓 조작이 보였다. 사법 당국에 불려갔을 때 '황만금이 뇌물 관련 범죄를 저질렀다는 증거 자료를 주지 않는다면 당신을 구속하겠다. 체포 사유는 언제든 만들어낼 수 있다'고 협박을 받은 적이 한두 번이 아니었다.

불법 체포, 선동, 공갈, 증인들과의 결탁 등이 내 눈에 선명하게 보였다. 나는 기소된 어떠한 항목도 증거가 불충분하다는 것을 확인할 수 있었다. 이 사건은 처음부터 끝까지 조작된 사건이었다. 나는 물론 서면으로 청원서를 작성했다. 5일 후 조사단으로부터 특별한 이유도 없이 이를 기각한다는 서류를 받았다. 조사단은 처음부터 판결이 결정된 사건에 이유를 만드는 것도 귀찮다는 듯이 말이다. 이 사건은 우즈베크공화국 대법원에서 7개월간 재판이 진행되었다. 수백 명에 달하는 증인이 질문을 받았고, 이 사건에 어떠한 밝은 전망도 없다는 것이 훤히 보였다. 황만금이 범죄를 저질렀다고 증명할 만한 증거는 하나도 없었으며, 증언을 하는 이들은 모두 위증자였다. 나는 다시 추가 조사를 희망하는 청원서를 제출했다. 법원은 이 청원서를 심의실에서 2주간 검토했다. 통과되었다. 또한 해당 사건에 위증자들이 연루되었다는 것과 조사 진행 방식이 비합법적이었다는 것도 인정받았다.

황만금을 감시하에 석방해야 한다는 것은 명확했다. 한편 우즈베크공화국 검찰 부총장인 가이다노프, 연방 검찰 부총장인 카투셰프, 소비에트연방 사회주의공화국 검찰 조사부장 일류힌은 황만금의 구금 기간을 늘리기 위해 노력했으며, 결국 그는 감옥에 남아 있게 되었다. 소비에트연방 상임위원회는 이를 부끄럼 없이 승인했다. 이후 나는 여러 상소장을 소비에트연방 최고 상임위원회 의장인 그로므코를 비롯해, 소비에트연방 검찰총장 등 사법 당국이라 부를 수 있는 다양한 재판소와 신문 편집실에 제출했다. 이에 대한 답신은 여러 곳에서 왔으나, 모두 내용이 없는 형식적인 회답이었다. 공정한 재판이란 존재하지 않았고, 재판은 모두 당 기관에서 주도했다.

더불어 조사 기간은 8개월이나 지속되었다. 그동안 제기된 소송은 98건까지 늘어났다. 1989년 5월 대법원은 다시 사건 검토에 착수했다. 1990년 2월 황만금에게 심근경색 증상이 나타났다. 그를 억압하는 방식을 전환해야 한다는 사실은 명확했다. 우즈베크공화국 보건부는 그에 대한 법의학적 진단을 명령받았다. 보통 지역 의사라도 한 시간이면 충분히 병의 진전을 알 수 있었을 텐데도 이 작업은 한 달이나 지속되었다. 그를 억압하는 방식을 전환해야 했음에도 그는 4년 반 후에야 집으로 돌아올 수 있었다. 그리고 3주 만에 뇌졸중이 발생했다. 오랜 시간 인내하고 싸우는 동안 그는 약해졌던 것이다. 다시 재판이 진행되었을 때 기소된 소송에서 황만금의

범죄 사실이 대부분 증명되지 않았다. 그에게 소송이 제기된 것은 공적인 처벌을 빙자한 권력자들의 욕심 때문이었으며, 그는 2년형을 받았다. 그러나 황만금은 4년간의 투옥생활을 했다. 황만금은 결국 자유를 얻을 수 있었으나, 우리에게 만족스러운 결과는 아니었다. 그는 전적으로 무고했으며, 그는 명예를 회복하기 위해 노력했다. 나는 이와 관련한 모든 상소장을 작성해 발송했고, 작년 10월 이스라엘로 떠났다. 나중에 그가 완전히 복권되었다는 소식을 들을 수 있었다.

승리를 거뒀다. 정의가 실현되었다고 말할 수 있는 것인가?

결과적으로는 그렇다. 그러나 이것이 가능했던 것은 우즈베크공화국의 상황 덕분이다. 법의 이름하에 비합법적으로 사람들을 구속했던 많은 이들이 우즈베크공화국을 떠나야만 했다. 새로운 우즈베키스탄 정부는 헌법을 준수하기 위한 길에 들어섰고, 과거 불법적으로 체포되어 불공정한 판결을 받고 오랜 세월을 감옥과 수용소에서 보냈던 많은 이들이 복권되었다.

한마디로 행복한 결말이다.

사람들이 그렇게 긴 세월 동안 투옥생활을 하고 건강을 해치거나 장애인으로 돌아왔는데 어떻게 행복한 결말이라고 말할 수 있겠는가. 집단농장은 쇠퇴의 길로 들어섰고, 황만금의 아들들은 그가 구금된 동안 직위를 해제당하고 일자리를 구할 수 없었다. 범죄를 저지른 법률가들에 대한 처벌은 없었고, 단지 그들은 자신의 일자리가 바뀌었을 뿐이다.

1991년 8월 31일, 우즈베크공화국 최고위원회 제6차 특별회의에서는
우즈베크공화국의 독립을 선포했으며,
동시에 독립에 대한 최고위원회의 선언문이 채택되었다.
그리고 우즈베키스탄 독립에 필요한 법안들이 통과되었다.

제 7 장

석방 그리고 독립

안드레이 오를로프의 기사 "석방"에서 발췌 (《이즈베스티아》지, 1991)

『땅의 관용』이라는 황만금의 저서는 1981년 우즈베크공화국 출판사를 통해 세상에 나오게 되었다. 그는 자신의 집단농장인 폴리타젤에 대해 이야기했는데, 제11차 5개년 계획에 따라 1헥타르당 생산량을 늘려 곡물, 육류, 우유 및 기타 제품을 최대 4,500톤까지 증가시키려고 했다.

소위 말하는 '윗사람들'(소련 공산당 서기, 우즈베크 공산당 서기 등)은 그의 말을 믿었다. 브레즈네프와 라시도프가 이 유명한 농장을 방문했으니 어떻게 믿지 않을 수 있었겠는가? 그러나 사회주의 노동영웅 훈장, 레닌 훈장, 10월혁명 훈장 등을 수상한 농장의 지도자는 그렇게 생각하지 않았다.

소위 말하는 '아랫사람들'(집단농장 지도자와 조합원들)에게 그의 말은 곧 법이었다.

각 가정당 1년에 7,000루블 정도(집단농장 평균) 소득이 오를 것이라고 했을 때, 왜 집단농장 농부들은 다르게 반응했는가? 사람들은 다양한 혜택 및 공공 기금에서 나오는 수당을 포함하여 이 금액보다 더 받는 경우도 많았다.

지금이야 이런 금액이 크다고 생각하지 않지만, 협동조합 및 임대에 대해 알지 못했던 그때의 농부들에게 매달 500~600루블 정도 되는 금액은 느낌이 전혀 달랐다. 집단농장의 조합원들은 자신이 성공한 삶을 살고 있다고 느끼기 시작했다. 새로운 삶이 곧 자기 앞에 오는 듯했다. 그러나 청천벽력과 같은 사건이 발생했다.

'황 씨를 데려갔다.'

그 후, 헛소문인지 아닌지 모르겠지만, 모스크바 북한대사관에서 돈가방을 가지고 있던 그를 체포했다는 수식을 한 게으름뱅이가 귓속말로 전해주었다.

"날 체포했었습니다. 모스크바에서." 황 씨가 말했다.

"그런데 돈가방도 나한테 없었고, 대사관에서 잡힌 것도 아니었어요. 제 생각에, 내 동향인들이 더 그럴듯하게 하려고, '반(反)소비에트연방적인 사실'로 위협하기 위해 그렇게 얘기한 것 같습니다. 아내와 함께 머물렀던 '러시아' 호텔에서 나를 데리고 갔습니다. 우리에게는 700루블과 다른 물건들, 운동복과 나에게 부당한 결과를 초래하게 되는 고르바초프에게 보내는 불만 사항 두 장이 있었어요.

사실 나는 서기장이 되기 위해서 모스크바에 온 것이었습니다. 나는 이러한 상황을 우스만 호자예프(우즈베크공화국 공산당 중앙위원회 제1서기관)와 얘기할 때 숨기지 않았어요. 우즈베크공화국 공산당 중앙위원회 일원으로서 중앙위원회 서기장에게 '지금 이 문제를 해결하지 않으면 민원이 제기될 것입니다'라고 말했습니다.

'당신의 선택에 달렸습니다.' 우스만 호자예프는 이렇게 대답했습니다.

나를 체포하러 올 것이라는 것을 그는 이미 알고 있었던 것 같아요. 호텔에서는 사복을 입은 두 사람이 와서 타슈켄트 지역 검사 쥬라예프가 서명한 전보와 체포명령서를 보여주었습니다.

1985년 12월부터 1989년 5월까지 나는 감옥에 있었습니다. 체포 후 그들은 타슈켄트에 있는 구금시설로 데리고 갔죠. 그리고 심문이 시작되었습니다. 1년하고도 8개월 동안 나는 우즈베크공화국 최고위원회 구성원 신분으로 감옥에 있었습니다. 1987년 8월에야 나를 탈퇴시켰어요."

"죄송합니다만, 제가 당신을 어떻게 불러야 하나요?" 내가 물었다.

"편한 대로 부르세요. 여권에는 황만금이지만, 티모페이 그리고리예비치란 이름이 저에게 더 익숙합니다. 많은 고려인은 러시아 이름을 사용하고 있습니다."

전쟁이 끝난 후 황 씨는 '레닌의 길'이라는 집단농장의 회장으로서 구역위원회의 집단농장 부서를 이끌었으며, 1953년부터 지금까지 폴리타젤이라는 집단농장의 장을 맡고 있다. 사람들은 불편함을 감수했고, 경제가 살아났다. 황 씨는 훈장을 받았다.

"이걸 보세요."

그는 책상에 오래된 사진 하나를 올려놨다. 가운데에 흐루시초프, 그 옆에 라시도프, 바라실로프, 몰로토프, 브레즈네프, 수슬로프……. 두 번째 줄 라시도프 뒤에 있는 사람이 그였다. 황 씨.

"니키타 흐루시초프와도 몇 번 만났었어요. 아는 사이였지요. 그는 우리 집단농장에도 있었습니다. 우리의 농장 상태를 보더니 그는 '동물을 사육하기 위해서는 콩과 옥수수를 심어야겠어요'라고 말했습니다. 그리고 그건 맞는 말이었어요.

그다음은 점심식사를 하러 갔어요. 집단농장 조합원들은 한국 음식(고사리, 버섯과 닭고기, 콩국물)을 만들었지요. 플로프도 있었습니다. 들어갔는데, 식탁에 술이 없는 겁니다. 우즈베크공화국 공산당 중앙위원회 간부 중 누군가가 놓지 말라고 명령한 것 같았습니다. 기계적으로 여종업원에게 물어봤습니다. '왜 술병이 없는 거죠? 오늘이 아니면 언제 마시라는 겁니까?'

흐루시초프가 듣더니 말했습니다.

'그러게요.'

라시도프는 아무 말도 하지 않았습니다. 우리가 찾은 모든 것을 올려놓았습니다. 그때 타슈켄트에서는 많은 것을 살 수 있었습니다. 이를테면 '모스크바' 코냑, 유명한 우즈베크 와인 같은. 저는 쿠바산 빨간 럼주를 손에 넣을 수 있었어요. 흐루시초프가 혁명의 나라 쿠바에 빠져 있다는 것을 알고 있었던 나는 이 럼주를 그에게 권했지요.

흐루시초프는 럼주를 보고 깜짝 놀랐고, 농담을 했습니다. '미코얀이 쿠바로 가서 술을 네 병 가져왔는데 그중 두 병을 나에게 선물해주었습니다. 마음에 들었지요.'

갑자기 흐루시초프는 참석해 있는 모든 중앙위원회의 서기장들에게 말했습니다.

'정치국은 고려인 이주에 대한 결정을 허가하지 않았다는 것을 아십니까? 이것은 모두 베리야가 생각해낸 것이었습니다. 스탈린이 베리야에게 '일본과 전쟁을 벌였을 때 한인과 일본인을 어떻게 구분합니까?'라고 물어봤을 때, 저는 스탈린 집 손님방에서 몰로토프와 함께 있었습니다. 베리야는 대답했습니다. '간단합니다. 고려인을 퇴출시키면 됩니다.'"

흐루시초프는 황 씨에게 집중하며 관심을 보였다.

"황 동무, 그러면 다시 돌아가고 싶습니까? 우리는 허락해줄 수 있습니다."

라시도프가 그보다 먼저 말했다.

"아닙니다, 니키타 흐루시초프, 그들은 어디로도 가지 않아요."

"기다려보세요, 황 씨의 이야기를 들어봅시다."

"우리가 어디론가 간다는 것은 이미 우리 손을 떠난 문제인 것 같습니다."

황 씨는 라시도프에게 말했다. "젊은이들은 이미 극동지역을 모릅니다. 경제적으로도 이롭지 않고요. 여기서 우리는 많은 수확량을 거두어들이고 있고 면화, 채소, 과일, 가축 사육을 우리 스스로 하고 있습니다. 우즈베크공화국 이후에는 힘들지 않았습니다. 이주는 우리에게도, 국가에게도 이롭지 않습니다."

"맞는 말씀이시네요." 흐루시초프가 동의했다.

흐루시초프는 여러 번에 걸쳐 1만 2,924루블이라는 금액을 황 씨에게 선물해주었고 그는 받았다.

"이건 진짜로 선물이었고, 내 인생에서 가장 큰 실수였습니다."

황 씨는 말했다.

"집단농장 대표가 된 지 30년이 된 해 '볼가'를 저에게 선물해주기로 결정했습니다. 회계사는 선불금에 대한 계정서를 평범한 농민들이 아닌 정당 활동가들에게만 만들어주었습니다. 249명의 사람들이 30루블부터 120루블까지 냈습니다. 당위원회의 서기와 회계사가 나에게 가져왔지요.

'불편하게 이걸 왜 줍니까? 돈은 저에게도 있습니다. 사고 싶은 것 제 돈으로 살 수 있습니다.' 저는 거절했습니다. 그러자 그들은 나를 설득하기 시작했습니다.

'안 받으시면, 서운합니다.'

어쩌면 사람들에게 관심이 없고 존중하지 않는 것으로 보일지도 모른다는 생각이 들었습니다. 돈은 받았으나, 구역위원회 서기에게 가서 이 사실을 보고하라고 시켰습니다. 그러자 구역위원회 서기가 말했습니다.

'옳은 선택을 하셨습니다. 이것은 집단농장 돈이 아니라 개인적인 것이지요. 그럴 수 있습니다.'"

그 후 집단농장에 수사관이 나타났을 때, 즉 1년 정도 후, 황 씨는 회계실에 그 계정서에 따른 금액을 반환했다. 대출을 받았다가 빠르게 갚았다. 빚을 청산하기 위해서 그는 30년간 저축한 금액을 빼서 책상에 올려놓았다. 하지만 건네주진 못했다. 체포되었기 때문이다.

수색 중에 그의 집에서 책상에 놓여 있던 2만 9,000루블이 발견되었다.

황 씨는 법원에서는 완벽히 무죄였지만, 도덕적인 면에 대해서는 할 얘기가 있다. 몇 달 전 황만금 그리고리예비치는 풀려났다. 오를로프와 지인들을 만나는 동안 휴식을 취할 시간이 있었지만, 그는 또한 요양원에서 치료를 받으며 쉴 수 있었다. 많은 어려움과 고통을 참아냈고, 그것 역시 현실이었다.

얼마 전 폴리타젤의 대표자선거회의에 두 명의 후보자가 있었다. 김 비사리온과 황 씨였다. 오랫동안 회의했고, 매섭게 토론했다. 모두가 알듯, 모든 일이 잘 풀리진 않았다. 올해 우즈베크공화국 인민통제위원회는 이사회 의장인 김 씨를 크게 질책하고, 사기나 부실한 관리, 위반에 대해 월급에서 무단 지출 부분을 변상시키도록 했다. 생각해봐야 할 거리가 생겼다. 어떻게 이렇게 결과가 나올 수 있을까. 최대 수익성과 생산성은 떨어졌고 월급은 올랐다.

"흥미로운 부분 아닌가?"

황 씨는 이 싸움을 거절했고, 후보 자리에서 내려왔다. 그리고 김 씨가 대표자가 되었다. 황만금 그리고리예비치는 이사회 회원 및 명예회장으로 선출되었다. 사람들은 그에게서 많은 유익한 것들을 본 것이다. 그리고 나는 사람들이 대표자(지난 32년간 집단농장이 받은 이익 목표치 이상인 1억 루블 이득을 창출해낸)에게 보내는 진실한 감사함을 의심하지 않는다.

깔끔하고 아늑한 가정, 문화공간, 클럽 세 개, 음악학교, 몇 개의 도서관, 영화관, 병원, 진료소, 약국, 의무실, 공장 생활. 이 모든 것을 모두가 누릴 수 있게 되었다. 사람들이 '황 씨가 해냈다'라고 말했을 때 어느 누가 이에 대해 문제를 제기할 수 있을까?

오를로프의 기사 "석방"에 대한 평론: 《고려일보》 주간기사 (1991.1.19)

얼마나 오랫동안 소비에트연방의 고려인 사회가 황만금에 대한 기사를 기다렸던가? 많은 세월 동안 그는 우리의 자부심이자 유명함의 상징이었다. 언제부터인지 모르지만 그의 이름은 잊혀갔다. 폴리타젤의 전 대표의 운명에 대한 오랜 침묵은 우리 언론인들의 잘못임을 인정해야 한다. 아마도 우리는 사건들의 비슷한 순서로 인해 혼동되었을 것이다. 실제로 1984년 6월 우즈베크공화국 공산당 중앙위원회의 제16회 전체회의에서 당시 우즈베크공화국 공산당 중앙위원회 제1서기관이었던 우스만 호자예프가 공화국 최고의 지도자로 황만금을 꼽았다.

그리고 어쩌면 우리는 황 씨의 체포와 같은 특별한 사건과 자신의 관계에 대해 표현하는 결정력이 부족했을지도 모른다.

하지만 일은 이미 벌어졌다. 우리에게는 안드레이 오를로프가 특파원인 것을 후회하는 일만 남았다. 고려신문 기자가 흥미를 보였던 이 기사는 우즈베크공화국에서 살고 있는 사람이 황 씨를 만나보기도 전에 쓴 것으로, 그의 사건에 대한 편견에서 자유롭다. 다만 아를로프의 기사는 훗날에 교훈이 될 것인지, 비난이 될 것인지는 생각해봐야 한다.

고의적인지 아닌지는 잘 모르겠지만, 오를로프는 황 씨의 체포에 대한 상황을 묘사했을 뿐이다. 그리고 그때 '면화 스캔들'로 전국에 퍼졌다. 우즈베크공화국에는 수백만의 허위서류들과 뇌물 사건들이 숨겨졌다. 공화국에 체포의 바람이 불었다. 수백 명의 소비에트 조합원, 당 지도자, 집단농장 지도자, 사업대표 등 많은 사람들이 체포되었고, 그와 관련된 사건들은 법원으로 넘겨졌다. 오늘날 우리는 이 전례 없는 사건(비슷한 범죄들)으로 인해 적지 않은 수의 죄 없는 사람들이 고통 받은 것을 알고 있다. 하지만 당시 우리는 수사관이 마피아와 부패한 대표지도자 권력을 이길 수 있다고 생각해 기뻐했다.

이 바람은 폴리타젤에도 불었다. 공개적으로 부뚜르린 공화국 전 검사는 그 죄목을 지지했으며, 실제로 도난 건수가 줄어들었다. 조사는 이제 시작한 것일 뿐이었으며, 법을 지켜야 할 의무가 있는 사람이 위법행위를 했지만, 법원에서는 아직 황 씨의 죄에 대해 증명되지 않았었다.

황만금에 대한 조사는 3년 반 동안 계속되었고, 법 조항과는 달리 그 기간 동안 그를 구금한 상태에서 진행되었다. 우즈베크공화국 소비에트연방 최고위원회 위원을 체포한 것이야말로 법을 위반한 것이 되었다. 재판 전, 잠깐 그는 급속히 악화된 건강 때문에 석방되었었다.

몇 번의 이송 후 열린 재판에서 도난 및 허위서류기재 정보는 근거 없는 것으로 밝혀졌다. 비난은 금세 가라앉았다.

황만금의 전기에서 몇 가지 새로운 주목할 만한 사실이 발견되었다. 지금까지는 누가 어떻게 극동지역에서 중앙아시아와 카자흐스탄까지 한인 이주를 준비했는지 그리고 이민족을 상대로 억압적인 행동을 누가 처음 생각했는지 우리는 몰랐다.

황만금의 운명이 드라마틱하게 펼쳐졌다. 안타까운 사실은 정치·경제·사회 부문에서 전개된 개혁인 페레스트로이카 시기에 농경제 부문에서 최고의 전문가로 인정받았던 황 씨를 거칠게 내쫓았다는 것이다.

오늘날 사람들은 황만금을 다양한 행사에 초대했고, 그는 정장차림으로 나타났다. 그전처럼 사람들은 이 유명한 농부를 존경한다. 그리고 다음과 같은 단어의 나열로 기사를 작성한 《이즈베스티아》 신문기자의 보도는 사실과 부합했다. 사람들이 따뜻한 목소리로 '황 씨가 만들었다'라고 말할 때 어떻게 질문을 더 할 수 있었겠는가?

황만금의 눈에서는 아픔과 영혼의 상처가 흐르고, 더 나아가 구치소의 창살이 눈에서 아른거린다. 그가 완벽하게 그의 이름과 명예를 회복할 수 있을지, 도덕적인 면에서 그에 대한 믿음이 돌아올지, 그의 자식과 손자에 대한 믿음이 돌아올지는 변호사에 의해서만 달라지는 것이 아니라 우리 또는 당신, 우리의 따뜻한 말 한마디, 우리의 선행에 따라 달라질 것이다. 이것은 황 씨만 관련된 것이 아니다.

우즈베크공화국 특파원 김 브루트

황만금의 명예회복을 위한 귀중하고 엄청난 역할을 독립 우즈베크공화국의 초대 대통령인 이슬람 카리모프가 했다. 공화국이 독립되기 전까지 그는 '면화 스캔들'의 피해자 대부분(황만금을 포함)의 명예를 회복시켜 주었다.

독립 우즈베키스탄 앞에는 생존과 활력을 증명해야 하는 과제가 있다. 가장 중요한 것은 국제무대에서 독립을 인정받는 것이었다. 우즈베키스탄은 UN과 다른 국제기구 회원국 대부분과 상당히 신속하고 별다른 문제 없이 외교관계를 수립했다. 하지만 이러한 관계를 발전시키기 위한 구체적인 전략이 필요했다.

가장 중요한 단계는 우즈베키스탄 대통령 이슬람 카리모프의 공식적인 첫 번째 한국 방문이었다. 양국의 외교관계 수립 후 몇 달 되지 않은 1992년 1월 29일에 이 방문이 이루어졌다. 이는 역사적인 사건이 되었다. 그는 대한민국과 우즈베키스탄 간 무역-경제 그리고 문화 협력을 이루어냈다. 현재 양국 관계는 다른 국가들보다 더 지속적으로 발전하고 있다.

이슬람 카리모프의 한국 방문 프로그램 중 가장 중요한 사건은 '대우자동차' 공장을 찾은 것이었다. 그는 공식방문을 마치고 우즈베키스탄에 자동차 공장을 건설하자고 제안했다. 이것은 소비에트연방 붕괴 후 우즈베키스탄의 힘든 경제 상황을 고려했을 때, 너무나 유토피아적이고 선동적이었다. 그러나 결국 1994년 안디잔 지역의 아사카 시(市)에 자동차공장의 건설이 시작되었고, 2년 후 첫 번째 자동차가 생산되었다.

현재 아사카 시 자동차 공장에서 생산되는 자동차는 그 생산량이 원래 계획을 초과한다. 여기서 생산된 자동차들은 국내뿐 아니라 해외로 수출되고 있다. 자동차 사업은 우즈베키스탄 경제를 한 단계 발전시키는 원동력이 되었다. 게다가 자동차 생산과 관련된 수십 개의 관련 산업과 수만 명의 사람들이 직장을 얻을 수 있었다.

우리에게 이슬람 카리모프의 한국 방문은 그 사절단에 집단농장 폴리타젤의 명예회장 황만금, 고려인문화센터 대표 김 표트르 게로노비치 등이 포함되어 있다는 점에서 더 중요한 사건으로 부각되었다. 3년 반 동안 KGB에 의해 억울하게 불법 감금되었던 황만금은 이 사절단에 포함되어 떳떳하게 자신의 명예를 회복한 것이다.

한국에서 돌아온 후 황만금은 고려인문화협회 이사회 회원들과의 만남에서, "우리 고려인을 공식방문단에 포함시킨 것에 대해 대통령께 무한한 감사를 드린다"고 말했다.

"저는 이 사실을 나만의 업적으로 생각하지 않습니다. 우리 독립국가의 문화적·경제적 발전에 큰 기여를 한 우즈베키스탄의 모든 고려인의 업적에 대한 인정이라고 생각합니다. 저는 제 인생 말미에 경제 발전에 크게 성공한 한국을 방문할 수 있어서 너무나 감격스럽습니다. 많은 고려인이 자유롭게 조선의 고향을 방문할 수 있어서도 기쁩니다. 그리고 이것이 바로 우즈베키스탄의 독립이 우리에게 제공하는 새롭고 많은 가능성 중 하나일 것입니다."

황만금은 이 여정으로 인해 깊은 도덕적 만족을 얻었다. KGB에 의해 억류당했던 자가 국가 사절단의 일원이 되었다. 그 후 자신만의 사교성을 되찾고, 기자들과 친구들을 만날 수 있는 다양한 행사에 참석하기 시작했다.

그러나 KGB에 의해 억류당했을 때 겪었던 온갖 고초로 그는 건강이 악화되었다. 1997년 78세의 나이로 황만금은 세상을 떠났다. 그는 자신의 집단농장인 폴리타젤의 묘지에 묻혀 있다.

황만금의 죽음으로 우즈베키스탄에서의 고려인 역사는 끝났다. 공화국 농업 발전에 큰 기여를 한 고려인 집단농장은 점차 폐쇄되었다. 자본주의 시장경제 시대가 열렸다. 그러나 고려인의 자랑스러운 아들 황만금에 대한 기억은 자손들에게 대대로 전해져 내려오고 있다.

집단농장 자리에 소작농업이 생기기 시작했다. 타슈켄트 지역 유코리치르치크 부근에 전설적인 지도자 황만금의 이름을 딴 농장이 하나 있다. 그 농장을 운영하는 사람은 다름 아닌 그의 아들 황 스타니슬라프이다.

아마도 소작농업은 이 부근뿐 아니라 이 지역, 공화국 전체에서 가장 성공한 부문이라고 말할 수 있다.

매년 황만금을 기억하기 위해 국제적인 테니스 경기가 열린다. 황만금이 소비에트연방 사회에 미친 영향과 업적은 그 누구에서도 찾아볼 수 없는 놀라운 것이었다.

유명한 사회평론가인 유리 체르니첸코는 1970년 《언론인》이라는 잡지에 발렌틴 아베치킨을 기억하며 이렇게 썼다.

"폴리타젤 이야기는 내가 집단농장에 첫발을 내디뎠을 때, 내가 의장으로 있었을 때, 우리의 공산당 시절을 기억하게 한다. 모스크바로 보내는 편지에 이렇게 썼다. '주제의 폭이 넓으며 많은 이야기를 할 수 있습니다! 개인적으로 소비에트연방에서 가장 뛰어난 집단농장인 폴리타젤을 오늘 관찰하면서 집단화 아이디어가 성공했다는 사실에 매우 기쁨을 느꼈습니다. 아무것도 없던 땅에서 늪지에서 물을 빼내고 그들의 손으로 직접 힘들게 집단농장을 만들어냈습니다. 집단농장 폴리타젤은 우리가 배고픔으로 시작했던 공산주의운동의 이상을 실현한 결과물입니다. 당연히 오늘날 집단농장에 대한 장단점과 집단주의와 개인주의의 모순에 대해 논의할 수 있습니다.' 그러나 황만금은 자신의 인생으로 전체주의체제 계획경제시스템에서도 경제가 발전할 수 있다는 것을 입증했다. 그리고 이것을 달성하는 데 황만금의 재능과 성격이 큰 부분을 차지했다."

1994년 우즈베키스탄의 이슬람 카리모프 대통령이 한국을 방문했을 때. 황만금은 고려인 대표로 동행했다.

1995년 한국을 방문한 황만금 회장.

НЕДЕЛЯ

ТИМОФЕЙ ХВАН

иллюстрированны
еженедельник

8—24
раля
974

Издается
четырнадцатый
год

не было. Сил и энергии хоть от-
бавляй, а опыта никакого. При-
шлось, что называется, круглые
сутки осваивать крестьянскую
науку. Днем на полях, в правле-
нии, а вечером за книжки сади-
ся или шел к старикам. Допозд-
на засиживался: все расспраши-

..., или по-прежнему будем пле-
стись в хвосте частнособствен-
нических пережитков. Не все
члены артели согласились с этой
мерой: 15 семей покинули хо-
зяйство. Очень тяжелый момент
был... Я с нетерпением ждал
весну 54-го. Она могла решить
судьбу хозяйства, да и мою

...бывал Генеральный
секретарь ЦК КПСС
Леонид Ильич Брежнев.
Он тепло отозвался о
тружениках «Политотдела»
...успехах

제 8 장

황만금의 업적을 기록한 기사들

옥수수
《농촌의 삶》신문 (1961.3.22)

친애하는 동지 여러분!

본인은 카자흐스탄 농업회의에 참여한 것을 대단히 영광스럽게 생각합니다. 그리고 본 회의에 관심을 가져주신 우리의 사랑하는 조국 소비에트연방의 니키타 흐루시초프 서기관에게도 감사의 말씀을 드립니다.

타슈켄트 지역의 집단농장 주민과 조합원을 대표해 제22차 소비에트연방 공산당 농업회의에 참가하신 위대한 노동영웅 여러분을 환영합니다.

저희 집단농장의 수많은 조합원들은 존경하는 니키타 흐루시초프 당 서기가 낙농 부문에 큰 점수를 주신 데 대한 감사의 표현을 부디 전해달라고 했습니다. 니키타 흐루시초프께서는 노력과 에너지를 아끼지 말아달라고 공산당 중앙위원회를 통해서 말씀을 전달하셨습니다. 저희는 지속적으로 농산물 생산을 증대할 것을 다시 약속드립니다.

저희 집단농장은 타슈켄트 근교에 있습니다. 소비에트연방 동부에 위치한 이 지역은 갈대, 습지로 이루어진 덤불과 같은 곳이었습니다. 정부는 대규모 간척사업과 관개사업을 통해 저희를 돕고 있습니다. 그 결과 저희는

1,000헥타르의 농지를 얻어낼 수 있었습니다.

니키타 흐루시초프의 말씀은 언제나 옳았습니다. 그는 대규모 간척 및 관개 작업의 필요성을 본 회의에서 수차례 강조하셨습니다. 이러한 관개사업은 농산물의 생산성을 더욱 높일 수 있는 기회를 제공할 것입니다. 다시 말하자면 쌀, 옥수수를 비롯해 고기, 우유, 버터, 양모와 같은 축산물의 생산량까지 더욱 증대시키는 기회가 될 수 있다는 것입니다.

저는 작년의 성공적인 수확에 대해 이야기하려고 합니다. 저희는 무려 2만 4,710톤의 면화에서 11.9톤에 해당하는 양의 섬유를 추출하여 판매할 수 있었습니다. 산술적으로 1,224헥타르에서 202톤에 해당하는 면화를 생산한 것입니다. 좀 더 자세히 말씀드리면, 인도나 파키스탄과 같은 이 분야의 발전 국가들보다 더 뛰어난 성과를 얻어냈다고 볼 수 있습니다. 이것은 혁신이라 말씀드릴 수 있습니다. 예를 들면 한 명의 조합원이 지도하는 그룹의 경우 헥타르당 2.64톤에 해당하는 면화를 생산했습니다.

우리가 가장 중요하게 생각하는 작물은 역시 3년 전부터 시작한 면화라 할 수 있겠습니다. 지난해에는 '백금' 등급의 면은 헥타르당 0.437톤을 생산해냈습니다. 김 동지가 이끄는 그룹의 경우에 123헥타르에서 0.455

톤을, 무사쿨로프 동지가 이끄는 그룹은 0.453톤의 백금 등급의 면을 생산해냈습니다. 이 3년 동안 저희는 이전 7년 동안에 생산한 면화의 두 배 이상을 생산할 수 있었습니다.

우리는 또한 옥수수농장의 조합원들에게도 특별한 애착을 가지고 있습니다. 존경하는 니키타 흐루시초프께서 '녹색의 길'을 열어주신 데 대한 감사와 존경을 표하는 바입니다. 우리는 이로써 영광스러운 자리를 차지할 수 있었습니다. 본 옥수수 농업에는 이 동지 그룹의 헌신적인 노동이 있었습니다. 작년에 이 그룹은 BHP-136 종자의 옥수수를 원래 334톤으로 계획했으나 이보다 초과한 873톤을 국가에 납부할 수 있었습니다. 총합 137헥타르에서 6.33톤의 곡물을 수확할 수 있었습니다.

이를 제하고도 이 그룹은 100헥타르에서 헥타르당 185킬로그램의 사료용 옥수수를 얻어낼 수 있었습니다. 매 헥타르에서 3만 1,000포대의 사료가 나왔으며, 이로써 32.5톤의 우유를 생산하거나 1.4톤의 버터를 생산할 수 있었습니다. 이 땅에서는 무도 재배하여 33톤이나 수확할 수 있었으며, 맛이 굉장히 좋다는 평가를 받았습니다.

이것이 사실인지 의심하는 동지들이 적지 않을 것으로 생각됩니다. '어떻게 헥타르당 옥수수를 18.5톤이나 얻어낼 수 있는가?'라는 질문을 던져볼 수 있겠습니다. 하지만 우즈베크공화국과 남카자흐스탄의 경작지에서 작물을 생산해내는 것은 그렇게 어렵지 않습니다. 약간의 주의력만 있다면 20톤에 해당하는 양을 얻어낼 수도 있습니다. 올해 저희는 당 중앙위원회와 니키타 흐루시초프께 헥타르당 19톤에 해당하는 옥수수를 보여드린 적도 있습니다.

저희 농장에서는 축산 분야에서도 좋은 성과를 달성하고 있습니다. 작년에 저희는 하루 평균 소 한 마리당 우유를 4.143킬로그램 생산해냈습니다. 1953년에 비하면 50배나 증가한 수치입니다.

옥수수의 안정적인 생산성 덕분에 싸고 질 좋은 우유를 생산할 수 있었던 것입니다. 과거에 우유 100킬로그램의 가격을 산출해보면, 무려 6루블 20카페이카에 해당하는 금액이었습니다. 권 로자가 지도하는 그룹의 농장에서는 15마리의 소에서 6톤의 우유를 생산했습니다. 하루에 소 한 마리당 6.176킬로그램을 뽑아냈다고 하더군요. 전체적으로 따져보니 98톤 229킬로그램에 해당하는 우유가 생산된 것입니다. 이것은 1953년 기준으로 다른 농장들 전체 생산량보다도 4.5배가 많은 양입니다.

현재 저희는 '옐로치카' 같은 장소에서 소를 방목하는 형태로 기르고 있습니다. 이것은 권 로자 선생이 담당하고 있습니다. 처음에 그녀는 소 104마리로 시작해서 현재는 소가 120마리가 되었습니다. 젖소가 여덟 마리에서 아홉 마리 정도 늘었습니다. 권 로자는 향후 150마리로 젖소의 양을 늘릴 계획을 가지고 있으며, 이렇게 되면 저희는 최고의 낙농업 국가가 될 것으로 믿어 의심치 않습니다.

육류 생산량은 작년 기준 12.8톤을 목표로 했지만 31톤에 해당하는 양을 생산해냈고, 이것은 헥타르당 7.5톤에 해당합니다. 계획보다 두 배 이상의 고기를 국가에 판매한 것입니다. 1953년 저희 농장 기준으로 비교해보았을 때, 육류 생산이 무려 51배가 증가한 셈이고 국가에 판매하여 창출한 이득은 60배가 늘어난 셈입니다. 모든 가축의 생산성이 오늘날 크게 향상되었습니다.

이에 대해서 니키타 흐루시초프 당 서기께서 북(北)캅카스 지역의 농장에 여러 가지 조언을 해주신 것으로 알고 있습니다. 그분께서는 신선하고 값싼 우유를 도시와 산업 지역에 공급해야 할 필요성에 대해서 말씀하셨습니다. 기존의 공급절차에는 사실 심각한 문제점이 있습니다. 우리 집단농장에서는 올해의 가장 중요한 목표 중 하나로 우유 생산의 지속적 증대를 놓고 있습니다. 저희는 모든 노력을 다 쏟아부어 타슈켄트 지역에 700톤의 우유를 공급하는 것을 목표로 하고 있습니다.

2월 말에 우리는 소비에트연방 공산당 중앙위원회와 니키타 흐루시초프께 편지를 보내 우유 등 다른 축산품 및 면화 생산의 증기를 약속했습니다. 우리는 지속적으로 주요 작물들의 생산성을 개선할 것이며, 헥타르당

20톤 이상의 면화를 생산할 것입니다. 이것은 우리 농민들의 확고한 의지이기 때문에 절대로 포기라는 것은 없습니다.

동지 여러분, 저는 저희가 몇 년에 걸쳐 이룩한 이 모든 것을 단순히 숫자를 통해 알려드렸습니다만, 지금은 과거를 추억하길 원합니다. 사실 1953년까지 폴리타젤 집단농장은 경제적인 문제나 모든 것에서 타슈켄트 지역의 가장 불우한 곳 중 하나였습니다. 그리고 제가 1953년 9월 공산당 중앙위원회에 의해 이곳의 수장으로 올라선 이후부터 이곳의 농민들은 새로운 역사를 만들기 시작했습니다. 농업을 비롯한 모든 분야에서 저희는 힘을 얻었고, 당과 정부의 현명한 정책에 의해 가파른 성장세를 이룩할 수 있었습니다. 집단농장 마을의 모양이 비교적 짧은 기간 동안 무엇을 상상하든 그 이상으로 변화되었습니다. 현재는 새로운 가정집 240개와 학교 세 개, 유치원 세 개 및 병원과 클럽, 약국까지 갖추고 있습니다. 많은 가정에서 가스를 자유롭게 사용하고 있으며 거리와 도로까지 말끔히 포장되어 있습니다.

농장에서는 고등교육을 받은 14명의 전문가와 중등교육 이상을 받은 감독관, 그리고 다른 많은 관리인이 있습니다.

본 회의에 참여하신 소비에트연방 공산당 중앙위원회와 정부 관계자 여러분, 그리고 니키타 흐루시초프 동지의 보호 덕에 노동의 큰 승리를 쟁취할 수 있었다고 생각하는 바입니다.

민족에 대한 사랑과 감사
《프라브다》 신문 (1961.10.15)

모든 농장의 농업 조합원 동무 여러분!
존경하는 동지 여러분!

우리는 지난해 동지들이 일구어낸 옥수수 농업에 관련한 놀라운 성과에 대해 기쁘게 생각하는 바입니다. 집단농장의 관개작업을 통해서 만들어진 토지에서 헥타르당 185킬로그램에 해당하는 옥수수를 수확할 수 있었습니다. 지난 알마티에서 열린 농업 대회에서 황만금

동지는 농부들을 대신하여, 1961년에는 헥타르당 1.9톤에 해당하는 옥수수를 재배하는 것을 목표로 하고 있으며 면화, 아욱, 고기, 우유 등 다른 생산품에서도 큰 성과를 약속한 바 있습니다.

동지들은 정직하게 열심히 일해주었고, 성공적으로 민족의 사랑과 감사를 받을 수 있었습니다. 당 중앙위원회에서 보낸 편지에서 동무들은 새로운 큰 승리를 볼 수 있습니다. 농장의 옥수수 재배 그룹장인 리 류바 동지는 70헥타르의 농지에서 19.67톤에 해당하는 옥수수를 재배했고, 이 농장의 농업문화의 힘을 다시 한 번 증명했습니다. 19.67톤의 줄기와 옥수수는 헥타르당 4만 3,000개의 줄기와 0.43톤의 귀리에 해당하는 금액과 같습니다. 즉, 이는 36톤의 우유와 1.6톤의 버터를 추가적으로 생산할 수 있다는 의미입니다.

동지들의 이러한 선례는 관개농업으로 생산하는 옥수수가 이례적으로 높은 수익성을 가졌음을 명확하게 증명하는 것입니다. 면화를 재배하는 땅에서 사료에 필요한 옥수수와 같은 작물을 재배하여 충당함으로써 축산업에서 성공적인 개발을 할 수 있다는 의미입니다.

지금까지 면화 재배에 종사하는 공화국들에서는 축산, 육류 및 우유 생산과 면화 생산 조합의 동반성장 가능성에 대한 착각이 있었던 것 같습니다. 일부 조합원들은 중앙아시아에서는 다른 지역에서 생산하는 면화를 받고, 그들은 우유와 고기를 생산하면 된다고 생각했습니다.

친애하는 동지 여러분의 경험은 이러한 사고를 완전히 뒤집고 면화와 축산물의 동반성장을 일구어냈다는 점에서 더욱 가치 있는 것입니다. 1961년에 농장은 헥타르당 4.3톤의 면화와 헥타르당 21톤의 줄기 섬유로 만든 면을 판매할 수 있었습니다. 동시에 동지들은 옥수수의 높은 수익을 이룩한 덕에 성공적으로 낙농업을 창출해낼 수 있었습니다. 1961년에는 더욱 성장하여 100헥타르당 23톤의 옥수수를 생산한 덕에 110톤의 우유를 생산할 수 있었습니다. 이 역시도 절대 적은 양이 아닙니다. 그러나 우즈베크공화국에서는 지난해 집단농장들에서 평균적으로 100헥타르당 1.5톤의 우유를 생

산했습니다. 도시 근교 농장의 관개작업을 통해 탄생한 옥수수를 이용한 낙농업의 개발은 도시인들에게 신선한 우유의 공급을 보장합니다.

우즈베크공화국, 타지키스탄, 투르크메니스탄 및 면화를 생산하는 다른 공화국들 역시도 이를 신중하게 고려할 필요가 있습니다. 토지의 관개작업으로 면화 생산의 지속적인 생산을 보장해야 하지만, 필요한 양 역시도 고려해야 합니다. 분명 이러한 사료 작물들의 주요 기반은 옥수수가 되어야 할 것입니다. 옥수수는 낙농업용 사료의 가장 강력한 기반입니다. 면화 생산을 주로 하는 국가들이 있지만 이제는 낙농업의 생산성에 대한 부분도 확실히 고려해야 할 때가 되었습니다.

존경하는 동지 여러분!

소비에트연방 공산당 중앙위원회를 대표하여 이러한 노동성과에 대해 축하를 드리는 바입니다. 동지 여러분은 면화를 비롯한 농업 부문, 축산업을 비롯한 다른 낙농업에 대해서도 더욱 큰 성과를 내주실 것으로 믿어 의심치 않는 바입니다.

1961년 10월 14일
니키타 흐루시초프

언론인
《주르날리스트》지(1970, No. 1), 사회평론가 연단

제3차 소비에트연방의 집단농장 조합원 회의는 지난해 주된 행사 중 하나였다. 며칠 동안 집단농장의 지역 대표들은 농장의 생산 결과와 발전 전망을 비롯해 집단농장 내 산재해 있는 기타 업무들에 대해서 의미 있는 논의를 전개했다.

위 회의의 자격심사위원회 구성원으로 선출된 우즈베크공화국 집단농장 '폴리타젤'의 회장 황만금도 해당 회의에 참석한 대표자들 가운데 한 명이었다.

발렌틴 오베츠킨은 집단농장과 농장 대표들에 대한 책을 집필하고 싶어 했다. 그러나 저자가 일을 끝마치는 것을 방해한 것은 죽음이었다. 프라브지스트 체르니첸코는 오늘날의 폴리타젤과 발렌틴 오베츠킨의 창작 의

유리 체르니첸코.

지에 대한 이야기로 페이지를 장식하고 있다.

황만금과 발렌틴 오베츠킨

병이 든 몸으로 얼마 남지 않은 목숨을 이어가던 발렌틴 오베츠킨은 쿠르스크와 러시아의 존엄성을 남기고 타슈켄트의 아들에게로 떠났다. 그는 놀랍게도 타슈켄트에서 건강을 회복하고 있었으며, 천천히 새로운 사람들과 날씨 그리고 도시에 적응해갔다. 그의 집 창문은 나무가 우거진 보예바 별장과 굽이굽이 빛나는 투스카리 강이 아닌 그저 평범하고 그늘이 진 느릅나무 뜰을 향해 열려 있었다.

그는 면화가 절대적인 권력을 갖고 있는 현지의 마을과 언어를 알지 못했다. 중앙아시아를 방문한 적이 없었기 때문에 더욱 그러했다. 그러나 이제는 정말 가까운 폴리타젤을 찾아갈 수 있게 되었다.

1953년까지 농장은 쓰러져 있었으며, 물 공급이 원활한 사유지가 반 헥타르 있어서 사람들은 유복하게 살았음에도, 가축들은 척박한 땅에서 비참하게 죽어가고 있었다.

황만금 회장은 일에 착수하기 위해 자진하여 이곳으로 발길을 옮겼다. 더불어 농업협동조합은 빠르게 부를 축적해 나아갔다. 폴리타젤 축구팀이 A리그에 올라간 것과 옥수수의 기록적인 수확을 통해 소비에

트연방에 그 존재감을 알렸다.

정해진 목적을 달성하기 위한 발렌틴의 집단농장 방문은 편지에 적었던 날짜보다 늦었다. 격정적인 논쟁자인 그는 사실 '명성을 얻게 된' 사람과 집단농장이라는 주제에 별 관심이 없었다. 그러나 그 역시도 집단농장에서 살았었기 때문에 폴리타젤에 대해서 궁금해지기 시작했다. 마침내 그는 유명한 인물과 폴리타젤 집단농장에 관련된 연대기 쓰기에 착수했다.

그는 지금의 폴리타젤을 바라보면서 집단농장 이행에 대한 의견과 그 업적에 매우 큰 감동을 받았다. 폴리타젤 집단농장은 우리가 가난한 공동체가 되기 시작했을 때 아조프 해의 굶주린 공동체와 우리 앞에 나타난 이상향이었다. 그는 편지에서 끊임없이 귀국을 연기해달라고 요청했었다. 집단농장의 이상향에 대한 책을 집필하기 위해서 그는 타슈켄트에서 살아야만 했다.

1965년 발렌틴은 '폴리타젤'을 방문할 수 있었다. 이 기간까지 집단농장은 11개의 소규모 집단농장과 1만 3,000명에 달하는 사람들과 함께 100만에 달하는 막대한 양의 소득을 창출해냈다.

폴리타젤은 양마 수확에 대한 세계적인 기록을 달성했다. 이는 증명된 바 있는 사실이다. 만약에 삶의 조건을 기준으로 계산한다면, 폴리타젤은 1위를 주장할 수 있었을 것이다. 문화의 집, 병원, 예식장, 두 개의 경기장, 호텔 그리고 편안한 '튤립' 카페, 피오네르 캠프장, 집단농장에서 세운 학교, 주거지 내 가스 공급과 예약제 식료품 배달은 아조프 해와 쿠반 그리고 스몰렌스크 지역들이 분명히 부러워하는 이상향이었다. 더불어 극동지역과 시베리아 마을들도 이 집단농장을 알아야만 했다. 생산량을 평가하기 위해 독일과 헝가리의 협동조합도 이 집단농장을 주시했다.

외국에서 보도한 바에 의하면, 폴리타젤은 부족한 것이 없었다. 수로와 면화농장, 포플러 나무로 된 벽들이 있는 우즈베크 풍경에 고려인의 돗자리와 빵을 대신하는 밥 그리고 '고요한 아침의 나라'의 이해할

발렌틴 오베츠킨.

수 없는 언어들이 더해졌다.

발렌틴은 녹차를 마셨다. 그는 녹차를 마시는 것에 익숙해진 것으로 보였다.

그는 양마와 면화가 아닌 집단농장에 대해 흥미를 가졌다. 젊음과 적당한 세련미, 재촉하지 않는 정중하고 품위 있는 행동, 친절하지만 포도주와 담배에 손을 대지 않는 집단농장의 대표가 그의 이목을 집중시켰다.

발렌틴은 황만금을 러시아 이름으로 불렀다.

"티모페이 그리고리예비치, 다른 집단농장의 대표가 타슈켄트로 올 것입니다. 당신에게 혁신적인 사업을 제안할 것입니다. 이것은 당신에게 100만 루블을 가져다줄 수도 있습니다."

"좋습니다. 우리는 당신을 존중하며, 우리는 100만 루블 또한 필요로 하고 있습니다. 그러나 이 사항들은 검증되어 있지 않습니다. 그리고 100만의 손실을 초래할 수 있다고 생각합니다."

"만약 100만의 수익이 창출된다면 50만을 당신께 드리겠습니다. 만약 일이 잘 진행되지 않는다면, 모든 손실은 당신이 우리에게 보상해야 할 것입니다."

"어디서 100만이 나와 제가 당신에게 줄 수 있겠습니까? 가치 있는 것을 가져온 곳에서 그 100만을 가져오시면 될 것입니다. 계약을 체결하고 싶은 마음이 없습니다. 그럼 이만 전 가보겠습니다."

"참 현명하군요! 훌륭합니다! 잠재적인 손실은 당신 마음먹기에 달렸다는 것을 믿으시는군요?"

"농부는 헛되이 위험을 무릅쓰지 않습니다. 또한 지혜로운 사람은 자기를 위험에 빠뜨리지 않습니다."

황만금은 페트롭스크의 법령 가운데 하나를 언급했다. 그는 이것을 외우고 있었다.

나중에 그는 이 장소를 찾았다.

이곳을 찾은 이유는 이렇다. 마을 사람들은 국가의 동맥이고, 동맥을 통해서 모든 인간의 신체는 영양분을 공급받으며, 국가 또한 사람들을 통해서 영양분을 공급받는다고 할 수 있다. 이전과 같이 발렌틴은 다른 사람들 앞에서 절대로 수첩을 꺼내서 보여주지 않았다. 그러나 칼럼니스트는 새로운 숭고함을 기억해두었다. 큰 업적도 아니며 또한 시적인 무엇도 아닌 엄격한 평일이었으나 그 숭고함의 높이를 기억했다.

1968년, 봄이 찾아온 우즈베크공화국에서 발렌틴은 생을 마감했다. 폴리타젤의 사람들은 집단농장과 관련된 연대기의 작가를 보내주었다. 스케치, 짧은 글들, 구성 계획 그리고 우리 자신에 대한 문제들을 포함한 매우 전반적인 책의 윤곽만이 우리에게 남겨졌다. 돌이킬 수 없는 상실이 있었으며, 동시에 예술가의 마음이 설명하려고 했던 것들을 추측조차 할 수 없게 되었다.

"난 아직까지도 글을 쓰고 있었습니다. 누군가와 함께 서로 동의하지 않는 것들에 대해 자신의 것을 확고히 하고, 반박하며, 무언가에 대하여 심각하게 논의하며, 글을 쓰고 있었습니다."

『지역의 일상』의 글 가운데 논란이 될 만한 것들은 존재한다. 논쟁의 여지는 충분히 남아 있었고 작업은 지속되었다. 『지역의 일상』은 10년 전에 중단되었다. 경험은 시야를 넓혀주었다. 어떻게 집단의 재산을 모았으며 어떻게 사용할 것인가에 대한 중요한 두 갈래의 질문에 폴리타젤은 트로이츠크에 알려진 대답과는 전혀 다른 답을 주었다. 발렌틴의 주인공은 무엇보다도 이야기가 진행될수록 '지혜가 생겼'

고 정확하고 깊게 보는 것과 설득하는 좋은 방법을 배웠다고 이야기하고 있다. 책의 결론에는 '이 모든 것들은 회장에 대한 것들이다', '단 한 번도 집단농장과 관련된 나쁜 일이 생기지 않았다', '만약 집단농장의 조합원들에게 자신의 이익을 위한 공동의 불안감이 높아진다면, 주인의 감정은 자신의 삶이 될 것이다'라고 적혀 있다.

1956년에 출간된 이 책은 표준에 대해서 서술하고 있다. 이것은 협동조합과 대표들의 도덕률을 향상시키는 프로젝트를 의미한다.

"처음 이 노동조합의 대표로 저를 선출했을 때, 빗자루 장사까지 했습니다. 양마로도 백만장자가 될 수 있습니다. 이 문화가 특권을 가지고 있을 때까지는 양귀비 혹은 스트리구노프스크 양파와 담배로도 장사를 할 수 있습니다. 모두 도움이 되는 것입니다. 집단농장의 금고에도 도움이 되는 것들입니다. 그러나 이것들에 열중하는 것은 어림도 없는 소리입니다. 어느 날 아침에 당신이 말한 바와 같이 모든 집단농장이 양귀비를 생산하게 된다면, 도시의 주부들에게서 기쁨이 사라집니다. 만약 시장에 양귀비만 있고 당신이 장사를 통해 이익을 얻는다면, 그것이 행복한 것일까요? 만약 오늘 어떠한 일을 해서 일시적으로 큰돈을 벌었다면, 이 돈들 파산되지 않을 분야에 투자해야 할 것입니다. 목축업에서는 소와 돼지에 투자해야 합니다! 우유, 고기, 돼지기름, 베이컨, 버터 — 이 일들은 영구적인 것이며, 언제나 이 식료품들을 요구하는 손길이 넘쳐날 것이고, 앞으로도 계속될 것입니다."

황만금은 자신의 실질적인 경험을 바탕으로 폴리타젤을 급진적으로 변화시켰다. 그는 열대지방의 방식으로 양마를 재배하기 시작했다. 양마는 그곳에서 잘 자랐다. 그러나 그는 이후 타슈켄트의 자연환경에 적합한 양마를 재배하여 더 많은 이익을 가져다주었다.

폴리타젤은 비용 대비 생산을 고려해볼 때 항상 수익이 초과 발생했다. 문자 그대로 금싸라기로 바

뀐 것이었다! 3.5톤 줄기를 수확할 경우 집단농장은 1헥타르에서 약 700루블에 달하는 양을 생산해냈다. 절대 추정치로 봤을 때, 위 생산량을 달성하려면 학문적으로 15톤이 필요하다. 매년 폴리타젤은 줄기를 21.5톤까지 그리고 1헥타르당 4,000루블의 수입과 더불어 수익성은 160퍼센트까지 달성했다. 이와 같은 수준을 러시아인에게 적용시키면 곡물 10~12톤, 감자 1헥타르당 90톤을 수확하는 것이 된다. 폴리타젤은 공급자이다. 수요의 대상은 가방을 든 주부들이 아닌 국가이며, 안전한 도매상이었다.

양마는 마직물이며 매우 좋은 줄을 만들어냈다. 양마는 공장에서 생산하는 양탄자의 재료이고 밀가루, 설탕, 시멘트, 카카오가 들어 있는 포대를 만드는 데 필요한 재료이다. 포대가 수분에 젖지 않도록 하는 기능을 가지고 있다. 바다와 강으로 얼마든지 모든 것을 운송할 수 있도록 해준다. 한번은 시멘트와 설탕이 대량 생산되었는데, 이를 운송하고 보관하기 위한 포장제가 필요했다. 1965년에 집단농장들은 1만 3,000톤의 줄기를 납품해야 했다. 폴리타젤은 정확히 두 배 더 많은 양을 팔았다. 지난해 3만 5,000톤을 수확했다. 정기적으로 집단농장을 통합할 때면 평균 생산량은 일시적으로 하락하곤 했지만 폴리타젤에서는 그런 경우가 없었다. 권 세르게이, 전 표트르, 전칠성의 그룹들은 1헥타르당 27톤에 달하는 생산량을 창출해냈다.

집단농장의 가능한 모든 면적은 '우선적'인 생산에 집중해야만 했다. 노동을 멈추게 하는 것은 '열중하고 있는 것'에 대한 두려움이 아닌 농산물 생산의 표준과 다양화였다. 잘못을 반복하지 않으려면 집단농장은 줄기의 가격인하로 수입을 늘리면서 양마의 재정적 특권을 스스로 만들어야 했다. 이것을 우즈베크어로 '포이다'(이익)라고 한다.

우즈베크 집단농장을 통합한 후 폴리타젤은 면화 생산을 시작하여 2톤의 생산량을 달성했다. 빽빽한 나뭇잎에 하얀 구름과 같은 솜이 있어 지극히 아름다운 이 작은 나무는 나뭇가지에서 엄청난 양의 노동과 재료를 흡수할 수 있었다. 수확된 2.2톤으로는 수지가 맞지 않았다. 3톤은 되어야 수익이 났다. '포이다'를 달성하려면 스스로 그 분야의 전문적인 발전을 이룩해야 했다. 이후 생산량은 4톤에 도달했다. 황만금은 집단농장이 면화 0.1톤을 생산하면 0.19톤가량의 밀을 수확하는 것과 같은 것이라고 했다. 면화에서 수익을 내지 못하는 부분은 제거되어야 했다. 이러한 과정을 거치면서 최고의 한 해를 보낼 당시에는 평균 수확량을 4.9톤까지 늘렸다. 3년 동안 폴리타젤과 '트레치 인테르나치오날' 집단농장이 함께 재배했음에도 2.3톤밖에 생산되지 않아 집단농장이 파산할 정도였던 수확량이 이미 4톤 이상으로 증가했다. 집단농장은 현재 40만 명을 위한 면을 공급했다. 빠른 시일 내에 100만 명을 입힐 수 있는 날이 올 것이다.

폴리타젤은 밀, 쌀, 옥수수를 파종했다. 더불어 대규모 양잠업과 축산업도 함께 했다. 건설, 상수 관리, 개간 등도 항상 철저히 운영되었다.

오늘날 폴리타젤의 조합원들이 15년 전에 8시간 일하면서 하루 일당은 45코페이카를 받았다면 지금은 7루블 50코페이카까지 상승했다.

발렌틴은 양마 재배와 생산량에 대해서 기록했으며 이후 폴리타젤의 자랑인 축산업을 조사했다. 이곳에서 낙농업은 수익성 있는 분야로 인정받았다. '털이 많고 갈비가 있는' 품종의 소는 인기가 높았다. 게다가 기생충에 대한 면역력이 높고 더위를 쉽게 이겨내며, 여물도 가리지 않고 잘 먹었다. 그러나 유감스럽게도 우유를 생산하는 데 어려움이 있었다. 1년에 1톤이면 성공했다고 치부할 수 있을 정도였다. 폴리타젤은 이를 극복하기 위해서 발트 해 연안의 서늘한 지역에서 우량종 송아지를 데려왔다. 여름 내 우사 벽에 쓰일 이동식 통풍기를 만들었고, 소를 씻겨주었으며, 좋은 여물을 공급했다. 에스토니아산 소들은 우즈베크공화국의 기후에 적응하면서 잘 자라주었다. 무엇보다 혈액 기생충 질환으로 죽은 소가 없었다. 지옥 같은 여름에서 벗어나 3톤의 우유를 생산하게 되었다. 노동조합은 1년에 1,700톤의 우유를 공급하고 있다. 좋은 송아지를 데려온 덕분에 농장의 손실은 멈추었다.

700마리의 소가 1년 된 송아지와 함께 3만 루블의 이익을 창출해낸다. 황만금은 우유 가격이 타슈켄트의 식수 가격과 다를 바 없으며, 우리와 멀지 않은 곳에서 생산되고 있다고 말했다. 양마를 통해 창출해낸 이익금을 축산업에 보조하는 잘못된 구조를 황만금은 스스로 연구하여 바로잡았다.

농업은 주변 자연환경을 이해하는 지식과 이것을 생산에 도입함으로써 발전할 수 있다. 메추라기는 가장 빨리 자라는 새이다. 35~40일이면 알을 낳기 시작한다. 1년에 300개의 알을 낳는다. 오늘날 미국, 이탈리아, 영국에서도 이 새를 번식시키고 있다. 중앙아시아에서도 이미 오래전부터 이 새를 알고 있었다. 메추라기 플로프를 '튤립' 카페에서 맛보거나 메추라기를 집에서 요리해 먹는 것은 매우 일상적이다. 첫해에는 1만 2,000마리의 작은 새들이 3만 5,000루블의 이익을 창출해냈다.

발렌틴은 폴리타젤 집단농장을 관찰하고 스스로 내린 결론을 다음과 같이 말했다.

"만약 인생의 푸른 나무에 뼈대가 없으면, 나무의 자격은 뼈대가 아니다. 이는 우즈베크공화국의 당 중앙위원회의 구성원이자 사회주의 노동영웅인 황만금과 같은 생각이다."

폴리타젤에는 30개의 유치원이 있다. 이곳은 일반적인 유치원이 아니라, 아이들이 자연과 벗하면서 제대로 성장할 수 있는 조건들을 모두 갖추고 있다. 영양가 있는 급식, 양탄자, 옷장, 침대, 미술도구, 물품창고 등이 구비되어 있다. 아이들은 유치원에 들어간 뒤 어른에게 손을 가슴에 올려 인사하는 법 등 인성교육부터 배운다.

집단농장은 유치원 교육에 매년 200루블을 지불하기는 하지만 가족들을 위해서 유치원은 항상 열려 있으며 무료이다. 이는 출산을 권장하기 위함이다. 집단농장의 산부인과에는 넓고 밝으며 깨끗한 환경이 조성되어 있다. 더불어 매년 300명의 새로운 생명이 탄생하고 있다. 고려인들과 우즈베크인들은 공통의 관습이 있어서 친가족처럼 지낸다. 최근 집단농장의 인구는 많이 증가했으며, 5~6명의 자녀를 둔 가정이 보통이다.

유치원은 아이들이 관찰하고, 말하고, 활발하게 자랄 수 있도록 보살핀다. 유치원에서의 첫걸음을 잘 뗀 졸업생들은 이후 학교생활에서도 높은 성과를 낼 가능성이 높다. 60퍼센트가량의 졸업생들이 타슈켄트, 레닌그라드, 모스크바 등의 학교에서 개최하는 여러 대회에서 상을 타는 것을 보면 이것이 사실이라고 볼 수 있다.

폴리타젤은 학교를 건축하는 데 이익을 고려하지 않는다. 교육예산을 살피지 않고 그것을 집행한다. 40년 혹은 80년 된 학교들이 이미 완공되었거나 그 모습을 갖추고 있다. 집단농장에 있는 3,762명의 아이들은 모두 교대제가 아닌 한 수업시간에 공부를 한다. 그러나 특별히 수확철에는 400명의 1학년 학생들이 함께 앉아 공부를 한다. 이것은 여전히 집단농장에 새로운 학교가 필요하다는 것을 의미한다.

폴리타젤에서 아이들을 가르치는 130명의 인증된 교사들은 집단농장의 전문가들과 같은 거주지가 보장되며, 전화를 통해서 식료품을 주문하는 것이 가능하다. 자신의 소, 돼지, 새를 돌보는 것에 시간을 할애하지 않는다. 그리고 교사들을 위한 회의에서는 교육만을 논의한다. 지리학 교사가 식물학을 가르치는 상황은 발생하지 않는다.

젊은 시절 집단농장의 교사였던 황만금은 교육에 높은 관심을 가지고 있었다. 박 바실리 세메노비치는 학교의 전 교장이었다. 성장하는 사람에게는 누구도 침범할 수 없는 혼자만의 시간이 필요하며 자신만의 세계가 필요하다. 이것은 인격을 발달시키고 다른 이들과 교제하는 데에도 필요하다. 생활양식은 보는 것만으로도 배울 수 있다. 그러나 수업은 책상의 모서리에서 준비된다.

1958년까지 진흙집에서 살던 사람들을 이주시키

기 위해 방이 두 개 혹은 세 개인 집을 빨리 지었다. 몇 년이 흐른 뒤 집들이 빽빽하게 들어섰기 때문에 집 가격이 많이 올랐다.

당시 집단농장의 기술자는 고 표트르였으며, 건축사업의 대표는 유리 유가이였다. 그들은 5개의 방과 외부길이 8×9미터인 상수도, 전기, 가스를 갖춘 집을 1제곱미터당 44.1루블의 가격으로 건설할 것을 제안했다. 이후로 10년 동안 이와 같은 양식의 집이 건설되었다. 1961년에 건축에 대한 투자는 처음으로 100만을 넘었다. 집단농장의 면화 수확량이 증가하면서 3년 동안 집 200채, 학교 하나, 유치원 세 군데, 구호소 두 군데, 목욕탕, 카페, 상수도와 10킬로미터의 아스팔트 도로가 건설될 수 있었다.

그날 저녁에 우리는 집단농장의 길을 걸었다.

오래된 경기장 옆 포플러 나무 아래 가건물에서 아이들은 그림자밟기 놀이를 하고 있었다. 그 옆에서는 테니스 경기를 하고 있었으며, 그 옆쪽에서는 우즈베크공화국의 전통 격투기인 쿠라슈를 하고 있었다.

이 집단농장을 대표하는 스포츠는 축구이다. 집단농장 어느 곳에서나 펠레를 만날 수 있었다. 쿠미로프는 폴리타젤 축구팀 선수였다.

"하루에 10분을 운동하면 10년이라는 추가 시간이 생긴다."

황만금이 내건 슬로건은 삶에 대한 열정과 동시에 여유로움을 추구하기를 원하는 사람들에게 의미가 있었다. 스포츠 영웅에 대한 병적인 집착이 있었지만 운동은 활기, 젊음, 흥분을 만드는 자극제였다. 집단농장은 스포츠팀을 장려했는데, 그 결과 신체등급 1급에 해당하는 사람이 58명, 2등급에 해당하는 사람이 무려 1,670명이나 배출되었다.

황만금은 저녁까지 집단농장을 순찰하면서 각 분야의 상태를 점검했다. 면화밭, 옥수수밭, 목장, 문화의 집, 학교, 스포츠 팀 등 돌면서 애로 사항을 듣고 시정해나갔다. 이러한 과정을 통해서 폴리타젤은 재정적으로 경쟁할 수 있는 다른 집단농장이 없게

만들었다.

집단농장은 수천 명으로 구성된 한 사회를 어떻게 단합시킬 수 있는가? 수천 명 식구들의 협동심을 바탕으로 능력을 개발하고 금전적인 보상이 이루어지는 경우를 본 적이 있는가? 냉정하게 말하면 노동력으로 할 수 있는 산업, 품질, 수량뿐이다. 좀 더 깊게 들어가면, 구성원 모두에게 창조적인 환경을 지원해야만 최대의 성과가 나타날 수 있다. 우리에게는 아이들이 더 많이 필요하고, 그들은 더 훌륭한 삶을 꿈꿔야 한다. 많은 이들에게 삶의 의미를 주고 아이들에게 사랑과 교육을 준다면, 설령 그들이 성공하지 못한다고 하더라도 협동정신이 생겨나고, 궁극적으로 성공하는 길을 찾을 수 있을 것이다.

물론 군대를 전역하고 나서 폴리타젤로 돌아오지 않는 사람들도 있었다. 물리학자, 항해사, 국경경비원같이 자신만의 길을 찾아가는 경우도 분명히 있다. 그러나 도시에 적응하면서 살았던 젊은 전문가라 할지라도 이곳에 정착하기를 원하는 경우도 있다. 복지가 빠르게 성장하고 있지만 여전히 모두를 수용할 만큼은 아니다. 젊은이들의 유입으로 집단농장 구성원의 평균 나이는 점점 더 젊어지고 있다. 이 때문에 4,100헥타르에 달하는 경작지를 개조하여 새롭게 유입된 사람들을 수용할 수 있게 준비하고 있다.

발렌틴은 양마 재배에 큰 관심을 두기보다는 '집단농장 젊은이들이 가지고 있는 문제를 추적'하는 데 집중했다. 집단농장에 얼마나 젊은이가 많은가? 그렇다면 교육은 어떻게 시키고, 어디에서 공부를 할 수 있는가? 대학을 졸업한 후에 이들은 어디에 가서 무엇을 하게 될 것인가? 전역 후에는 어디로 갈 것인가? 청소년들은 무엇을 꿈꾸고 있는가?

비록 평범하고 자잘한 것이지만 필수불가결하게 젊은이들이 가지고 있는 요소가 있다. 예를 들면 집단농장에서 어떻게 하면 더 재미있게 살 수 있겠는가 하는 것들이다.

폴리타젤에서의 삶은 복잡하고 거대한 영역도 있지만 쟁기부터 트랙터에 이르는 현실적인 부분들도

있다.

"나는 실제로 이 책이 황만금에 관한 책이 되는 것을 원하지 않는다. 내 입장은 황만금을 숭배하는 부분에 대해서 전격적으로 대치된다. 황만금이라는 개인에 대한 숭배 같은 것 말이다. 이 책은 반드시 폴리타젤 집단농장에 관한 이야기로 알려져야 한다."

발렌틴은 이런 입장이었지만 '모든 것은 회장과 관련 있다'는 사실은 부정하지 않았다. 그렇게 보이는 것이 사실이었고, 그런 부분에서 감동을 받았던 것도 사실이었다. 초기에 폴리타젤은 다른 곳보다 두 배나 어려웠다. 당시에 발렌틴은 폴리타젤의 어떠한 좋은 점도 찾을 수 없었다. 그러나 회장은 농장을 더욱 단단하게 만들었다.

발렌틴은 시계에 관한 이야기를 잘 알고 있었다.

황만금은 경작지로 와서 박시길이 지도하는 그룹을 찾았다. 그곳에서 회장의 회중시계를 보여달라고 했다. 해가 지고, 밤이 지나고, 해가 다시 뜨고, 언제나 그들은 서둘러야만 했다. 시간을 모르니 여유까지도 없었던 것이다.

한 달이 지나고 나서 폴리타젤에는 모두의 눈에 띄는 전자시계가 나타났다. 36개의 다이얼이 달린 시계였다. 어디에서나 시계를 볼 수 있었다. 이 시계는 인생의 템포를 더 빠르게 해주었고, 1분의 가치를 소중하게 만들어주었다. 시계는 몇 배나 많은 이익을 가져다주었다.

예식장 건축에는 매우 세심한 관찰이 필요했다. 빛나는 바닥과 양탄자, 크리스털로 만들어진 궁전들을 볼 때 사람들이 사치라고 생각할 수도 있다. 그렇기 때문에 예식장 건축에는 소박한 중고 자재가 필요했다. 아직까지 집단농장에는 황만금 회장이 보유했던 양탄자, 건설에 필요했던 철, 아연, 구리 등이 남아 있었다. 이렇게 지은 예식장은 공간이 넓지 않아 이웃과 사촌, 조카까지 모두 초대할 수 없다. 그러나 아무도 이것을 부끄럽게 여기지 않을 것이다. 중요한 것은 사랑과 화합이니까!

고려인들에게 61이라는 숫자는 일반적으로 행복을 의미하는 모양이다. 어떤 사람이 예순한 살까지 살았다면, 그것은 손자와 함께 새로운 시작을 할 수 있다는 의미를 가지기 때문이다.* 공교롭게도 황 회장이 집단농장에서 찾아낸 가장 좋은 말의 번호가 61번이었다. 그러나 그에게 61은 불행의 숫자였다. 황만금이 61번 말을 타고 파이프를 구하려고 동네를 돌아다녔는데 마침 겨울이라 길이 미끄러워서 말이 넘어졌다.

발렌틴의 책에서는 '황만금은 무슨 농민이오?'라는 질문을 만날 수 있다. 답은 없다. 그에게는 매시간에 부여하는 의미가 모두 다르기 때문이다.

어느 날 황만금은 신문기자 세 명을 집단농장에 있는 오케스트라 리허설에 초대했다. 이 홀은 정말이지 훌륭한 시설을 갖추고 있었다. 황만금은 호감가는 솔리스트인 최 류바를 기자들에게 소개시켜주었다. 그는 마이크를 잡고 재미있는 표정으로 그에게 노래를 주문했다.

"나비 부인!"

류바는 「치오 치오 산」이라는 아리아를 부르기 시작했다. 음대를 졸업한 드미트리 아흐메토프 지휘자가 일어났다. 노래가 끝나고 박수갈채가 쏟아졌다. 그러나 지휘자는 마음에 들어하지 않았다. 이 부분에서는 오케스트라의 소리가 나비의 소리와 함께 어우러져야 했기 때문이다. 지휘자는 완전히 멈춘 뒤 다시 시작했다. 세 번째가 되었음에도 다시 박수가 쏟아졌다. 그러나 그는 계속해서 다시 시작했다. 황만금은 눈살을 찌푸리며 "아니, 저 양반은 아마추어들한테 뭘 원하는 거람" 하고 속삭였다. 우리는 사실상 연습을 방해한 셈이었다. 그는 여기에 들어와서 무엇을 배웠던 것일까? 그는 지성인이었고 절제력이 있었으며 재치 있는 협상가의 모습을 우리에게 보여주었다.

---

* 유럽인에게는 예순 살이지만, 한국식으로 계산하면 예순 하나가 된다. 한민족은 태어날 때부터 한 살로 계산한다.

황 티모페이
《이즈베스티아》 신문 주간 기사(1974. 2. 18~24)

그는 1953년 집단농장 폴리타젤로 왔다. 1년 정도의 짧은 기간이 아니라 정말 꽤 오랫동안 그곳에서 일해왔다. 벌써 그가 집단농장에서 일한 것도 어느덧 21년이 되었다. 황 티모페이는 국내에서 집단농장의 회장으로는 상당한 유명 인사가 되었고, 공산주의 노동영웅이 되었으며, 우즈베크공화국의 소비에트연방 위원이었다.

발렌틴이 게나지 피시에게 쓴 편지에는, '이 농장보다 뛰어난 곳을 본 적이 없고, 그보다 뛰어난 지도자를 본 일이 없다. 폴리타젤은 이미 완전한 농업도시이다. 이 정도로 표현하기에도 부족할 지경이다. 이 집단농장의 물질적 수준이나 문화, 생활, 생산 시스템들은 근교의 마을이나 도시 이상이다. 이러한 모습을 모든 산업이 본받아야 할 것이다!'라고 쓰여 있다.

이 집단농장에 소비에트연방 공산당 총서기인 레오니드 브레즈네프가 방문했다. 그는 온화한 태도로 폴리타젤의 조합원들과 그들의 성공에 대하여 이야기를 나누었다.

"티모페이 그리고리예비치, 혹시 농부의 집안에서 출생했습니까?"

— 그렇습니다. 아버지, 할아버지, 증조할아버지까지 모두 땅을 일구면서 살아가셨습니다. 사실 저는 교사가 되는 게 꿈이었습니다. 가장 좋아했던 과목인 역사를 가르치려고 했습니다. 대학을 통신학생으로 입학했고, 학교에서 일하기 시작했습니다. 그리고 1948년에 저는 '레닌의 길' 집단농장의 회장으로 선출되었습니다. 그날부터 이 운명을 받아들이기로 했습니다. 분명한 것 하나는, 땅의 부름은 나의 계획보다 강했다는 것입니다.

"당신의 경력에 호기심이 많이 갑니다. 그때 나이가 어떻게 되었습니까?"

— 스물일곱이었습니다.

"농장의 회장으로 선출되기에는 너무 젊은 나이라고 생각합니다. 학생들을 가르치는 교사의 성향이 드러나지 않았습니까?"

— 기억이 맞다면, 이 동네에서 가장 젊은 집단농장 회장이 저였습니다. 허심탄회하게 말하자면 쉬운 일이라는 게 하나도 없었습니다. 권력도 미약했고, 에너지도 없고, 경험도 많지 않았습니다. 다만 농민 과학의 개발에 대한 책을 많이 읽었습니다. 아침엔 밭으로, 밤에는 책을 읽거나 노인분들을 찾아가기 시작했습니다. 그들은 늦게까지 앉아서 상담도 하고 조언도 해주었습니다. 이 농민 과학과 관련한 노(老)학자분들에게 존경을 표합니다. 이러한 과정을 거쳐서 제대로 된 회장일을 시작할 수 있었습니다. 이후 모든 것이 다 잘 되었습니다. 전 그제야 이 산업이 세상에서 가장 힘든 일 중에 하나임을 인지하기 시작했습니다.

"그만둘 수도 있었을 것 같습니다."

— 그러지 못했습니다. 거절하는 건 성격상 맞지도 않았습니다.

"다시 말하자면, 폴리타젤에서는 완전히 새로운 회장이 되었다는 의미인가요? 경험이 확실히 쌓이다 보니."

— 일단 신뢰감이 높아졌습니다. '레닌의 길' 집단농장에서 배운 좋은 경험들이 나중에도 도움이 되었습니다. 3년이 지나서 저는 지방 당위원회 농업 담당 부서로 옮겨 갔습니다.

"발렌틴 오베츠킨과의 첫 번째 만남에서 어떤 대화가 오고 갔는지 궁금합니다."

— 발렌틴 블라디미로비치와는 꽤 오랜 시간 친하게 지내왔습니다. 그는 애당초 산업과는 거리가 먼 사람이었습니다. 오랜 시간 동안 그와 이야기했습니다. 땅, 사

람, 나무 등과 같은 단순한 주제를 가지고 이야기를 나누었습니다. 발렌틴은 모든 주제에 관심이 있었습니다. 그는 우리 집단농장에 관한 다큐멘터리를 찍기 원했던 것 같습니다. 제가 그와 만난 것은 1962년이었습니다. 그가 나에게 어떤 말을 했는지 기억이 납니다. 제가 1953년 가을에 저의 향후 업무에 대해 어떤 것을 시작했는지도 머릿속에 남아 있습니다. 발렌틴은 상세하고 선명하게 그가 젊은 시절 어떻게 쿠반에서 일했고, 어디서 농업 공동체를 세웠으며, 농장장이 될 수 있었는지 등을 말했습니다.

"폴리타젤이 20년 전과 비교해서 어떻게 이렇게 높은 위치까지 올라갈 수 있었는지를 설명할 수 있는 작가 같은 사람이 필요하다고 생각합니다."

— 폴리타젤은 사실 타슈켄트 주 북치르치크에서도 가장 상태가 좋지 않은 집단농장이었습니다. 국가부채가 무려 200만 루블에 달했습니다. 농부들에게 미래가 없어 보였습니다.

"처음에 어디서부터 문제를 해결하기 시작했습니까?"

— 고의적으로 농업법을 위반하는 사람들과 당장 충돌을 면할 수 없었습니다. 대부분의 개인 택지 크기는 규범을 벗어나 있었고, 높으신 분들은 그걸 모른다고 생각하는 수준이었습니다. 그리고 이렇게 회수한 택지들을 집단농장으로 반환하도록 제안했습니다. 다른 방법은 없었습니다. 결국 집단농장의 모든 구성원들이 이 사항에 동의했지만, 열여섯 가족은 농장을 떠났습니다. 정말이지 어려운 시간이었습니다. 그렇게 저는 1954년의 봄을 기다렸습니다. 모두 함께 봄에 파종을 했고, 가을에는 수확의 기쁨을 누릴 수 있었습니다. 그렇게 몇 년 만에 처음으로 계획 이상의 성과를 달성했으며, 빚을 갚을 만한 돈이 점차 생겨갔고, 또 다른 한편으로는 미래에 대한 구상을 할 수 있었습니다.

"1973년 현재 기준으로 폴리타젤은 어떤 수준에 있습니까?"

— 수년에 걸쳐 많은 것이 완성되었습니다. 1,500헥타르 이상의 토지를 새로 얻었으며, 가축 및 가금류를 키우는 농장을 건설했고, 다양한 농기계를 구입했습니다. 면화는 2.1톤에서 4톤까지, 아욱은 3.5톤에서 22톤까지, 쌀은 2.5톤에서 6.2톤까지 생산량이 늘었습니다. 지난해 농장의 순수익은 1,065만 7,000루블에 달합니다. 근본적으로 노동의 조건을 변경하는 게 가능할 정도입니다. 전기생산량은 1953년에 비하면 10여 배나 늘었고, 생산성에서도 6배나 늘었습니다. 농부들을 위한 1,500채의 집을 더 지었고, 8개의 학교, 의료시설도 갖추어졌으며, 10여 개의 유치원과 보육시설이 생겨났습니다. 문화의 궁전, 영화관, 클럽 네 개, 쇼핑센터와 수많은 가게들, 도서관을 짓고, 작은 마을 다섯 곳을 철거했습니다. 모든 마을에 전기, 라디오, TV는 물론이고 물과 가스까지 완전하게 제공되고 있습니다. 우리는 시골과 도시 간의 차이를 줄이기 위해 노력하고 있습니다. 지금 농부들은 도시 사람들과 비교해서 큰 차이를 느끼지 못하고 있습니다.

"집단농장의 사람들과 동반성장할 수 있었던 비결은 무엇입니까?"

— 우리가 쌀밥에 고깃국과 따뜻한 옷을 입을 그런 날을 꿈꾸던 시절이 있었습니다. 의식주에 목마르던 시절은 이제 지나갔습니다. 이곳에는 문화와 예술이 필요했습니다. 이것은 인간사회에서 높은 위치를 차지하는 요소입니다. 사람들이 저녁에 어떻게 돌아다니고, 어떻게 시를 들을 수 있는지를 생각했습니다. 모스크바의 공연단이 타슈켄트를 방문하면 이곳으로도 왔습니다. 제 생각에는 도시보다 크게 떨어지는 걸 느끼지 못할 것입니다. 교육 수준도 마찬가지입니다. 우리의 기계 전문가들은 모두 중등 이상의 교육을 마쳤으며, 187명에 해당하는 전문가가 모두 대학을 졸업했고, 집단농장 폴리타젤의 증서를 가지고 일합니다.

"동료들과 어떤 문제 같은 것은 없었는지요? 당신 생각에는 집단농장 회장을 비롯한 지도자들에게는 어떤 재능이 필요하다고 생각합니까?"

— 우리는 많은 사례를 검토하고 문제를 해결하려 합니다. 개인적으로 좀 자랑스럽다고 생각하는 부분 중 하나는, 마을 공동체의 지도자들인 마카르 포스미트니와 키릴 오를롭스키, 압둘라 아르티코프와 좋은 관계를

유지하고 있는 점입니다. 물론 집단농장 지도자들이 대학 같은 곳에서 특별히 준비되는 것은 아니지만 특별한 재능을 가진 것은 분명합니다. 관찰력이 뛰어나고 미래를 보고 지속적으로 사람들을 자극할 수 있으며 합리적인 결정을 내릴 수 있다거나, 사람들을 존경하고 땅을 사랑하는 사람이라면 정말 좋은 집단농장의 회장이 될 수 있습니다. 현대의 집단농장 회장이라면, 사업적인 우수한 지식과 조직능력을 결합할 수 있는 사람이어야 합니다.

"전문가들은 어떻게 양성시켰습니까?"

― 폴리타젤에서는 모든 조합원에게 자신의 전공분야를 바꿀 수 있는 기회가 주어집니다. 그리고 우리는 자주 다른 농장들로 우리의 인력을 제공하곤 합니다. 폴리타젤에는 총 24개의 그룹이 있습니다. 이 24개의 그룹 자체가 커다란 생산 단위입니다. 일주일에 한 번 그룹 위원장을 방문할 수 있는 기회가 주어집니다. 그 이상은 안 됩니다. 때때로 고통이라는 건 소중합니다. 몇 해 전에 가장 권위 있는 전문가들이 포함된 자문 그룹을 만들었습니다. 이 그룹은 다른 그룹들을 관리하는 책임을 가집니다. 이 그룹을 통해 우리는 사람들과의 관계를 강화할 수 있었습니다. 집단농장의 경제성장과 생산기술의 모든 부분을 직접 실행하고 조언하는 부서로는 혁신위원회가 있습니다. 그들은 합리화와 발명에 있어서 집단농장의 선구자들과 같은 존재입니다. 이곳에는 최고의 베테랑들이 있습니다.

"아마도 '폴리타젤'이라는 이름은 소비에트연방의 다른 시골에도 잘 알려져 있을 것으로 생각합니다. 당신은 집단농장의 미래를 어떻게 생각합니까?"

― 첫째는 생산이 산업화되어야 하고, 둘째는 모든 조합원들에게 기술적인 부분을 연결시켜주어야 하며, 셋째는 문화와 예술에 시간을 할애할 수 있게 해야 합니다. 제 생각으로는 좋은 지도자가 되려면 가장 일찍 일어나고 가장 늦게 자야 한다고 생각합니다. 지금은 구시대의 지도자들과 달라야 합니다. 다른 산업도 마찬가지겠지만 농업이라는 것은 과학적으로 접근해야 하고, 경영학적으로 풀어갈 수 있어야 합니다. 당장 우리 농장을

보시면, 수백 대의 자동차, 천 명 이상의 사람, 몇 백만 루블이 순환하는 경제구조를 가지고 있습니다. 농장 경제에 투자하여 최대의 수익을 달성하기 위한 가장 효율적인 방법을 찾아야 합니다. 저는 개인적으로 우리 농장에 전자기기들도 도입하고 싶습니다. 아침에 일하러 와서 책상에 놓인 컴퓨터로 작업하는 모습을 꿈꾸고 있습니다. 미래의 산업이 어떻게 흘러갈 것인지 벌써 파악되고 있습니다. 당장 지금의 방식으로도 농업은 우리를 풍요롭게 해줄 수 있습니다. 그러나 좀 더 첨단화되어야 합니다. 최근에 온실을 세 채 건설하기로 결정했습니다. 18헥타르가 유리온실로 만들어집니다. 이 온실을 건설하는 데 드는 돈은 결코 적지 않습니다. 총 400만 루블 정도가 들어갔습니다. 벌써 온실 하나는 건설된 상태입니다. 시간이 지날수록 온실 재배에서 얻어내는 생산성은 현재 우리 폴리타젤이 가진 모든 땅과 비슷하게 될 것입니다.

"티모페이 그리고리예비치, 당신은 스포츠도 크게 장려하는 것으로 알고 있습니다. 그러나 대다수의 회장들은 스포츠라는 것을 그저 하나의 취미생활 이상으로 생각하지 않습니다. 당신은 이를 어떻게 생각합니까?"

― 폴리타젤은 1만 2,000석의 경기장과 스포츠 시설 건설에 수만 루블을 쏟아부었습니다. 그저 취미라면 무려 12개의 스포츠 시설과 수십 명의 운동선수들을 키워낼 수 있었겠습니까? 이것은 황만금이 그렇게 원해서가 아니라, 이렇게 해야 하는 것입니다. 산업적으로나 문화적인 성장을 이룩하기 위해서 필요합니다. 상당한 비용이 들어가겠지만 곧 수영장 건설을 준비할 것입니다. 우리는 이러한 휴식과 문화가 노동생산성으로 반드시 돌아온다는 것을 잘 알고 있습니다.

"쉬는 시간엔 주로 무엇을 하십니까?"

― 여러 가지를 합니다. 좋은 책을 읽고, 좋은 음악을 듣고, 낚시도 합니다.

"당신의 가족 관계도 궁금합니다."

― 아내인 알렉산드라 필리모노브나는 집단농장의 스튜디오를 관리하고 있습니다. 또한 아들이 네 명 있는데, 발레리는 기술자, 스타니슬라프는 농학자, 예브게

니는 전기기술자이고, 막내인 그리고리는 현재 3학년입니다.

"그리고 우리의 전통적인 질문이 있습니다."

― 숫자 13을 말씀하시는 것입니까? 이 숫자는 폴리타젤과 직결됩니다. 20년 동안 세 개의 집단농장을 통합했고, 한 지붕 아래 13개의 소농장들이 모여 있었습니다. 여기에는 열세 민족이 거주하고 있고, 농장의 인구는 1만 3,000명에 달합니다. 우리는 행복한 대가족입니다."

초대손님 인터뷰
오스피예프(V. Ospiyev)

거대한 장소에서 일어난 작은 징후

"집단농장 폴리타젤 당위원회 비서의 노트,
말하고자 하는 것은 무엇인가?"
《타슈켄트 프라브다》 신문 (1983.1.3)

벌거숭이가 된 나뭇가지에 조용히 내려앉은 서리는 윤기 없는 빛을 발산하고 있다. 우리는 그들과 함께 넓은 길을 따라 차가운 공기를 맞으며 간다. 평원의 좌우에서 이제 막 내리기 시작한 순수한 눈이 우리를 반긴다.

지난해 가장 기억에 남는 일이 있다면 무엇이냐고 물어본다면, 갑자기 살아나 자리를 뜬 그에 대한 기억이 가장 먼저 떠오를 것이다. 이것은 우리를 한 걸음 앞으로 나아갈 수 있게 한 아주 소중한 기억이다.

언제나 근심하는, 그리고 사려가 깊기 그지없는 바실리 세메노비치는 종종 자신의 생각을 노트에 기입하곤 했다. 중요한 문제 몇 가지를 해결하기 위해서였다. 그는 농민들 및 전문가들과의 회담 이후나 당 모임, 당위원회 업무 관련 회담 후에는 언제나 그러했다.

초봄에 박 바실리는 이렇게 쓴 바 있다.

"1헥타르의 관개토지는 우리에게 3,380루블의 이득을 가져다준다. 현재만으로도 효율은 높지만, 농장의 의장인 황 티모페이 그리고리예비치가 옳다. 즉, 우리는 면화의 새로운 품종 도입에 대해 생각해야 한다. 따라서 농업경제의 최고전문가와 상의할 필요가 있다."

"나도 역시 이것이 좋은 아이디어임을 인정한다."

농학자이자 공산주의 농업과학자인 반 안드레이 체르수노비치가 답했다.

"향후 '유빌레이(축제)' 등급의 새로운 종자를 도입할 필요가 있다고 봅니다."

"그런데 그것이 무엇을 의미하는 거요?"

당위원회 비서가 흥미를 가지기 시작했다.

"위험성은 없겠소?"

"고통 없는 시도나 불행 없는 책임을 봤소? 농업에 위험성 없는 일이 어디 있겠소." 농학자가 말했다.

"우리가 도입하려는 건 빨리 익는 데다가 작물 수확량도 우수하죠. 1헥타르에 25만에서 35만 줄기에 이르는 소작물을 수확할 수 있소. 완전히 농기계만 이용해서 수확할 수도 있고요."

그렇게 23헥타르의 토지에 새로운 종자를 심기로 했다. 실험의 결과를 장려하고 있는 것이다. 올해부터는 이 새로운 종자를 심는 토지가 더욱 확대될 것으로 보인다. 농장은 이 실험이 성공하기를 희망하고 있다.

박 바실리의 다른 메모를 소개하자면 다음과 같다.

"모든 기계 기술자들은 열심히 일해야 한다. 물론 낮에 말이다. 예전처럼 밤까지 일할 필요는 없다. 여기에 기록을 달성하기 위한 챔피언들이 필요한 것은 아니다. 이렇게 하면 수확량이나 섬유 품질은 보장될 것이다."

실제로 밤에 일했다고 해서 품질이 개선된 사례를 본 일은 없지 않은가? 폴리타젤에서는 이미 오래전부터 90~95퍼센트의 수확을 기계로 하고 있다. 특징적인 세부 사항으로 누가 최고의 기계 기술자인지에 대해서 당 비서가 바로 대답하지 못했다. 그가 지목한 이들은 공산주의자인 황 아나톨리, 바호드르 마나소프 그리고 청년회인 사이프 피르마토프였다. 그들은 자신의 기계에서 130에서 140톤을 수확했다.

그 이후 추가된 내용은 다음과 같다.

"사실 다른 사람들도 엇비슷한 수준이다. 평균적으로 한 기계에서 수확하는 양이 110톤 정도이고, 이 정도 수확했다 하면 괜찮은 수준인 것이다. 수확한 섬유의 품질이 매우 좋다. 사실 우리는 아주 작은 선택을 했을 뿐이었는데 말이다.”

“중요 기술자인 박 게르만과 현장감독인 고 유리와 이야기했다. 첫 번째 질문은 ‘돼지농장을 확장하는 방법이 있겠는가?’였고, 이에 대해서 회장이자 당원이던 황만금과 이미 대화한 적이 있다.”

물론 당의 두 번째 의견 역시 기록했다. 모두가 황만금에게 와서 어떤 공산주의자를 작업감독으로 두는지, 혹은 언제까지 완료해야 하는지는 물론이고, 심지어는 어디에서 건축자재를 얻을 수 있는지까지 물어보았으니까.

황만금의 말에 따르면, 그렇게 큰 힘을 들이지 않고도 돼지농장의 생산을 달성할 수 있으며, 심지어 140마리의 돼지가 들어갈 수 있게끔 두 채를 더 지을 수 있으며, 한 채는 비육을 위해 활용할 수 있다고 했다. 이것은 1년에 최소 500여 톤의 돼지고기를 얻을 수 있음을 의미한다. 이미 작년에 정부 계획의 50퍼센트를 초과하는 500톤을 팔았던 것이다.

축산물의 생산성이 성장하고 있었다. 이 기술력에 대해 가장 큰 박수를 받았던 이들은 농장의 축산담당 부의장인 문필춘과 돼지농장 담당이었던 손 콘스탄틴이었다. 이들이 전력을 다하지 않는다는 것은 상상조차 할 수 없는 일이었으며, 그들은 언제나 경험과 기술이 필요한 곳에 있었다.

“당 조직에는 350명이 있었다. 성공했다는 소식에 모두가 기뻐했다. 최근에는 후보자 다섯 명을 당원으로 승격시켰다. 그들 중에는 기계 기술자와 축산업자들도 있었다. 활기가 넘치고 창의력이 넘치던 발랴 쿠즈네초바가 뇌리에 깊이 박혔다. 청년회를 잘 이끌 수 있을 것 같았다. 이에 대해서 김 윌리엄스 청년회 총비서는 어떻게 생각했을까?”

아마 김 윌리엄스 역시도 같은 의견인 듯했다. 쿠즈네초바는 이제 막 스물한 살이 된 젊은 여성이었고, 적극적인 사회운동가임을 입증했다. 그녀의 어머니는 이미 오랫동안 소젖을 짜는 일을 하고 있었고, 언니인 류드밀라는 당원이었으며, 쿠즈네초바도 마찬가지로 당원이 될 것이다. 쉽게 말하자면, 그녀는 ‘성골’은 아니었던 것이다. 그녀의 생김새는 꽤 대단했는데, 맑은 호수 같은 눈에는 호기심이 가득 차 있는 듯했다.

당회의에서 쿠즈네초바는 자신의 어머니와 언니 못지않게 확실히 의무를 잘 수행했다. 그녀의 말에 따르면, 매주 22마리의 소에서 5,160킬로그램의 우유를 짠다고 한다. 젊은 공산당원인 발렌티나 쿠즈네초바 조장은 자신의 일에 열정을 보였고, 결국 그것은 완벽한 성과로 돌아왔다.

하루는 바실리 세메노비치가 1,020명이 속해 있는 청년 당조직이 성공을 향해 가고 있다는 사실을 알게 되었다. 최근에는 18명이 새로 가입했다. 농부인 사예라 마함베토바와 마흐푸자 두스마토바 등은 청소년 그룹 때부터 착실히 준비해오던 이들이었다. 이 또한 기쁜 일이었다. 작년에는 2개의 당 청년 그룹이 더 생겨났다. 이제 그들은 농장 내에서 기존 8개 조직에다 4개 조직을 더 구성하고 있었다. 일하는 것 또한 즐거워질 것이다.

“우리에겐 재능이 있다. 청년기는 황금기라고 한다. 새롭고 자발적인 일을 찾도록 노력해야 한다.”

황만금은 시간에 관계없이 활동원들과 함께 새로운 방법을 연구하길 원했다. 도움이 필요한 이들에게, 특히 젊은이들이 가서 도와줄 수 있는 방법을 고려하고 있다. 이러한 걱정은 정당한 것이었다. 문화의 궁전에서 브라스 오케스트라가 연주하는 동안에 손 블라디미르가 이끄는 예술스튜디오가 업무를 진행했고, ‘공산주의’ 연주회에는 민속악기가 연주되었다.

“여자 필드하키팀에 무슨 문제가 생긴 걸까? 다시 한번 불가리아에서 온 팀을 알아볼 필요가 있겠다. 코치를 도와야겠다.”

이 기록은 새해 이전에 쓰인 마지막 기록 중 하나이다. 당위원회의 비서는 지난 시즌에 소비에트연방 챔피언십에서 동메달을 땄던 이들이 4등을 차지한 것 때문에 팀이 우려되기 시작한 것이다. 황만금은 어떤 모습으로든 감독인 황 이고르를 도울 것이다. 황만금은 언제나 좋은 말과 행동만을 한다. 언제나 싸우는 위치에만 있을 수는 없는 일이다. 앞으로 나아가야 한다.

보르쇼프(P. Borshov)
《타슈켄트 프라브다》 기사 중에서

상시 수색 중
《프라브다 보스토크》(1983.10.26)

3년 전 집단농장 폴리타젤 붉은 노동 훈장 선거 회의에는 '5개년 산업계획을 위해 4년간 농산물을 생산하자!'는 구호가 붙었다. 나는 그 회의가 아직까지 기억에 남는다. 이것은 인생과 국가에서 그리고 폴리타젤을 포함한 모든 농민들의 5개년 계획에서 가장 중요한 것이었다. 국가는 그들로부터 양마와 면, 고기와 우유를 비롯한 많은 제품들에 대하여 1,400만 이상의 금액을 지불한다. 그리고 1980년 내내 그들은 계획 이상의 일들을 해냈다. 그것은 제11차 5개년 계획을 1년이나 단축하는 가시적 성과로 나타났다. 이것을 하는 것은 상당한 노력을 필요로 했다. 사실 이 분야에 대한 달성목표가 매우 높았기 때문이다. 하지만 이들이 새로운 방법을 연구하는 등의 수단을 동원할 필요까지는 없었다. 강하게, 굵게, 그리고 대규모 연구와 모범사례를 적용하고 사회주의 경쟁체제의 강렬한 의지의 실현을 위한 노동은 모든 당위원회와 폴리타젤의 모든 공산주의자를 비롯한 모두의 중심적인 사상이 되어가고 있다.

박 바실리 세메노비치 당위원회 총비서가 당 회의에서 연설한 수치에 의하면 5개년 결과는 3년차가 되는 올해 초 완성될 것이라고 한다. 양마의 생산량이 23톤, 파 22톤, 면화는 4.2톤의 생산량이 늘어났기 때문이다. 소 한 마리의 생산량은 4톤에 도달했다. 올해는 이곳에서 고기의 생산량이 약 50퍼센트가 증가하기도 했다.

농장에 새로운 건물들이 다수 들어서고 있다. 이곳의 경제와 복잡한 사회 문제는 반드시 해결된다.

폴리타젤에 대하여 당위원회 보고서에서는 '쉼 없음'이란 단 한마디로 표현하고 있다. 그리고 이들은 산업책임인 제가이, 그룹장인 투르순바예프와 호자카예프, 낙

농장에서 일하는 쿠즈네초바, 분반 책임자인 박, 기술자이자 당 산하 트랙터정거장 책임자인 박, 농장의 회장이자 공산주의 노동영웅인 황만금을 비롯한 수많은 사람들이 생산 분야에 대한 높은 목표를 달성하는 것이 최고의 의무임을 알고 있다.

이에 대해 말하자면, 가장 떨어지는 세 그룹은 면화 생산량이 평균 3.5톤이었고, 그다음 다섯 그룹의 경우 3.6에서 3.8톤을 생산했다. 이들을 제외한 14개 그룹은 헥타르당 3.9에서 4.2톤을 생산했다. 이 팀들이 진보의 경계에 도달할 경우, 회의에서는 주요 작물의 성장에 크게 기여할 것으로 내다보았다. 특히 더 많은 작물 생산과 관련해서 전문가들의 고용이 필수적이었다. 이 기록적인 이득은 향후 표준 사항이 되어야 할 것이다.

농장에서는 이러한 부분에 대한 학술과 견해를 전달하기 위한 여러 부분이 생겨나고 있다. 특히 타슈켄트의 기술적인 면화 관련 진보적 기술들은 해충의 방제를 비롯하여 수확 및 재파종, 최고 품종의 연구를 생물학적으로 구현하기 위한 농약의 사용 등 농장 전반에 사용될 것이다. 회의에서는 이 부분에 대하여 더 큰 의지와 활력을 불어넣어야 한다고 강조했다.

특히 축산 부문은 여전히 만족할 수 없다. 이미 올해 집단농장은 고군분투 끝에 지속적으로 젖소로부터 5톤에 해당하는 우유를 착유했다. 이에 대하여 농장 관계자들은 특정 작업을 통해 소 자체를 교체하여 기본 4~4.5톤에 이르는 착유량을 제공할 수 있다고 했다. 이러한 사육 및 전문 생산방식 도입의 심화는 식량 공급을 개선하고 우유 및 육류 생산을 지속적으로 보장하게 될 것이라고 강조했다.

본 회의의 참가자들은 생산시설과 지역사회의 시설물 건축을 가속화시키는 질문을 이어갔다. 특히 집단농장의 농부인 에랄리예바와 당 산하 집단농장의 축산기술 전문가인 로마노프 등은 '인터내셔널 3구'의 주택 건설 촉진을 요구했다. 집단농장은 이미 큰 시설들을 갖추고 있다. 한편으론 자본구조의 넓은 범위가 건축자재의 부족을 부추기고 있다는 문제점도 있다.

폴리타젤 조합원들의 성공에 대하여 생각할 때, 관개

토지와 높은 수익의 달성을 비롯한 농업생산성의 진보와 축산생산성의 기록적인 부분에서 회장의 지도력이 핵심적이었다는 결론에 도달할 수 있었다. 금일 9시 당 회의에는 28개 그룹 총 337명이 참가했으며, 조직은 날이 갈수록 커지고 있고, 이 중 37명의 공산당원이 최고의 인물로 선정되었다.

지금까지는 어떠한 당원도 산업 혹은 사회적 삶에서 눈에 띄는 이가 없었다. 기본권에 대하여 정확하게 잘 지켜지고 있다는 반증이 되겠다. 집단농장의 객관적 특징과 생산성 및 조직 사상 교육의 개선을 위한 지속적인 관심을 가지고 개선하고 노력해야 한다. 집단농장 폴리타젤의 조합원 및 공산당의 활발하고 적극적인 참여는 공산주의 교육을 위한 많은 결실을 맺었다.

약 700명의 조합원들은 마르크스레닌주의 교육에 따라 경제 및 일반교육을 정확하게 받고 있다. 따라서 모든 조합원들은 경제적 성과에 어떠한 구성요소가 필요한지 알고 있고, 이것은 최고의 결과를 달성하는 데 크게 기여하고 있다. 다만 공산주의자와 무소속 당원들의 이론교육은 당 산업에 약간의 염려가 된다. 형식적인 부분과 연구조직의 일부 누락, 사상교육의 부족한 점이 그 밖의 단점으로 꼽힌다. 이를 극복하기 위해 노동회의가 계속되었다.

회의에 소비에트연방 공산당 중앙위원회의 고위관리인 이시코프의 연설이 있었다.

폴리타젤은 잘 흘러가고 있으며, 이는 언제나 연구하는 공산주의자들이 있기 때문이다.

미하일 프루게르
《프라브다 보스토크》지, 공산주의 지역

폴 리 타 젤 로 의 귀 환
《프라브다》신문 (1993.3.3)

소비에트연방의 토지개혁은 그동안 우즈베크공화국에는 해당 사항이 없는 이야기였다. 시와 지역, 거리의 명칭이 바뀌었을 뿐이다. 하지만 타슈켄트 주 유코리치르치크 지역에 반환된 '두스트릭' 집단농장 주민들에게 '폴리타젤'로 명칭을 변경한다는 예기치 않은 소식이 들려왔다.

농장의 역사는 1925년에 시작되었지만, 고려인의 강제 이주로 인해 지역 자체가 고려인 거주지역으로 지정되고 쌀 생산량이 급증하던 때로 거슬러 올라간다. 그리고 33년, 농장은 '폴리타젤'이란 이름을 얻어 트랙터 차량보관소가 들어섰고, 집단농장 중에서도 가장 유명한 곳이 되었다.

폴리타젤이 집단농장이 되고 난 후, 사회주의 노동영웅인 황만금은 지난 몇십 년간 이를 주도해왔다. 그의 지휘 아래 소규모였던 농장은 거대하고 다양한 하나의 경제권으로 성장했다.

폴리타젤의 잠재력은 시장경제에 큰 파급효과를 불러왔다. 경제적인 어려움이 있던 시기였음에도 장비와 연료, 비료의 가치를 올린 것은 우즈베크인, 카자흐인, 고려인, 러시아인, 타타르인 등 다민족 사람들이 모여서 노력했기 때문이다. 과거에 기상조건까지 최악이었을 때도 6억 3,500만 루블의 이익, 32.2퍼센트의 영업이익을 가져왔다.

이는 최근 의장회의에서 50세의 농학자인 황 스타니슬라프를 압도적 다수로 선출했던 것으로 증명되며, 이러한 점은 폴리타젤의 가치와 황만금 전 회장의 유명세가 여전히 영향을 미치는 것으로 판단된다. 또한 이는 영광스러운 농장 역사의 새 막을 쓰는 것에 대한 희망을 가지게 한다.

김 브루트
《고려일보》, 타슈켄트 주

황 선 생 의 환 갑 을 축 하 하 며
《고려신문》제2호(83)(2002.3.1)

황 스타니슬라프는 폴리타젤의 유명한 회장인 황만금의 아들이다. 그는 아버지의 가업을 이어 오늘날 타슈켄트 지역의 성공적인 농업인으로 자리를 잡았다.

얼마 전 필자는 타슈켄트 중앙지 중 하나에 유코리치르치크스크 지역의 폴리타젤을 30여 년간 이끌어온 황만금 회장의 아들인 황 스타니슬라프의 선거에 대해 정보를 전달한 바 있는 것으로 기억한다. 당시 황 스타니슬라프는 겨우 51세였다. 그리고 오늘 폴리타젤의 황 선생이 60번째 생일, 즉 환갑을 맞이하게 된다.

그의 집단농장으로의 귀환은 매우 성공적이었다. 연례회의의 모든 참가자들은 만장일치로 그를 뽑았다. 그리고 회의에 모인 모든 이들은 위대한 회장이자 훌륭한 조직 능력과 폴리타젤에서 보여준 놀라운 재능, 그리고 풍요의 상징이 되었지만 삶의 막바지에 이르러 극단의 피해를 받는 극적인 삶을 산 그 황만금 의장의 아들이 새로운 농장의 의장으로 선출된 것에 대해 찬사를 쏟아냈다.

이른바 '면화 스캔들'로 불리는 그 사건으로 수백 명의 우즈베크 사람들이 희생을 통해 국가 농업발전에 기여한 점도 있었지만 반대의 결과도 있었다. 폴리타젤의 회장을 비롯한 전문가, 조합원들의 체포사건이 바로 그런 경우에 해당된다. 집단농장의 분위기는 무거워졌고, 사람들은 계속되는 두려움의 그늘에서 헤어 나올 수 없었다. 어느 누구도 당장 혹은 다음 날 자신이 체포되지 않을 것이란 확신이 없었다. 새로운 지도자들 역시 자신들에게 아무 일이 없길 바라는 듯 주의하며 일하고 있었다. 이는 폴리타젤만의 문제가 아니었다.

결국은 '증거 부족'이라는 이유로 황만금에게 무죄가 선고되었다. 하지만 재판이 시작되기 전 이미 그는 감옥에서 3년 반을 보냈고, 조국은 자신의 가장 뛰어난 아들을 파괴하고야 말았다. 그런 일이 소비에트연방에서 일어났던 것이다.

우즈베키스탄이 독립하고 나서 '면화 스캔들'과 관련된 사람들은 거의 모두 돌아왔고, 자신의 명예를 되찾을 수 있었다. 사람들은 더욱 나은 미래와 정의를 희망했다.

물론 황만금도 의장 자리로 돌아왔다. 이것은 그저 법전에 써 있는 문자 같은 부분이 아니라 정말로 중요했고, 이런 악화된 상황을 전환해줄 사람이 필요했던 것이다. 하지만 수년을 감옥에서 보내 건강이 훼손된 그는 본 회장 자리 대신 명예회장 직을 선택했다.

농장 사람들의 눈은 자연스럽게 황만금 전 의장의 아들인 스타니슬라프에게 돌아가기 시작했다. 물론 꼭 빼닮은 생김새만을 말하는 것은 아니었다. '면화 스캔들' 당시 그 역시도 농장 직무에서 빠졌다. 사실은 다른 이유였다. 목욕탕의 경비를 했던 것인데, 물론 슬프기도 했지만 재미있기도 했다. 그는 사실 고등교육이나 고도의 전문가적 훈련을 계속할 수 없었지만, 그런 것 없이도 자신의 방대한 능력을 보여주었다. 이것은 틀림없는 작은 복수였던 것이다.

스타니슬라프는 매우 힘들었던 전쟁 기간에 태어났고, 어린 시절 역시도 녹록하지 않았다. 더구나 황만금 회장의 전성기 시절에도 스타니슬라프는 아무것도 받을 수 없었다.

"아버지는 웬만하면 자기 자신을 잃는 분이 아니셨다."

스타니슬라프 티모페예비치가 회상했다.

"적어도 내 기억 속 아버지는 분별력 있고 멋진 사람으로 기억된다. 하지만 하루는 아버지가 분노에 찬 모습을 본 적이 있다. 나의 형 발레리의 학창시절, 어떤 이유에서인지 면화밭에서 형이 나오지를 않는 것이었다. 이 이야기를 들은 아버지가 분노로 얼굴이 빨개져서는 크게 야단을 치고 형을 때리기까지 하셨다. 아버지는 공공업무에서는 특히 자신이 사랑하는 이에게 더욱 엄격하고 냉정하게 대하는 분이셨다. 결국 내가 큰 팀에서 작업을 시작할 때는 나는 그의 기대를 이해하고 급성장하기 시작했다."

스타니슬라프에게는 따르는 사람이 많았지만, 결혼은 상대적으로 늦게 했다. 그는 좋은 가정에서 태어나 높은 수준의 교육을 받고(타슈켄트 농업대학을 졸업했다), 예의를 갖추었으며 나쁜 습관 따위도 없었고(담배나 술을 전혀 하지 않았다) 사교적인 사람이다. 그는 남성적인 외모와 근육질의 체격을 타고났다. 그는 우즈베크공화국 청소년 국가대표 축구선수로 출전하여 대회의 챔피언이 되기도 했으며, 대학에 가서는 축구 및 테니스까지 대표 수준으로 했다. 즉, 여성들이 바라는 남성의 모든 조건을 다 갖춘 사람이었다. 하지만 스타니슬라프는 일 중독자였고, 젊은 시기에 그만큼을 이루었다.

"많은 이들이 지금까지도 유명인의 자녀, 다시 말하자면 대형 집단농장 회장의 자녀인 우리 같은 사람들은 걱정이란 걸 모르고 자랐을 것으로 생각하곤 한다. 하지만 아버지는 한 끼 식사에는 얼마나 많은 양의 노동이 필요한지를 우리에게 가르치려고 하셨다.

믿기지 않는 소리라는 것쯤은 나도 잘 알지만, 나는 헛간에서 사춘기를 보낸 사람이다. 그렇다. 우리는 모든 다른 농부들처럼 농장 전체의 나물, 과일, 야채 들과 함께했다. 이는 단지 나 자신을 위한 투자일 뿐이었지만 양돈업은 가족을 위해 좋은 재정적 도움을 주었다. 아버지는 이에 대해 높은 급여를 주셨지만, 여전히 이 급여로는 가족의 재정상태를 유지하는 데 어려움이 있었다. 다음 해에 우리는 몇 년간 100마리 이상을 데려왔던 교미 돼지 중 다섯 마리를 가질 수 있었다. 대부분은 팔았고 나머지도 도축했다. 우리는 300마리까지 닭을 유지했다. 그리고 대부분 어머니인 윤 알렉산드라의 개인 농장과 내가 이들을 담당하게 되었다. 즉, 누가 축산업에 얼마나 열심을 쏟았는지를 알고 있다는 말이다.

우리의 어머니는 굉장히 용감한 분이셨다. 우리 가족에게 닥친 어려움을 그분이 떠맡으셨다. 결국 이러한 것들은 아버지의 성공으로 돌아왔지만, 이것은 결혼 후 거의 25년이 지난 후의 일이었다. 이 20년 가까운 세월은 우리에게 매우 어려운 것이었다. 아버지가 폴리타젤의 회장으로 처음 선출되셨을 때 차나 말 같은 것조차 없었다. 상상하기조차 힘들 것이다. 당시 우리는 근처의 '이이크오타'라는 이름의 집단농장에 살고 있었다. 그리고 매일 아침 아버지는 5킬로미터 정도의 거리를 걸어서 출근하셨다. 이런 전쟁 시기에 부모님께서 겪으셨던 상황들은 말할 가치도 없다. 하지만 어머니는 불평 한마디 없이 집에서, 밭에서, 돼지농장에서 일하셨다. 나는 아버지의 이러한 성공 뒤에는 어머니의 노력이 엄청나게 작용했다고 믿는다."

황 스타니슬라프는 말을 이어갔다.

"거짓말 한마디 안 보태고, 황만금이라는 이름은 우리에게 어떤 영향도 미치지 못했다. 우리에게도 분명 아버지의 영광이 닿았다. 하지만 우리 각자는 현재 우리가 맡은 바에 최선을 다할 뿐이었다."

방과 후 스타니슬라프는 짐꾼 일을 하거나, 도로 노동 혹은 양마를 수확하는 일을 했다. 그리고 그는 타슈켄트 농업대학에 합격하여 공부하게 되었다. 그가 고향으로 돌아왔을 때는 농학자의 직위를 얻을 수 있었다. 그의 아버지 때문인지 사람들은 그에게 황 회장과 같은 수준의 기대를 걸었고, 스타니슬라프는 작업전선에 뛰어들었다. 작업은 그 자신을 더욱 발전시켰다. 그는 언제나 과학잡지와 서적, 최신 과학 관련 정보를 읽는 데 많은 시간을 할애했다.

일은 그가 살아가는 이유가 되었다. 아마도 그 때문에 그는 각종 모임이나 파티 등에 참석하는 것을 꺼려했고, 일이 그의 미래에 대한 흥미로운 과정의 일부가 되었을 것이다. 어쩌면 그는 당시 아직 자신의 운명이 될 그 한 사람을 만나지 못했던 것일 거다. 실제로 스타니슬라프의 결혼은 점점 늦어졌다. 마침내 그는 자신의 심장을 가져가버린 한 여성을 만났고, 얼마 뒤 별다른 소개 같은 것도 없이 곧장 결혼해줄 수 있는지를 물었다. 그가 선택한 여성은 타슈켄트 의대를 졸업한 주 류드밀라였다. 곧 그 둘은 농장의 예식장에서 식을 올렸고, 1년 뒤 할아버지의 이름을 따라 티모페이라는 이름을 붙인 아들을 낳게 되었다. 그다음엔 딸 타냐가 태어났다. 황만금 회장이 유일하게 애지중지하는 손녀였다.

1970년대 중반에는 농장에 온실을 갖추게 되었다. 그 아이디어는 황만금 회장의 불가리아 방문 후 이루어졌다. 그는 고향으로 돌아와 즉시 열정을 다해 이 아이디어를 소개했다. 스타니슬라프는 온실 건설의 전 단계에 참여했고, 이내 총담당을 맡게 되었다. 짧은 시간 만에 온실은 농장의 자랑거리가 되었다. 온실은 농장에 이득을 가져다주는 필수 요소 중 하나가 되었기 때문이다. 온실 덕에 우즈베크공화국에는 오이, 토마토 등이 1년 내내 공급될 수 있었다.

스타니슬라프 티모페예비치는 1993년 집단농장의 회장이 되어 일하기 시작했고, 그는 농업 전반을 잘 이해하고 있었다. 이것은 한때 표류하던 배에 제대로 된

선장이 돌아온 것 같은 느낌이었다. 1990년대 후반에 그는 황만금의 이름을 딴 집단농장을 조직했다. 이곳은 200헥타르가 넘는 토지에 밀과 면화를 재배할 수 있는 곳이 되었다. '두스틀릭' 집단농장에는 6헥타르에 이르는 온실을 임대하기도 했다. 그곳에는 160명이 큰 팀을 구성하여 일하고 있다.

스타니슬라프 티모페예비치는 "지난해에는 성공적이었다. 너무 깊게 들어가진 않겠지만, 말하자면 지난해 우리의 노동자들이 재배한 밀은 여섯 포대 중 한 포대는 최고등급이고, 나머지는 1등급에 해당했다. 평균적으로는 2만 5,000숨을 더 벌어들인 셈이다"라고 밝혔다.

농장 측에서는 저소득 가정 및 독거노인에 대한 자선 활동 역시 펼치고 있다. 스타니슬라프 티모페예비치는 자신의 모교인 19번 학교에 방문하여 도배를 비롯한 건축자재를 공급하는 것 역시 잊지 않는다.

그렇게 올해 스타니슬라프 티모페예비치의 가정은 그의 환갑과 가족의 30주년을 기념한다. 하지만 이것은 물론 본인의 가정만이 아닌 황만금의 모든 업적에 대한 기념이기도 하다. 그리고 스타니슬라프의 형인 발레리, 동생인 예브게니와 그리고리는 이 기념식에서 아버지인 황만금의 별세 이후 처음으로 한꺼번에 모이게 된다.

스타니슬라프 티모페예비치는 자신의 최고의 순간과 자신의 지식, 재능, 자신의 마음을 다 바친 '두스틀릭' 농장에서 이 기념식을 가지게 된다.

제 9 장

황만금을 기억하는 사람들

티무르 알리모프

"황만금은 다른 이들보다 한 수 앞을 바라볼 줄 아는 사람이었다"

타슈켄트의 저수지 건설 기간 동안에 나는 수석 엔지니어로 재직하면서 많은 고려인을 만날 수 있었다. 나에게는 중앙치르치크 지구당 비서차관이던 안 표도르 기바노비치와 '북극성' 집단농장의 김병화 회장을 비롯하여 여러 고려인이 찾아오곤 했다. 황만금은 전설적인 인물이었다. 그에 대해 많은 것을 듣고 읽었지만 황 티모페이 그리고리예비치와 정작 처음 만나게 된 것은 1978년 내가 타슈켄트 집행위원회의 위원으로 선출되었을 때였다. 그는 나에게 강한 인상을 남겼다. 그가 타슈켄트의 가장 크고 훌륭한 농장의 지도자이기 때문에 내가 그를 기억했다는 것은 아니다. 황만금은 스스로가 강한 성격을 가진 사람이었다. 그것은 태도와 사람 간의 대화를 비롯한 어디에서든 느껴지는 것이었다.

그는 확실히 지적이고 재능이 많았으며, 특히 조직을 이끄는 데 특별한 능력이 있었다. 그는 확실하게 집단을 이끌고 그 구성원 삶의 질적인 부분을 한 단계 업그레이드할 수 있는 인물이었다. 겉으로 보기에 그는 집단농장에서 일하는 사람과 같아 보이진 않았다. 그냥 보기에도

티무르 악자모비치 알리모프는 우즈베크공화국의 저명한 정치가이다. 1936년 12월 5일 타슈켄트에서 태어나 타슈켄트 농업기술대학을 졸업했으며, 소비에트연방 공산당 중앙위원회 사회과학아카데미에서 수학했다. 아프가니스탄 및 우즈베크공화국 수도 시설 건설에 관련된 다양한 관리직을 수행했다. 1978~1988년 우즈베크공화국 집행위원회 위원장, 1988~1991년 우즈베크공화국 집행위원회 의장을 역임했다. 1991~2003년에는 우즈베키스탄 정부의 자문위원을 지냈고, 2003~2005년 우즈베키스탄 국제문화센터 감독관으로 재직했다.

그는 정치인이나 외교관과 같은 인상을 가진 사내였다. 그는 높은 수준의 문화와 지식만을 가진 사람이 아니라 일반인보다 한 수 앞을 더 바라볼 줄 아는 능력을 가진 인물이었다. 그가 만약 현대에 태어났다면, 나는 그가 큰 사업가가 되었을 거라고 믿어 의심치 않는다.

황만금에 대해서는 자연스럽게 어떤 확신을 가지게 되었다. 폴리타젤은 타슈켄트의 혁신적인 수확 방법의

발상지였다. 이것은 우연히 나타난 결과가 아니다. 예를 들면, 면화 재배를 통해서 면은 90퍼센트나 생산이 증가했고 반면에 생산비용은 확연히 줄어들었다.

황만금과 같은 범국가적으로 지역사회에 기여하는 인물은 사회에 분명 필요하다. 그리고 우리는 그가 남긴 유산을 배울 수 있어야 하며, 그에 대한 기억을 소중히 여길 필요가 있다.

▮ 다미르 살리호비치 야드가로프
"그런 사람이 더 있었다면!"

내가 자란 카라쿨 지역에는 고려인이 많이 거주하고 있었다. 나는 언제나 고려인 친구들과 공놀이 등 여러 놀이를 하며 자랐다. 물론 싸운 적도 있었다. 당연한 일이겠지만 사내아이들 사이에 싸움질 한 번 없이 어찌 지낼 수 있겠는가. 하지만 왠지 그 기억은 일생 동안 뇌리에 가장 깊게 박혔다. 그래서인지 내가 공화국 수도로 공부하러 왔을 때 타슈켄트에 많은 고려인이 있다는 사실에 크게 놀라지는 않았다. 나중에 내가 우즈베크공화국 청년연맹 중앙위원회 비서로 선출되었을 때, 당연하게도 나는 공화국에서 엄청난 유명세를 타고 있던 폴리타젤 방문을 원했다. 나는 농촌의 청년들과 함께 일하게 되었다.

1963년에는 이런 일도 있었다.

황만금이 집단농장 폴리타젤의 회장으로 재직한 지 10년이 지나서 타슈켄트 주를 넘어 전국으로 유명세를 떨칠 때의 일이다. 우리는 서로 소개하며 이야기하기 시작하던 때였고, 티모페이 그리고리예비치는 사람들에게 친화적으로 접근할 줄 아는 사람이란 이미지가 심어져 있었다. 그에게는 어떠한 성실성 같은 강력한 매력이 뿜어 나왔고, 그것은 꽤나 대담하게 나에게 다가왔다.

그는 우리에게 업무에 필요한 모든 것을 제공했고, 시간을 정해 우리와 이야기하기도 했다. 농장에서 우리는 청년노동 조직과 농업 종사자 등을 만날 수 있었다. 특히 국내 최고의 옥수수 농업 권위자인 이 선생, 고급 직물 기술자인 권 로자, 유명한 농장조직의 조직장이었

다미르 살리호비치 야드가로프는 당과 국가의 활동가이며 우즈베크공화국 농업훈장을 받은 경제학 박사이다. 1937년 2월 18일생으로 타슈켄트 농업대학을 졸업했다. 1962~1967년 공산주의 청년연맹 중앙위원회 총비서로 재직했으며, 1967년 소비에트연방 공산당과 산업처에서 일했다. 중앙아시아 소비에트 산업 건설처 부국장, 카라칼파크 소비에트연방 장관, 부하라 지역 당위원회, 부하라 집행위원회 의장, 부하라 지역 첫 번째 주지사를 역임했다. 이 밖에도 수많은 수상경력이 있으며, 유네스코에서 은메달을 수상하기도 했다.

던 압둘라 아드브두라흐모노프와는 각별한 관계이기도 했다. 우리는 높은 자긍심과 함께 그들을 '위대한 3인방'이라 불렀다. 심지어 그들은 다큐멘터리 영화인 〈류바, 로자, 압둘라〉에 주요인물로 등장하여 텔레비전과 영화관에서 만나볼 수도 있었다.

집단농장의 회장은 구성원들을 매우 귀하고 신중하게 대했으며 전심으로 그들을 지원했다. 그리고 사람들은 그의 그런 태도에 대해 언제나 보답했다. 그들은 그를 존경하고 사랑했다. 황만금이 그들의 지도자라는 이 유만으로는 부족할 것이다. 그들은 깊은 감수성과 인간미를 가진 황만금을 존경했던 것이다. 나는 이것이 이 농장이 이만 한 위치에 올라설 수 있었던 비밀 중 하나일 것이라고 생각한다.

황 티모페이 그리고리예비치는 한 수 앞을 바라볼 줄 아는 전략가였다. 그리고 농장의 가시적인 성과만이 아니라 농부들의 생산성과 생활여건 등을 항상 이해하고 있었다. 그랬기 때문에 그는 농장의 주요 시설이 도시에 비해 떨어지지 않도록 언제나 연구했다. 그는 문화와 가정생활 및 기타 사회적 분야에 우수한 능력을 갖춘 전문가를 고용하여 문화의 집, 가정의 집 등을 건설했다. 예

를 들자면, 농장의 축구팀은 A리그에 들어가 있었고 절대로 도시의 다른 팀들에 뒤떨어지는 일이 없었다.

집단농장 폴리타젤의 회장과의 첫 만남은 나에게 깊은 인상을 남겼다. 그는 이제 막 마흔을 조금 넘겼을 때였다. 그 정도밖에 되지 않는 나이임에도 이만큼의 대단한 성과를 올렸던 것이다. 이후 나는 이 집단농장에 자주 들렀고, 그와 좋은 관계를 맺을 수 있었다. 그 이후 내가 울리야노프 지자크스크 지역에 있던 국영 농장 '글라브스레다지르 소프호즈 스트로이'에서 일할 때 그를 다시 만날 수 있었다. 그것은 지난 1980년대의 일이다.

그 만남에는 '지자크 스테프 스트로이'의 수장이었던 한 파벨 하리토노비치라는 이름의 다른 고려인 사내가 한 명 더 있었다. 티모페이 그리고리예비치는 우리가 막 시작한 집단농장에 지대한 관심을 나타냈다. 그는 "당신에게 배울 게 있어서 왔소"라고 말했다. 그러나 재촉하려는 모습은 보이지 않았다. 이러한 부분 역시도 그의 매력 중 하나였을 것이다. 그는 공화국에서 자신의 명성이 정점에 있었음에도 계속 새로운 지식을 흡수하려 노력했던 것이다.

나는 개인적으로 티모페이 그리고리예비치에게 많은 것을 배웠다. 다시 말하자면 생활, 업무, 농사에 대한 지식 등 그의 경험이 나의 일상에 큰 도움이 되었다.

이후 또 다른 만남도 있었다. 하루는 그와 함께 소치에 있는 휴양지에서 휴식을 취하며 음식을 만들고 수영을 하기도 했다. 그는 인생에 대해 멋진 이야기들을 해주었다. 그의 몸은 땅에 있었지만 영혼은 하늘에서 쉬고 있었다. 황만금과 같은 중요한 지도자들이 우즈베크공화국에 더욱 많아지기를 진정으로 바란다.

사 이 풀 라 사 이 달 리 예 프
"그 는 위 대 한 사 람 이 었 다"

타슈켄트의 농업대학을 다니던 황만금의 막내아들인 그리고리가 당에 가입할 때였다. 자신의 아버지 역시도 당원이었고, 아버지는 그리고리에게 의심할 여지조차 없는 좋은 모델이었다.

사이풀라 다비로비치 사이달리예프는 당과 국가의 활동가이며, 우즈베키스탄의 영광스러운 조합원 훈장을 1993년에 받았다. 1934년 5월 15일생으로 타슈켄트 농업교육학교와 알마티의 고등 당 학교를 졸업했다. 양기율 지역 당의 두 번째 비서였고, 프스켄트 지역 당의 첫 번째 비서였으며, 오르조니키드제프스키(현재의 키브라이) 지역과 타슈켄트 지역 당의 서기장이었다. 1991년부터 1993년까지 타슈켄트 지역에서 근무했으며, 많은 메달과 훈장을 받았다.

우리는 공산당의 이념과 실제의 의미에 대해 이야기하지 않았다. 하지만 소비에트연방 당시에 그것은 그저 시멘트처럼 굳어져 있는 것이라서 별도의 의미를 부여할 필요가 없었다. 당에 속하는 사람들은 자신의 경력이 성장하기를 원했다. 무소속으로는 어떤 높은 자리까지만 오를 수 있는 한계점 같은 것이 분명 있었다. 젊은 그리고리는 물론 커다란 야망을 가진 사내였고, 자신을 위해 광범위한 계획을 세우고 있었다. 그의 좌우명은 '그의 아버지의 명성에 맞는 훌륭한 아들이 되자'는 것이었다.

오르조니키드제프스키의 지구위원회는 주변에서 일어나는 스산한 분위기를 감지할 수 있었다. '면화 스캔들'을 통해 많은 집단농장의 지도자들이 체포되었고, 사람들은 두려움에 떨고 있었다. 아마도 이런 상황들은 지도부에 모호한 영향을 끼쳤을 것이다. '면화 스캔들'의 매우 긍정적인 부분에 대해 언론플레이를 해댔음에도, 이 모든 것이 같은 언론에서 발표되었다는 사실에 대해 의구심을 가진 사람이 많았다. 알고 보니 어떤 특정 집단에서 그런 언론플레이를 해댔던 것이다. 그리고리의 당 가입을 연기하자는 제안도 있었다.

첫 번째 구역위원회 비서인 사이풀 사이두라예프는 황 그리고리를 두고 시중에 떠도는 나쁜 소문들에 일침을 가하고 최종적으로 그를 당원으로 받아들이는 결정을 내렸다. 사이풀 사이두라예프는 그가 황만금의 아들이라서 이런 결정을 내린 것이 아니라 그리고리 자신이 많은 장점을 가지고 있다고 판단했다. 그는 우수한 학생이자 적극적인 사회운동가였고, 훌륭한 운동선수였지만 사교능력에서는 겸손한 사내였다. 그게 황 그리고리의 장점이었다.

국가의 상황은 굉장히 어려운 상태였다. 사람들은 너무 급속하게 변화하는 세상을 두려워했고, 면화 스캔들의 조사를 위해 농장으로 모스크바에서 온 조사원들이 들이닥치기도 했다. 그렇게 황만금 사건이 일어난 것이다. 그리고리가 당의 일원이 되어가기 시작한 지 얼마 되지 않아서 황만금이 체포되었다. 그리고리에게 신변상 변화가 일어났을 때 나는 '티모페이 그리고리예비치는 아들을 어떻게 키웠는가? 좋은 아들인가, 혹은 나쁜 아들인가?'라는 질문을 스스로에게 했다. 무엇을 말하겠는가, 만약 그리고리가 완벽한 사람이라면 말이다. 어쨌든 모두가 그런 아들을 가지고 싶어 할 정도였다.

나는 프스켄트 지역의 당위원회 비서로 일할 때 폴리타젤로 자주 찾아가서 황만금과 함께 시간을 보내는 일도 많았다. 차 한잔에 우리는 많은 이야기를 나누었다. 그는 언변이 뛰어났고 사람들을 매료시키는 훌륭한 능력을 가지고 있었다. 그는 농부와 이야기할 때나 장관과 대화할 때의 태도가 언제나 같았다. 그는 큰 비전을 가진 사람이었고, 어떤 테마로도 이야기할 수 있는 사람이었다. 나는 황만금이 얼마나 회장 직을 잘 수행했는지에 대한 확신할 수 있는 믿음이 있다.

우리는 모든 것에 대해 이야기했지만 당연히 우리의 주요 주제는 언제나 면화나 농작물에 관련된 이야기들이었다. 그는 전문가였고 비교할 만한 대상이 없었다. 그는 어떤 기후 조건에서 어떻게 무엇을 재배해야 하는지에 대해 잘 알고 있었다. 단지 아욱이나 옥수수의 이야기가 아니라 모든 작물의 영역에서 높은 수준의 지식을 잘 이해하고 있었으며, 동물에 대해서도 웬만한 가축

전문가들보다 잘 이해하고 있었다.

그렇다. 사실 이런 인물을 찾는 것은 정말로 힘들다. 이만한 힘과 지혜를 가진 사람은 더욱더 그렇다.

황만금의 체포는 엄청난 충격이었다. 나는 도대체 이런 인물이 체포된다면 국가와 사회가 어떻게 돌아갈 것인지 걱정이 되었다. 그렇게 소비에트연방이 무너졌다. 그 자리에는 독립국가가 여러 개 자리하기 시작했다. 이슬람 카리모프 대통령에게 감사해야 할 것은 면화 스캔들로 체포된 무고한 피해자들을 옹호해주었다는 것이다.

나는 그의 석방 후 이틀째가 되던 날 그를 만날 수 있었다. 우리는 포옹했고 나는 무의식중에 눈물이 솟구쳐 올랐다. 황만금 회장 역시도 눈물을 흘렸다. 이날을 어떻게 잊을 수 있는가!

이미 나는 타슈켄트 지역의 주지사가 되어 있었지만 황만금과 친분을 유지했다. 우리는 다양한 문제에 대하여 상담하거나 그저 앉아서 인생에 대한 이야기를 나누었다.

언젠가 집단농장으로 대우 김우중 회장이 방문했을 때, 우리는 사무실에 앉아 그를 어떻게 불러야 할지에 대해 고민하고 있었다. 김우중 회장이 '이곳에 거주하는 고려인 가정이 얼마나 되느냐'고 물었고, 나는 '2,500가구가 산다'고 대답했다. 그러자 이 손님은 '우리 회사는 고려인 가정에 텔레비전과 비디오를 선물할 생각이오'라고 말했고 농장에 있는 다른 민족들에게도 지급하겠다고 약속했다. 그야말로 국적에 관계없이 한국의 선물을 받을 수 있는 기회였다. 황만금은 그만큼이나 대단한 인물이었던 것이다.

그 밖에 나는 그의 겉모습에서도 깊은 감명을 받았다. 그는 언제나 흠이 없게 옷을 차려 입었고 스스로를 가꾸고 있었다. 그는 자기 자신을 존경할 줄 알았기에 다른 사람도 존경할 수 있었던 것이다.

이후 황만금의 아들들은 모스크바 여행을 준비했다. 나에게 이 여행은 좋은 기억으로 남는다. 나는 다시 한 번 황만금의 이름이 우즈베키스탄의 국경을 넘어 먼 곳까지 알려져 있으리라 확신한다. 이름만이 아니라 그 영광들까지도……

황만금은 좋은 아들들을 두었다. 나는 그리고리뿐 아니라 그의 형인 스타니슬라프도 알고 있다. 그들은 확실히 티모페이 그리고리예비치를 떠올리게 하지만, 그와는 다른 무언가도 가지고 있다. 예를 들면 미소나 매너, 성격 같은 것들.

황만금의 사후에 그리고리는 나를 아버지라고 부르기 시작했다. 우리는 긴 시간 동안 함께해왔고, 그는 나를 자주 찾아온다. 게다가 선물을 꼭 하나씩 사온다. 그리고 언제나 '아버지, 뭐 필요하신 것 있으면 말씀하세요'라고 물어본다. 나는 그리고리가 나를 아버지라고 부르는 것과 우리가 긴 시간 함께해왔다는 것에 대해 굉장한 자부심을 가지고 있다.

그리고 나는 황만금이 나에게 가져다준 운명에 대해 자랑스럽게 생각한다. 그는 위대한 사람이었고 위대한 고려인이었다. 그는 경제, 산업, 사람 간의 관계에서까지 모든 부분에서 위대한 사람이었다.

아 킬 살 리 모 프
"모든 분야에서 최고의 인물이었다"

정말로 소비에트연방의 첫 번째 시기는 자신이 직접 해결해야 할 문제점 같은 게 없었다. 모든 것은 모스크바가 해결해주었다. 황만금의 구류 기간 동안 나는 우즈베크공화국 소비에트연방의 상원으로 재직했다. 다시 말하자면 실질적으로 나는 공화국의 첫 번째 서기장이자 각료회의 수장이었던 것이다. 그러나 나는 그 체포사건을 인식조차 할 수 없었다. 솔직하게 말해서 내가 공화국의 수장인 우스만 호자예프를 알고 있었다고 하지만 그 사건에 대해서는 몰랐다. 황만금은 공화국 상원의회의 대의원이었고, 그를 체포하기 위해서는 상원의 인가가 떨어져야 했다.

그가 체포된 후 우리는 사무국 회의에서 문제를 제기했지만 아무것도 해결할 수 없었다. 소비에트연방 검찰총장이 보낸 팀이 가진 권한은 매우 커서 우리의 결정을 기각할 권한이 있었다. 아마도 이것은 우리의 잘못일 것이다. 우리의 친구를 보호할 수 없었던 것 말이다. 그리

아킬 우무르자코비치 살리모프는 1928년생으로 우즈베크공화국의 교수이자 과학자이다. 소비에트연방 시기에 우즈베크공화국 연방부의 서기위원이었으며, 공화국의 자문 서기관이었다. 그는 자신의 역할에 최선을 다했다.

고 얼마 뒤에는 나 또한 체포되었다.

이것이 바로 소비에트연방 시기에 우리가 처한 현실이었다. 이건 마치 완전한 무법 같았고, 1937년의 어두운 그림자가 우리에게 다가온 것만 같았다. 사람들은 영장 없이 무차별적으로 체포되어 감옥에 나앉았다. 황만금처럼 그러한 의식을 갖추지 못했던 일반인들에 대해 이야기하는 것이다.

우즈베크공화국의 독립 덕분에 희생자들의 많은 것들이 회복되었다. 대통령이 된 이슬람 카리모프는 황만금의 지위를 회복시켰고, 면화 업무에 대해 고통 받은 다른 이들의 지위 또한 회복시켰다.

하지만 이 '사건'은 스스로 더러운 무엇인가를 하고 있었다. 수천의 사람들이 정의에 대한 믿음을 잃었다. 수십, 수백의 농장들이 몇 년 전에 폐장되었고, 사람들은 일자리를 잃기 시작했다. 이 공포 속에서 그들은 정상적으로 일을 할 수 없었다. 이것이야말로 현시대의 진정한 테러였다.

무엇 때문에 이 기간 동안 폴리타젤 회장과 수많은 전문가들이 탄압을 받아야 했는가? 이 사건은 틀림없이 공화국 경제에 돌이킬 수 없는 피해를 야기했고, 이러한 손상에 대한 결과는 아직까지 지속되고 있다.

나는 이 사건이 소비에트연방의 쇠퇴에서 시작되었다고 본다. 소비에트연방의 지도자들은 기본적으로 탁상공론만 펼칠 뿐이었다.

티모페이 그리고리예비치(우리는 황만금을 그렇게 불러왔다)에 대한 소문을 나는 전혀 알지 못했다. 수년간 나는 황만금과 함께해왔는데도 말이다. 그는 소비에트연방 상임위원회의 구성원이었으며 중앙위원회 구성원이었고, 단체 활동에 매우 적극적인 사람이었다. 우리는 정부 조직이나 스포츠, 문화의 개발과 관련한 여러 회의에서 그를 만났는데 모두 좋은 기억으로 남아 있다.

그는 지도자로서 매우 지능적이었으며, 고도의 교육을 받은 사람이었음이 확실히 드러나는 사람이었다. 그렇다. 신이 주신 지도력이라는 재능을 가진 사람이었던 것이다. 내가 생각하는 그의 성격은 무결한 작업능력과 용기를 갖추었으며, 자신의 '작품들'에 있어서 창의적이고 적극적이었다.

그는 모든 면에서 놀라운 사람이었다. 그는 소비에트연방 집단농장들을 가장 뛰어나게 만들어냈다. 당시는 탈농현상이 나타나던 시기였지만, 그것이 폴리타젤 집단농장을 말하는 것은 아니었다. 그곳에서는 반대로 스스로 농부가 되려고 하는 이들로 들끓었다.

그의 지도력 아래에서 농업 자체가 자발적으로 거대한 경제체계로 발돋움할 수 있었다. 그것은 매우 뛰어나게 사람을 중시했다. 폴리타젤이 축산에서 가장 뛰어난 경제적 성과를 보였던 이유가 여기 있다. 이곳에는 박사학위를 받은 전문가가 많았는데, 그것은 그가 최고 전문가들을 고용하기 위해 할 수 있는 모든 것을 제공했기 때문이었다.

이 집단농장은 최고급 시설을 갖춘 병원과 숙소, 최고의 축구팀을 보유하는 등 최고의 '악단'과 같았다. 50명에 가까운 운동선수들이 주인의식을 가지고 있었으며, 여성 하키팀은 모든 대회에서 최고 득점을 올리곤 했다. 황만금의 됨됨이를 판단할 수 있는 것이 바로 이러한 사실들이다.

그는 모든 산업에서 최상의 결과를 달성하기 위해 노력했고, 이러한 결과를 얻기 위해 자신의 사람들을 어떻게 지도해야 하는지 아는 사람이었다. 그리고 사람들은 꿈을 현실로 이루었다.

물론 그는 큰 야망을 가지고 있는 사람이었다. 그러한 야망이 없는 사람은 높은 목표를 달성할 수 없다. 이러한 야망은 그를 방해하지 않았으며, 오히려 그는 자신의 시간을 프로젝트의 실현에 기여하는 데 사용했다. 그리고 가장 중요한 것은, 이 프로젝트들로 일했던 이들은 극도의 풍요로움을 누릴 수 있었다는 것이다.

그가 출소했을 때, 나는 그를 만나러 갔다. 그때 폴리타젤의 회장은 그의 아들인 스타니슬라프였다. 황만금은 집단농장의 명예회장이 되었다. 그는 비록 일선에서 물러났지만 최근 몇 년 동안 자신의 의견을 여전히 강력하게 전달하고 있었다.

그는 아팠다. 그의 모습에서 틀림없이 나타났다. 물론 그런 나이에 밀가루를 옮기는 일을 할 수는 없었다. 하지만 황만금은 자신의 운명에 대해 전혀 불평하지 않았다. 나도 불의의 쓴맛을 경험했고, 그가 어떤 생각을 가지고 있는지 잘 알고 있었다. 그러한 모습을 보이려 하지 않았다. 그는 용기 있는 사람이었다. 심지어 이런 상태에서도 그의 권위는 그대로 남아 있었다. 집단농장 이사회는 그를 자주 방문했다.

황만금의 죽음은 순식간이었다. 그러나 그의 이름과 업적은 그의 자녀, 학생들, 친구들, 그리고 우즈베크공화국 역사 속에서 사람들의 기억에 영원히 남아 있을 것이다.

알로 호자예프
티모페이 그리고리예비치에 관한 회고

보통 사람들을 얘기하듯이 평범하게 얘기할 수 없는 사람이 있다. 무의식적으로 최상급이나 비교급을 사용해서 표현할 수 있는 사람 말이다. 그런 사람은 사회의 변화를 야기하고 시대를 앞서간다.

황 티모페이 그리고리예비치는 우즈베크공화국뿐만 아니라 소비에트연방, 나아가 전 세계적으로 대중적인 명성과 인기를 얻었던 사람이다. 나는 이미 오랜 시간 동안 각 분야를 대표하는 수백 명의 인물을 알고 있고 그들과 어울릴 수 있는 기회를 가졌다. 그러나 황만금처럼 사회를 변화시킨 지도자를 본 적은 없다.

그는 자신의 장단점을 모두에게 드러내면서도 자신의 장점을 최대한 살려 사회주의 시대의 대표적인 집단농장을 만들어냈다.

그러나 그가 성공시켜 만들었던 집단농장은 외부로부터 감사와 칭찬뿐만 아니라 시기와 질투까지도 받았다. 1980년대에 그가 받았던 굴욕적인 사건은 이를 잘 대변하고 있다. 당시의 혼란스러웠던 사회를 누군가가 책임을 져야 했기 때문에 국가는 그를 희생양으로 만들었다.

흐루시초프와 브레즈네프 이후 어떤 지도자들도 세계를 깜짝 놀라게 한 소비에트 집단화의 '기적'을 직접 보지 못했다. 나는 우즈베크공화국에서 러시아공화국 문화의 날 행사의 참가자로서 '폴리타젤' 집단농장을 방문했다. 모스크바 출신과 러시아의 다른 지역의 유명한 문학가, 예술가, 음악가, 화가 들은 집단농장, 콘서트가 있는 문화의 궁전, 경기장, 집단농장의 집, 학교, 유치원, 치료기관, 상점 등에서 교제를 했고, 그 이후 우아한 행사 참여를 수락했다. 방문단의 대표들과 현지 당국은 모두 식욕을 돋우며 기분 좋은 축배를 선언했다.

그런데 갑자기 내 옆에 앉아 있던 소비에트연방 국립 예술가인 논나 모르듀코바가 뜨겁게 눈물을 흘리면서 참가자들에게 물어보았다.

"오늘 우리 모두가 본 것들은 동화입니다! 그럼 왜 우리 러시아에서는 이와 비슷한 것들을 본 적이 없을까요? 우리는 왜 모든 곳에서 불만과 탄식을 듣고 있나요? 거주하면서 일하고 싶은 농장이 있다는 것이 밝혀졌습니다. 저는 우즈베키스탄인이지만 타슈켄트에 살지 않고 여기 이곳, 이 지상낙원에서 살았으면 해요. 사람들은 이곳에서 거주하며 생활과 문화를 즐기면서 일을 하는데, 왜 우리는 술에 찌들어 살며 마을에서 도망치고 있나요? 누가 답할 수 있나요?"

그녀는 자리에 앉아서 술잔을 비웠다.

"친애하는 논나 빅토로브나!"

내가 그녀에게 말했다.

"의심하지 마세요. 오늘 당신이 본 것과 들은 것들은 모두 사실입니다. 러시아의 위대한 작가 발렌틴 오베츠

알로 막수모비치 호자예프는 1940년 7월 6일생으로 사회운동가, 언론인, 시인, 미술평론가 등으로 활동했다. '우즈베크필름' 영화 스튜디오 대표이사, 《타슈켄트 프라브다》 신문 편집장, '그랜드' 라디오방송국 편집장 등을 역임했다.

킨은 20년쯤 전에 이를 확신했지요."

그녀는 나에게 이렇게 대답했다.

"저도 오베츠킨의 작품을 읽었어요. 그러나 그의 수필작에선 '폴리타젤'이라는 단어를 본 적도 없었고, 그는 러시아 남부 마을에 대한 이야기만 다뤘지요."

나는 그녀에게 추가적으로 설명했다.

"발렌틴 블라디미로비치 오베츠킨은 우즈베키스탄 강제거주에 대해 이야기를 해야 했고, 황만금이 그곳에서 생을 마감했으며 그가 '폴리타젤'에서 볼 수 있었던 가장 최고의 농장과 최고의 위원장이라고 인정을 한 서면 증명서를 남겼습니다."

그러나 모르듀코바는 깊은 침묵으로 일관한 채 생각에 잠겼다.

그녀가 본인의 감정에 대해서 말한 적이 있는지 모르겠지만, 사실을 포함한 황 씨에 대한 나의 의견들은 내 직장 이력에 부정적인 역할을 미치게 되었다. 사건은 1985년 말, 내가 소련공산당 중앙위원회의 과학아카데미 대학원생 시절에 일어났다. 티모페이 그리고리예비치의 체포 소식을 접했고, 리가체프의 비서관인 지인 레고스타예프에게 나의 의구심을 말했다. 그가 내 의견을 자신의 상사나 다른 사람에게 전달했는지는 모르겠지만, 그는 나에게 더는 연락을 하지 않았다. 그때 나는 방학 동안에 타슈켄트에 가서, 무슨 일이 일어나고 있는지 알기 위해 우즈베키스탄 중앙위원회로 찾아갔다. 그곳

에서 책임관리관 블라디미르 유리예비치 조린을 만났다. 그는 내게 모스크바에서 잘 지내고 있는지, 컨디션은 괜찮은지 물어보았다.

나는 이렇게 대답했다.

"만약 우리 사회에서 수십 년 동안 자신의 경쟁분야에서 모든 것들을 최고로 이끈 사회주의 농업공장의 선도자를 체포하는 일을 바로 당신이 허락했다면, 컨디션이 어찌 괜찮을 수 있겠습니까!"

조린은 나와 논쟁하지 않고, 공화국에서 일어나고 있는 현상들에 대한 나의 평가를 교활하게 재차 물어보았다. 아마 본인의 지도부인 강력한 제2 비서관 아니셰프에게 전달했던 것 같다. 어떠한 것으로 나를 모스크바로 출타시켰는지는 모르겠지만, 돌아갈 때 거의 모두가 나를 무시했다. 더는 이 민감한 소재를 다루고 싶지 않지만, 조린은 새로운 러시아에서 높은 자리까지 한 인물이다. 그 당시 '우즈베크 사건'이라고 불리던 그때의 사건에 대한 오늘날의 해명을 그에게 꼭 듣고 싶다.

나는 1969년도부터 그 당시 레닌 공산주의 청년동맹의 타슈켄트 주의원회 비서관이 될 티모페이 그리고리예비치와 알고 지냈고, 집단농장의 음악단체를 선전하는 일을 도왔다. 그 이후 공화국의 공산주의 청년동맹의 비서관으로서, 나는 작곡가 미카엘 타리베르지예프, 레오니드 아파나시예프, 음악학자 류드밀라 크렌켈(유명한 극지탐험대원 딸, 타슈켄트 거리 이름으로 사용한 적이 있음)과 함께했고, '젊은 목소리' 지역 경연대회의 심사위원이었으며, '첸춘' 앙상블로 인정받은 수상자였다. 그 당시 이 유명한 집단농장의 앙상블은 우즈베키스탄 레닌 콤소몰 상을 수여받았다.

티모페이 그리고리예비치는 가끔 소박한 시골 마을 사람의 마스크를 착용하는 것을 좋아했다. 일부러 교활하게 미소를 지으면서, 그는 배우 치르코비 B가 주인공 역할을 한 영화 〈차파예프〉의 장면을 기억해내곤 했다. 그 주인공은 차파예프에게 이렇게 불만을 토로했다.

"회전목마 같은 것! 흰둥이들이 쳐들어와서 훔쳐가네! 빨갱이들이 와서 훔쳐가네! 근데 가난한 농민들은 어디로 향하는가?" 이러한 황 씨의 말은 아이러니하게

도 집단농장 감옥에서 평생 '젖 짜기'를 하며 사는 모든 관료들로부터 조롱을 당했다. 사실을 말하자면, 집단농장 폴리타젤에서 그들은 위원장의 권한을 두려워했기 때문에, 최소한으로 정당치 못한 수입을 얻었다. 그는 '카페이카'를 계산할 수 있는 사람이었지만, 집단농장 사람들의 사회적·문화적 요구와 그들의 생활수준에 관련된 일이라면 절대 아까워하지 않았다.

나는 티모페이 그리고리예비치의 여가시간에 그를 볼 수 있었다. 우선 두나유 공동 크루즈를 말하고자 한다. 나는 우즈베키스탄에서 관광단체 총책임자 역할을 수행하기로 합의했고, 황 씨를 추가하는 것을 부탁했다. 이 단체는 강력하고 권위 있었으며, 우리는 러시아, 우크라이나, 조지아 출신으로서 창조적이고 흥미로운 프로그램으로 경연대회에서 굉장히 쉽게 이길 수 있었다. 다큐멘터리, 유명지, 창조적 활동, 코미디, 요리에 대한 이야기도 함께했다. 전 선박 내에 중계방송하는 특별한 장소에서 우리는 폴리타젤 집단농장 위원장 황 티모페이 그리고리예비치의 연설을 들었다. 이 효과는 부인할 수 없는 사실이었다. 결과를 요약한 후, 우리는 명예 페넌트를 수여받았다.

황 씨는 예절 바른 자신의 자손을 물려주고 떠났다. 또한 그 자손들은 이 책을 출판하기 위해 많은 노력을 기울였다. 자손들의 마음과 그 후손들의 마음, 수천 명의 사람들의 마음속에 황 티모페이 그리고리예비치는 감사한 마음으로 기뻐하며 영원히 존재할 것이다.

말리크 카유모프
"죽는 순간까지 그 눈물을 잊지 않으리"

1989년 5월에 황만금이 석방되었을 때, 그에게 가장 먼저 찾아온 것은 그의 오래된 친구이자 저명한 다큐멘터리 영화 감독이었던 말리크 카유모프였다. 카유모프는 황만금의 체포를 믿지 않은 몇 안 되는 한 명이었으며, 그의 체포를 막기 위해 첫날부터 소리를 높이며 타슈켄트와 모스크바 대법원에 소송까지 냈던 사람이었다. 정말로 카유모프는 그 불행을

알고 있었으니까.

말리크 카유모비치는 "폴리타젤은 나에게 마치 성스러운 그 어떤 장소와 같았다"고 회고한다. "그곳에는 내가 가장 사랑하는 이 두 명이 있었는데, 바로 김 니콜라이 알렉세예비치, 그리고 평상시 우리가 티모페이 그리고리예비치라고 불렀던 황만금이었다. 그들은 각기 다른 분야에서 일했지만, 서로의 재능과 지식, 그리고 무한한 헌신을 바탕으로 서로 협력했다."

김 니콜라이 알렉세예비치는 나에게 운명을 제시한 첫 번째 고려인이었다. 그리고 나는 전력을 다해 일하는 그리고 재주가 출중한 이 고려인에 대해 정중한 태도를 가졌다.

김 니콜라이는 내 영화인생에 있어서 첫 번째 스승이었다. 그는 1929년에 타슈켄트로 왔고, 나는 그 시절 영화에 대한 첫걸음을 막 떼었을 때였다.

나의 저서인 『영화와 함께한 나의 삶』에 따르면, '처음에는 다큐멘터리 영화와 오락영화를 같은 스튜디오에서 함께 찍었다. 어느 날 모스크바에서 김 니콜라이 알렉세예비치라는 사람이 왔고, 우즈베크공화국에서 처음으로 무엇인가를 찍게 되었다. 이전 세대 다큐멘터리 영화의 제작자들은 그에게 모든 것을 빚지고 있다. 그는 정말 대단한 사람이었다. 나는 정말 많은 멋진 사람들을 알지만 김 니콜라이 알렉세예비치와 같은 사람은 도무지 만날 수 없었다. 그는 우리의 대장이자 형제였고, 친구이자 아버지였다. 그는 우리에게 일하는 방법만 가르친 것이 아니었다. 심지어는 양복을 어떻게 입는지부터 넥타이를 착용하는 방법까지 정말 모든 것을 다 알려주었다. 그는 언제나 흠 잡을 데 없이 깔끔하고 멋진 옷을 입고 우리를 가르치러 오곤 했다.

니콜라이 알렉세예비치의 모든 것은 나의 실질적 삶에 좋은 모델이 되었다. 나는 지금도 그가 가르친 대로 모든 것을 하려고 노력하고 있다. 실제로 벌써 40년이 다 되어가지만 나는 아직도 어떤 약속이 잡힐 경우 단 1분도 늦지 않으려고 노력하며, 다림질이 되지 않은 셔츠

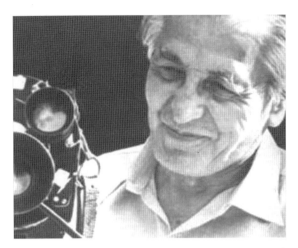

말리크 카유모비치 카유모프는 우즈베크공화국의 저명한 다큐멘터리 영화 제작자, 사회주의 노동영웅, 소비에트연방 및 우즈베크공화국 최고 정부 수상자, 소비에트연방 민족작가, 우즈베크공화국 문화훈장 수상자이고, 그 외에도 수상경력이 다수 있다.

나 지저분하고 보기에 영 좋지 않은 옷을 입고 스튜디오에 출근하는 짓은 하지 않는다. 이런 부분에서 그에게 감사하고 있다. 그는 언성을 높인 적은 없지만 규율 면에서 완고하고 위엄이 있는 사람이었다. 나는 나의 아버지를 모른다. 아마도 그래서인지 니콜라이 알렉세예비치를 더 사랑했던 것일지도 모르겠다.

전쟁 중에 그는 중앙스튜디오에서 일했지만, 그는 언제나 우리와 자신의 양자들을 마치 자신의 친자처럼 만나러 왔다. 나는 김 니콜라이 알렉세예비치의 전담기자였다. 아마추어도 아니고 자원봉사도 아닌, 진지한 업무 관계였던 것이다.

그가 운명할 즈음은 이미 전쟁이 끝난 뒤였고 모스크바에 그의 유언장이 남겨져 있었다. '말리크, 나의 유골을 타슈켄트의 어머니 묘소 근처에 묻어주게'라고 적힌 문장을 읽고 나는 그의 유언을 따랐다. 그는 최후의 순간에도 스튜디오를 모두 둘러보았다. 그리고 나는 문득 '누군가의 죽음을 슬퍼할 때 네 눈물을 두려워하지 말아라. 너는 삶의 가치와 생명의 소중함을 깨닫고 있는 것이니까'라고 말씀해주신 학창시절 선생님이 떠올랐다.

김 니콜라이 알렉세예비치는 매우 활기 넘치는 사람이었고, 일사천리로 다큐멘터리 영화 스튜디오 건물을 세웠다. 사실 이전까지 이 스튜디오라는 것은 레닌그라드 거리에 있던 조그만 집에 있던 방 한쪽에 지나지 않

았다. 우리는 새로운 스튜디오에서 우리의 손으로 모든 영화를 찍어냈다. 그곳에는 객실, 스크린룸, 편집실, 필름 테스트실까지 모든 것을 갖추고 있었다. 휴일이든 밤이든 시간 가는 줄 모르고 우리의 모든 열정을 쏟아부었다. 그리고 중앙아시아에서 유일하게 모든 장비를 갖춘 거대한 스튜디오를 가지고 있다는 사실을 자랑스러워했다.

스튜디오의 분위기는 언제나 진지했다. 김 니콜라이 알렉세예비치는 누구보다도 이른 시간에 출근했다. 그는 만능재주꾼이었다. 스튜디오 내에서 환자라도 발생하면 언제나 그 스스로가 대체자원으로 들어갔다. 그는 촬영, 편집, 음향까지 정말 모든 것을 할 수 있는 능력을 가지고 있었다. 재미있는 사실은 그는 어떤 사람도 신뢰하지 않고 스스로 일을 처리하는 사람이었다는 것이다. 정말 그 어떤 능력자가 와도 무능해 보일 만큼 그는 모든 일을 다 처리할 수 있었다. 러시아어도 완벽하게 구사했다. 작가팀원들은 그를 진심으로 존경하고 있었다.

그는 우리의 다큐멘터리 영화 제작자들뿐만 아니라 모스크바의 '중앙 다큐멘터리필름'의 팀원들과 그가 책임자로 있었던 모스크바의 최대 영화제작사 '모스필름'의 사람들로부터도 사랑을 받았다.

황만금이란 사람 역시나 진정으로 '매우 활동적이며', '단 한 번도 소리를 지르지 않았지만 철저한 원칙주의자'로 알려진 지도자의 표본이 되는 진정한 남자였다. 그가 떠난 후 내 인생에는 또 다른 고려인이 그 자리를 대체하기 시작했다. 그의 이름은 황 티모페이 그리고리예비치였다. 아마도 1950년대 중반쯤이었을 것이다. 그에 대해서는 형에게 익히 들어서 알고 있었다. 형은 나에게 한 뛰어난 집단농장 지도자에 대한 영화를 촬영하자고 제안했고, 폴리타젤에 가면 젊고 재능 있는 회장을 만날 수 있을 것이라 말했다. 나는 즉시 이 제안을 받아들였다. 특히 폴리타젤에는 김 니콜라이 알렉세예비치가 묻혀 있기 때문에 이 농장을 둘러보는 것은 나의 스승을 참배하기 위한 목적도 가질 수 있었다.

황만금이라는 사람은 정말 형이 말한 그대로의 인물이었고 우리는 금세 친해질 수 있었다. 그 이후 해가 바뀌고 나는 그에 대한 새로운 여러 사실을 알 수 있었다. 그는 나를 포함한 자신의 주위 사람들에게 매우 주의 깊은 사람이었다. 휴일이나 생일날에는 잊지 않고 인사 카드를 보내기도 했으며, 개인적으로 집에 찾아오는 경우도 있었다. 키브라이에 창작실을 지었을 때 황만금은 정원을 가꾸는 일을 도와주었다. 그는 높은 지식수준을 가지고 있었으며 몸과 마음이 매우 강한 사람이었다.

말리크 카유모프는 황만금의 체포 당시 그를 변호하던 사람들 중 한 명이었다. 그는 모스크바와 우즈베크공화국의 관련 기관으로 편지를 썼다.

티모페이 그리고리예비치는 문 앞에서 나와 마주쳤다. 우리는 서로를 끌어안고 채 긴 시간 동안 입을 꼭 다문 채 서로의 등을 두들겼으며, 이 끔찍하고 힘든 시간을 버틴 서로를 격려했다. 그다음 나는 문득 그의 어깨의 미동을 눈치챌 수 있었다. 황만금은 울고 있었던 것이다. 나는 그의 명랑하고 사교적인 모습을 빠른 시간에 다시 볼 수 있을 것이라 기대하진 않았다. 하지만 이러한 그의 눈물은 사뭇 충격적이었다.

나는 황만금을 오랜 기간 동안 알고 있었고, 처음 그를 만났을 때의 그는 이제 막 집단농장 수장으로의 첫걸음을 시작했을 때였다. 나는 아직도 폴리타젤의 길게 자란 갈대밭이 어떻게 아욱과 면화의 재배지로 바뀌었는지 기억한다. 그의 눈에서 떨어지는 하염없는 눈물을 보았을 때의 내 기분은 그 누구도 상상하기 힘들 것이다!

여러분은 자신의 전부를 일에 바치고 언제나 활기와 재능으로 최고의 집단농장을 만들었지만 터무니없는 범죄혐의로 철퇴를 맞은 황만금의 기분이 어떠했을지 상상하기 힘들 것이다. 게다가 악성 비난에 재판도 없이 3년 반을 감옥에서 살았다면 도대체 어떤 말로 그를 위로할 수 있단 말인가. 정말 답이 없었다! 정말로 미칠 노릇이었다.

황만금은 완전히 회복되었고 그에게는 명예와 훈장들이 다시 돌아왔다. 이미 독립국이 된 우즈베키스탄의 이슬람 카리모프 대통령은 자신의 첫 방한 길에 역사를 잘 알고 있던 황만금을 대동했다. 황만금은 몇 년 전 '두스틀릭'으로 이름을 변경한 폴리타젤의 명예회장을 역임했고, 고려인협회 회원으로 선출되었다. 그는 자신의 삶 막바지에 명예와 존경을 다시 받았다. 그러나 몇 년 동안의 고통은 결코 치료되지 않았다.

지금 다시 생각해보아도 그의 죽음은 사회적으로 국가적으로 너무나 큰 손실이었다. 황만금은 몇십 년간 우리의 상징과 같은 존재이자 가장 위대한 인물이었다. 자신의 일에 대한 확고한 믿음이 그의 두 눈에 있었다. 그는 국가와 국민을 위해 그리고 우즈베크공화국의 경제와 문화 발전에 실질적인 기여를 했던 사람이었다. 이러한 상징적인 인물이 없다면 우리는 그저 인류 역사의 엑스트라에 지나지 않을 것이다.

황만금은 이미 이 국가의 역사 속에서 농업 분야의 혁신과 발전을 이끈 사람으로 기억되고 있다. 공산당 기반의 전체주의와 전형적인 계획경제 구조와 사상적 압박을 받았음에도 그는 가장 큰 수익구조를 가진 집단농장을 만들었으며, 이것을 매우 양심적으로 운영했다. 그는 폴리타젤의 전설과 같은 상징으로 남을 것이다.

이 알렉세이 그리고리예비치는 1953년부터 1973년까지 황만금과 20년을 함께해왔다. 1929년에 극동지역 부제노프에서 일반적인 농민 집안의 아들로 태어났다. 아버지 이기주와 어머니 이 마리아는 인생 전반을 밭에서 보냈고, 이런 생활 속에서 장녀와 차녀인 소피아와 나제즈다를 출산했다. 이 기간 동안 얼마나 많은 물이 흘러갔을까! 추방과 냉전 그리고 더 나은 삶을 찾아서 이동하는 그런 나날들. 알렉세이는 폴리타젤의 보호 아래 단단한 뿌리를 내리고 살았다. 그의 두 딸은 나망간에 거주하고 있다. 모든 가정마다 걱정거리들이 있다. 아이들은 부모의 깃털 아래에서 조용히 날아오를 준비를 하고 있었으며, 이제 그들은 모두 성장했고, 모두 할머니와 할아버지가 되어 있으며, 손자와 손녀도 있다.

이 알렉세이 그리고리예비치
"농장의 모든 이들은 황만금을 확실히 알고 있었다"

황만금은 정말 대단한 사람이었다. 농장의 모든 이들이 그를 잘 알고 있었고, 농장의 모든 이들의 문제점과 요청에 세심하게 귀를 기울인 사람이었다. 그는 집이든 산이든 농장 사람이 있는 곳이라면 어디든 하나씩 찾아가서 그들을 도우려고 애썼다. 그는 이기는 방법을 알고 있었고 솔직한 사내였다. 단 한 번도 소리치지 않았고 차분하게 이야기를 나눌 줄 알았다. 무슨 일이 있고, 시간에 쫓기고, 멈추어 서야 하는 경우에도 우리는 반드시 그들을 찾아갔다. 차에서 나와 단 5분이라도 그들과 함께 인사와 이야기를 나누는 것이었다. 티모페이 그리고리예비치는 심지어 자기의 업무와 거리가 먼 우즈베크어도 상당히 잘 구사할 줄 알았다. 집단농장의 어르신들을 존중할 줄 알았던 것이다.

우리는 가끔씩 장거리 출장을 갔다. 티모페이 그리고리예비치는 다른 농장에서 여러 가지를 벤치마킹하고

평가하고, 혁신적인 무엇이 가능하다고 생각하면 구현하고 도입하기 위해 노력했다. 그는 작은 양조장을 만들 생각으로 알마티에서 가까운 어떤 집단농장으로 떠났다. 이 소규모 양조장은 신설된 지 얼마 안 된 곳이었다. 황만금이 긴 시간 근처에서 서성거리자 누군가가 그에게 무엇을 하는지 물으러 왔다. 그는 모든 것, 심지어 작고 겉보기에 볼품없어 보이는 것에도 관심을 가졌다. 농장에 사용할 수 있겠다 싶은 어떤 것이라도 보려 하지 않았겠는가! 그에게는 아이디어가 끊이지 않았다.

매년 우리의 집단농장은 풍요로워지고 있었다. 사람들은 이 몇 년 사이에 어떤 변화가 있었는지를 쉽게 눈치채지 못했다. 점차적으로 어떠한 신뢰가 쌓이고 있었고 모두가 집단농장을 돕는다는 특별한 자부심이 그들의 눈에 가득했다. 폴리타젤이라는 이름은 마치 어떠한 암호와 같았다. 그것은 번영과 복지를 표현하는 또 다른 동의어였다. 많은 이들이 우리와 함께 일하기를 원했다. 심지어는 도시에서 찾아오는 이들도 있었다. 일부는 나에게 청탁해서 티모페이 그리고리예비치에게 접근하려

는 이들도 있었다. 말하자면 중재자와 같은 역할이라 하겠다. 심지어는 제초제를 대체하기도 했다. 바로 그런 일들이 있었다.

나는 거의 반세기 동안 그와 함께 일했다. 그리고 단 한 번도 그에게 거친 말이나 책망을 들은 일이 없다. 그는 자신의 아이들에게도 목소리를 낮추고 언제나 조용히 말하는 습관을 가졌다. 그러나 그것마저도 필요하지 않았다. 그들이 아버지를 마음속으로 존중하고 있기 때문이다. 더 일하고 싶었지만 내 건강이 허락하지 않았다. 시력에서부터 문제가 생겼다. 그에게 따로 찾아가서 얌전히 물어본 적도 있지만 그는 내가 남기를 원했다. 어떤 날에는 나를 부장으로 임명하기도 했다. 결국은 그런 걱정을 꺾을 수밖에 없었다. 그는 나를 '튤립' 카페에 앉히기도 했다. 이를 거절하기도 힘들었다. 그렇게 1983년의 어두웠던 가을만 없었다면 모든 것이 순조롭게 넘어가기만 할 줄 알았다.

이 끔찍한 불행은 우리 집으로도 찾아왔다. 심문이 끊이지를 않았다. '황만금의 돈이 어디 있는가?', '황만금에게 매월 얼마씩 돈을 먹였지?' 따위의 질문이 아침부터 밤까지 계속되었다. 정의로운 아침은 전화 한 통에서부터 시작되었다. 조사관들이 있는 관청이라 불리는 곳에서 나를 두세 시간 뒤 집으로 돌려보내 주었다. 모든 것이 새로운 저녁이었다. 어떤 일이 있었을까? 나는 이러한 비방과 불명예를 내 인생에서 용서하지 않을 것이다. 사실 내 위치가 확고하고 단단했기 때문이었다. 황만금은 강력한 경제인이자 정직한 사람이었다. 그것은 우리 집단농장 회장에 대한 신뢰이고 우리 모두는 그를 확실히 믿었다. 이것이 우리의 행동이었다. 위치와 믿음 때문에 골고다 언덕으로 향하는 길이 무섭지 않았다. 정말로 많은 기관과 단체 서명 등 청원이 끊이지 않았지만 아무 소용이 없었다. 그들은 자신들의 시스템 속에서 크게 성공한 이 영웅을 철저히 파괴하는 데서 쾌감을 느끼는 것만 같았다. 이것이야말로 정말 무서운 것이었다!

전 발 레 리
"그는 모두에게 위대한 인물이었다"

전 발레리는 우즈베크공화국 내 고려인의 전형이기도 하지만, 그렇지만도 않은 그런 운명을 타고났다. 그의 할아버지는 대한민국 강원도의 도자기 작업장을 소유했다. 그는 꽤 번창한 삶을 살고 있었고 자신의 아들을 미국으로 유학 보낼 수 있을 만큼의 재력이 있었다. 집에 돌아온 그의 아버지는 자신의 동생이 반일행위를 이유로 일본인들에게 살해당했다는 사실을 알게 되었다. 결국 아버지와 할아버지가 소비에트연방으로 이주하는 계기가 되었다. 늦게나마 할아버지는 고향으로 돌아왔지만 아버지는 동생이 그에게 준 운명으로부터 탈출하지 않았다. 그는 학교에서 물리학, 수학 그리고 영어를 가르쳤다. 고등교육을 받은 대부분의 한인들처럼 그는 1937년 강제 이주 전에 붙잡혀서 코마 소비에트연방에서 1942년 사망 때까지 여생을 보냈다.

사실 이러한 아버지의 이야기들이 전 발레리의 경력에 방해가 되지는 못했다.

'소비에트연방 시기에 경력을 쌓기 위해서는 당원이 되어야 했다'고 그는 말했다. "훗날 내가 대단한 일을 해냈던 사마르칸드 주(州) '카를 마르크스' 집단농장에서 열린 당 회의에서 여러 가지 질문을 받았다. 아버지에 대한 질문이 들어왔을 때, 나는 주저하지 않고 '돌아가셨다'고 답했다. 그 와중에 나에게 '그는 그냥 죽은 게 아니야. 감옥에서 죽었지'라고 '친히' 말해준 어떤 '친절한 녀석'이 있었다. 나는 아버지의 무죄를 주장했지만 아무도 신경 쓰지 않았고, 당 회의에서는 나에 대한 이야기가 중단되었다.

당은 나를 받아들였다. 그 이후 난 기록국에 여러 장의 편지를 보냈고 아버지에 대한 답변을 받을 수 있었다. 그런 시대였다!"

강제 추방으로부터 한 달이 지나고 전 발레리의 부모는 다섯 아이를 데리고 모든 한인처럼 중앙아시아로 보내졌다. 일가족은 사마르칸드 주 파스트다르곰스키로 오게 되었다. 어머니는 아직 젊은 여성이었지만 배고픈 가족에게 음식을 제공하기 위해 많은 일을 했다. 그녀의 노력은 부족한 여백만으로 설명하기가 힘들 정도이다. 장남인 발레리는 아버지의 지식에 대한 열정을 물려받았다. 1946년에 그는 대학에 입학했다. 이후 그는 집단농장에서 트랙터정거장과 파스트다르곰스키의 지역을 위해 정말 많은 일을 했다.

1962년에 가족들과 함께 폴리타젤로 왔고 8조 구역에 작은 집을 샀다. 사마르칸트 주의 아슈트한과 파스트다르곰스키에서 했던 풍부한 경험을 바탕으로 개인 농업을 하면서 지냈다. 나는 유명한 농장으로 왔고 내 위치는 그다지 중요하지 않을 것이라고 이해했기 때문이다. 그러나 그다음 해 3월에 그들이 말하는 '회장'이 자신의 차를 타고 찾아왔다. 티모페이 그리고리예비치라는 사람은 우리 조에 왔을 때 한번 본 일이 있지만 마주보면서 말한 일은 없었다. 황만금은 이미 국가 내에서 굉장히 유명한 인사였기 때문에 그의 집무실로 찾아가는 것은 아무래도 좀 쑥스러웠다. 하지만 그는 나를 진심으로 만나주었고 단 1분 만에 그가 마치 내 인생 어느 한 자리를 꼭 차지하고 있는 것만 같은 느낌을 받았다. 그는 집단농장의 새 간부 선출에 필요한 문서들을 읽으면서 내가 고등 농업교육을 받은 것을 발견하고 면화농장에서 일한 경험이 있다는 사실을 알았다고 한다.

티모페이 그리고리예비치는 조금은 성난 투로 "아니, 왜 입을 다물고만 계셨던 거요. 정부가 얼마나 이 교육에 대한 돈을 지출을 했는지 느낌 모르오? 당신은 고등교육을 받은 사람인데, 농학자라는 양반이 벌판에서 깃발이나 흔들고 있으니. 과거는 과거로 잊고 우리는 면화재배를 할 사람을 찾고 있고 당신은 이 바닥에 경험까지 있으니 당신이 적임자요"라고 말했다.

나는 주임으로 임명되었고, 중앙구역에 150헥타르의 면화 묘목을 심기로 했다. 첫해와 둘째 해에는 매 헥타르마다 3.9에서 4톤에 이르는 면화를 수확하는 성공을 거두었다. 이 성공에 힘입어 면화 재배지를 무려

전 발레리는 1928년생으로 사마르칸트 농업대학을 졸업했다. 폴리타젤에서 1962년부터 1982년까지 일했는데 '카바르단' 구역의 감독을 맡았다. 붉은 노동훈장과 명예훈장 메달을 수여받았다.

850헥타르까지 늘리게 되었다. 세 번째 해에는 '공산주의' 구역의 총책임자로 승진되었다. 이 위치에서 나는 4년을 일했다. 그 이후 나는 다른 구역인 '카바르단' 구역의 총책임자로 보직이 변경되었다. 설령 그곳이 먼 곳이라 해도 별 상관이 없었다. "당신에게 이 지역을 맡긴 이유를 알아줬으면 좋겠소. 당신은 아직 젊으니까." 티모페이 그리고리예비치가 이렇게 말했기 때문이었다.

'카바르단' 구역은 농장의 수많은 구역 중에서도 덩칫값을 정말 못하는 곳이었다. 1,600헥타르에 달하는 경지에 절반은 면화를 심어놓았고, 남은 땅에는 아욱과 옥수수가 있었다. 이 구역은 산지에다가 척박한 땅으로 막힌 곳이 무려 1,500헥타르에 달했다. 그래서 건지 농법을 사용하면서 질이 나쁘지 않은 밀을 헥타르당 1.5에서 1.6톤가량 거두어들이게 되었다. 내 밑에는 다섯 팀인 도합 780명이 일하고 있었다. 점차 우리 구역은 전체 집단농장의 어디에 갖다두어도 부족하지 않을 만큼 위상이 높아졌고, 티모페이 그리고리예비치는 바쁜 절기마다 적극적으로 우리 구역을 방문했다.

그는 나와 함께 주위의 모든 땅을 둘러보았다. 그는 자신의 의견을 웬만하면 내놓지 않았다. 그러던 어느 날 업무가 끝난 후에 그가 "신문지에 둘러싸인 면화송이를 본 적이 있소?"라고 나에게 물은 적이 있다. 난 처음에 굉장히 많은 생각을 했다. 그러나 난 이런 걸 본 일이 없

음을 깨달았다. 티모페이 그리고리예비치는 "종이는 식물의 성장을 방해합니다"라고 답해주었다.

다음 날 나는 이 '종이에 둘러싸인 면화송이'를 발견했다. 이것은 정말 작은 일에 지나지 않았지만 티모페이 그리고리예비치에게는 일에 절대 작은 일이라는 게 없었다. 그는 매 제곱미터당 2,000루블의 이득을 가져다줄 만큼의 말을 했다. 만약 그가 빈 땅을 본다면 긴급하게 무엇이든지 심어봤을 것이다. 이 때문에 폴리타젤의 수익률은 상당했다.

하지만 회장은 자신의 잘못에 대해서는 깔끔하게 인정할 줄 아는 사람이었고, 모든 것이 항상 옳지만은 않았다. 이런 일도 있었다. 한때 농업생산 속도를 올리기 위한 이른바 '집단 심기 방법'이라는 것이 권장되던 시절이 있었다. 우리 농장 역시 이것을 구현하려 했다. 하지만 난 그것을 반대했다. 사실 이 방법은 생산량이 뒤떨어지는 농장에서나 빛을 보게 될 방법이라고 생각했기 때문이었다. 이 방법이 기간 내에 도입되어 성공할 수 있을 것이라고도 생각하지 않았다. 나는 티모페이 그리고리예비치에게 토지 작물의 이름들을 들어가며 일반적인 방법으로 해야 할 것을 주장했다. 이렇게 해봐야 결국엔 생산량이 절반으로 떨어질 것이고 굳이 상자에 잘 익은 게 있는지 확인할 필요도 없을 거라고 했다. 회장은 내 주장에 동의했다. 가을은 금세 그 사실을 증명해 보였다. 내 구역의 이윤은 다른 땅들보다 높았고, 우리 면화는 90퍼센트가 최고등급을 획득했다. 집단농장 총회에서 황만금은 우리의 논쟁에 대해 이야기하고 자신의 잘못을 깔끔하게 인정했다.

황만금은 단순한 사업가나 생산자가 아니었다. 그는 작업과 삶의 전반에서 조심스럽게 자신의 농장에서 일하는 사람들에게 최고의 조건을 만들어줄 생각을 가지고 있었다.

1년 뒤에 농장의 중앙에 새로운 집이 제공되었다. 폴리타젤은 매년 구성원들을 위한 새로운 주택을 20~25채씩 건설했다. 나는 평범한 집에 살고 있었다. 방 네 칸에 부엌과 베란다가 있는 그런 집이었다. 집에 큰 저장공간을 만들고 거대한 텃밭을 일구었다. 이미 전기, 가

스, 수도 공급은 잘 되고 있었다. 회장은 빈 땅에 무언가를 심지 않는 행위를 도저히 용납하지 못했고, 이를 위해서 구성원들의 편의를 봐주었다.

조합원들의 집 가치는 3,600루블에 달했다. 그들의 급여에서 매달 40에서 50루블이 대출금으로 나갔다. 폴리타젤의 농민들은 이 금액이 부담스럽지 않았다. 1980년대 초에 폴리타젤의 평균 월급은 전국 평균보다 높아서 200루블을 넘는 수준이었다. 나는 간부였기 때문에 440루블을 받았다. 당시에 그런 월급을 받는 사람들은 과학자 정도였다. 그리고 4개월에 한 번씩 받는 성과금은 보험료를 제외하고도 그들보다 훨씬 높은 수준이었다. 그 당시에 타슈켄트에서 모스크바로 가는 항공료가 56루블이고, 1킬로그램의 고기가 5루블, 타슈켄트에 있는 공공아파트의 가격이 1만 5,000루블, '라다' 차량 한 대 가격이 6,000루블 정도였다.

이러한 안정적인 수익 덕에 나는 2년 반 만에 모든 보증금을 갚을 수 있었다. 집단농장에서는 할인된 가격으로 다양한 제품을 구입할 수 있었다. 게다가 폴리타젤은 문화와 스포츠를 위해 굉장히 많은 일을 했다.

이런 급여와 여건을 받는 모든 사람들이 어떻게 회장 밑에서 일하는 것을 싫어하겠는가? 모두 자신의 직장에서 최선을 다하고 노력했다. 이것이 바로 폴리타젤의 성공 비결이었다.

나는 면화 스캔들로 법정에 증인으로 섰다. 나는 여러 가지 이유로 그 사건이 시작되기 이전에 농장을 떠났다. 그들은 나에게 '왜 당신이 해고되었나?'라는 질문을 던졌다. 이 질문은 '황만금과 잦은 의견충돌이 있어서 그 때문에 그가 나를 해고했다'라는 답이 나오도록 유도한 것이었다. 그러나 나는 '내가 나갈 때가 되어서 나온 거요'라고 솔직히 대답했다.

황만금은 일, 가정, 사람 간의 관계에서 위대한 인물이었다. 하지만 분명 그도 일반적인 마음을 가진 사람이었다. 그는 누군가가 자기를 초대하면 어디가 되었든 간에 항상 들렀다. 먹는 것을 좋아했고, 특히 한국 음식을 좋아했으며, 자신의 직장을 사랑했다.

김 알렉세이 트로피모비치는 1972년부터 황만금이 체포되던 1985년의 추운 겨울날까지 그의 개인 운전기사로 일했다. 1925년에 태어났고 결혼하여 세 명의 자녀를 두었다. 지금은 연금을 수령하는 입장이지만, 여전히 자신의 직업을 바꾸지 않고 있다. 신이 건강을 허락하는 한 때로는 부업 삼아 개인택시를 운전하려고 한다. 이런 식으로 일을 하는 것은 그저 많은 돈을 벌기 위해서가 아니다. 집에 앉아서 게으름만 피우는 그런 운명을 받아들일 수 없는 성격 때문이다. 무미건조해질 수도 있겠지만 그는 매우 힘이 넘친다. 딸인 스베틀라나와 림마 그리고 아들 유리는 이미 독립해서 살아간 지 오래이다. 그들은 좋은 일자리를 얻어 풍족하게 살고 있다. 그들 가족은 화목하며 알렉세이 트로피모비치와 베라 후도브나는 매우 편안하게 여생을 보내고 있다.

김 알렉세이 트로피모비치
"사람들은 의장을 사랑했다"

그는 결혼한 후 운전을 배워서 반세기 이상을 운전사로 일했다. 1965년에 생산 수준이 떨어지는 집단농장의 통합 과정에서 폴리타젤과 인연을 맺었다. 처음에는 가축농장의 책임자였던 강 니콜라이 표도르비치의 운전을 맡았다. 언제나 일 처리는 확실했으며 차량을 항상 깨끗하게 유지시켰다. 시간이 남으면 자신의 '가즈' 차량을 세차하거나 엔진 상태를 점검했다. 알렉세이 트로피모비치는 황 회장과 함께 일하는 동안 '볼가' 자동차를 다섯 번 바꿨지만, 첫 번째 차의 '01-70TSO'라는 번호판을 잊지 않는다.

티모페이 그리고리예비치가 석방되고 그를 자택으로 데려다주었을 때, 나는 오래된 차를 타고 출발했다.

모든 거리의 사람들이 회장을 만나기 위해 나왔다. 그는 아이들과 아내에게 둘러싸인 채 천천히 걸어서 집으로 향했고 사람들이 나와 그를 영접했다. 심지어 노인들은 눈물을 흘리면서 그를 맞이했다. 폴리타젤의 구청장이던 사비르잔 나시로프 역시 흐느껴 울었다. 티모페이 그리고리예비치는 그들에게 다가가서 "울지 마세요. 내가 다 울 것 같네!"라고 말했다. 어떻게 이 장면에서 그가 거짓말을 할 사람이라고 생각할 수 있겠는가!

이 예브게니 블라디미로비치
"황만금은 앞을 내다볼 줄 아는 혁신적 인물이었다"

이 예브게니 블라디미로비치는 1924년에 키예프에서 태어났으며, 정확히 10년 뒤에 이 타티아나 스테파노브나는 자신의 어린 두 아이인 에브게니와 엘리자베타를 데리고 더 나은 삶을 찾아서 우즈베크공화국으로 향했다. 그들은 '이스림'이라 불리던 농업조합의 땅으로 들어갔다. 당시 그곳에는 70~80가구 정도가 거주하고 있었는데, 대부분 고려인과 결혼한 러시아인이 거주하고 있었다. 완전한 고려인 가정은 손에 꼽을 만큼 적었다. 이주민에 대해 주민들은 매우 따뜻하게 맞아주었다. 어머니는 농부로 일했고 아이들은 학교를 다니기 시작했다.

예브게니는 9학년까지 공부했고 1943년에 군대로 징집되었다. 병영생활은 꽤 먼 곳에서 했다. 그는 원전 증류수를 추출하는 일을 했다. 그렇게 복무한 뒤 1946년에 고향으로 돌아왔다. 그로부터 2년 뒤, 훗날 그에게 두 딸과 아들을 선물한 마리야 콘스탄티노바와 결혼했다. 처음에 그는 평범한 농부로 일했다. 일은 이루 말할 수 없이 힘들었다. 틈틈이 트랙터 기사 자격증을 준비하면서 기사가 되었고, '레닌의 길' 집단농장의 트랙터정거장 책임자가 되었다. 1960년에 폴리타젤 중앙의회로부터 이직을 제안받았다.

농장 기기가 모여 있던 곳은 꽤 견고해 보였다. 대략 300대 정도의 트랙터가 있었는데 어떤 것들은 예

이 예브게니 블라디미로비치는 집단농장 폴리타젤의 중앙회 의장이었다. 그는 황만금에 대해서 "우리는 회장을 '왼손잡이'라고 불렀다"고 회고했다.

비 부품조차도 없었다. 그러나 대부분의 경우에는 오래된 기계들도 작동시키면서 사용했다. 다음 해 봄을 대비해서 예비 부품에 대한 필요성을 체크하는 목록을 만들어두었다. 그런데 이 기계들은 우랄과 알타이의 '스베르' 공장에서 생산된 것이었고, 아직 생산라인이 가동되고 있었다. 황만금은 확실한 해결책을 찾았다. 그는 루브초프스키 트랙터공장과 폴리타젤 축구팀과의 경기를 제안했다. 그의 제안은 즉시 받아들여졌다. 이것이 향후 이 문제를 해결하는 데 큰 영향을 미치지 못했다. 그러나 회장은 항상 문제의 해결 방식에 대한 접근법을 잘 알고 있었다. 그는 이 경기를 위해 세심한 부분까지 직접 챙겼다. 관중들의 수를 세기 위해 헬기까지 띄우게 했다. 황만금의 축구에 대한 열정은 영국에서 월드컵을 처음 보았을 때 생겼다.

1971년에 예브게니는 폴리타젤로 새로운 거처를 마련했다. 그는 타슈켄트 교외의 아파트에 거주하고 있었고 매일 몇십 킬로미터나 되는 거리를 출퇴근했다. 황만금은 '카페이카'라는 모델의 라다 차량과 그의 가족을 위한 집을 준비했다.

집단농장의 조합원들은 많은 돈을 받았다. 5년 동안 집 보증금을 모두 갚을 정도로 말이다. 그가 어떤 사람이었겠는가? 직원들을 위해서라면 정말 아끼는

것이 하나도 없을 만큼 후한 월급을 지불했다.

기억에 남는 한 가지 일이 있었다. 우리의 6미터짜리 옥수수가 대상을 탔다. 옥수수의 수확은 세심한 접붙이기가 중요했다. 황만금은 이 기술을 더 향상시키기 위해서 나를 고멜의 생산공장으로 보냈다. 나는 수석 엔지니어에게 '다른 수준으로 식물을 키우는 방법이 있느냐'고 물었다. 그는 오히려 당신의 집단농장이 거인과 같은 존재인데 우리에게 그 기술을 가르쳐야 하지 않냐고 나에게 질문을 했다. 그렇게 나는 돌아오고 말았다.

살면서 결정을 해야 할 때가 있다. 1975년에 집단농장의 구역들은 각각 2,000헥타르가 넘었고 4.26톤의 면화를 생산했다. 이것은 농업의 기계화로 만들어진 것이었다. 기계를 가지고 하는 일은 92퍼센트가 수확하는 일이었다.

김 블라디미르 나우모비치
"황만금의 인생은 전설과 같았다"

1959년 후반에 내가 서른 살이 되었을 때, 처음으로 황만금에 대한 이야기를 들었다. 그는 이미 집단농장의 회장이 되어 있었다. 이후 10년간 나는 건설부에서 일했고 군대도 다녀왔으며 고등교육을 받았다. 이후 10년이 지나서 대학 교지인 《우즈베크공화국의 콤소몰》에서 일했고, 타슈켄트에서 출간되는 신문 중 하나인 《레닌 기치》에서 일하게 되었다.

황만금의 일들은 완전히 영점에서부터 시작되었다. 그는 집단농장에 완전히 자신의 인생을 바쳤다. 1970년대에 그는 소비에트연방에서 자신의 일과 인생에 대하여 인정을 받고 있었다.

흐루시초프 시절에는 농장의 거대화와 서민경제의 활성화가 국가의 핵심 정책이었다. 이러한 이유로 폴리타젤은 주변의 열 개 집단농장과 통합되었다. 이제 와서 무엇을 숨기겠는가! 황만금을 전복시켜버리고 그의 자리를 차지하려고 했던 집단농장 경영주들의 수가 적지 않았다. 그들은 이런 목적을 달성하기 위해서 할 수 있

는 모든 짓을 다 했다. 그러나 결국에는 이러한 음모자들의 생각대로 되지 않았다. 조합원들은 자신들의 지도자를 믿었고 그의 생활방식에 감명을 받으면서 살고 있었기 때문이다.

1984년 어느 날이었다. 황만금의 집단농장 보고를 처음 듣던 날에 나는 그에게 끌리기 시작했다. 6개월 뒤에 우리는 개인적인 만남을 가졌다. 마치 이 만남이 잘 짜인 하나의 시나리오 같다는 느낌이 들 정도였다. 정형화된 보고서와 준비된 발언으로 토론이 진행되었다.

내가 폴리타젤에 와서 당 비서관인 박 바실리 세메노비치와 인사를 한 지 5분이 채 지나지 않아 중앙회의실은 사람들로 가득 찼다. 회의실은 텅 빈 것처럼 조용해졌다. 그는 집단농장 사람들이 1년 동안 어떻게 일했으며, 농장 사업 발전 전망이 어떤지에 대해 이야기했다. 더불어 농부들이 꼭 알아야 하고 알아두면 좋을 많은 정보에 대해서도 흥미롭게 말했다. 회의가 길어졌다. 나는 회의가 끝나기를 기다리지 않고 그 자릴 떠났다. 다음 날 여러 가지 사항에 대해 확실히 하기 위해 바실리 세메노비치에게 전화를 했다. 해당 기관의 비서는 나를 나무랐다. 어제 회의가 끝나고 참석자들과 귀빈들을 위한 연회가 있었는데 황만금 씨가 당신을 찾았다고 했으며 그래서 자신이 매우 난처했다고 했다. 나는 기뻤다. 황만금 씨가 나에게 표현한 관심이 '나'라는 사람 자체에 대한 것이 아니라는 것을 이해하게 되었다.

신입 기자의 소심함이 아닌, 한 개인 앞에서 부끄러워하지 않아야 한다는 바람과 생각이 황만금 씨와의 만남을 방해했다. 또한 한 개인에 대해 실망할 수 있다는 걱정도 있었다. 몇 개월의 시간이 지나서 발생한 한 사건으로 우리의 만남은 앞당겨졌다. 그러나 내가 기자가 아닌 다른 역할로 황만금 씨 앞에 설 수 있게 되었다. 이 시기에 아시아, 아프리카, 라틴아메리카의 여러 국가가 참가하는 타슈켄트 국제영화제가 열리고 있었는데, 당시 한국어를 집중적으로 공부하고 있던 나에게 영화제가 내 고향 언어 구사 능력을 연습할 수 있는 좋은 기회를 제공한 것이다. 북한은 타슈켄트 영화제에 참석하기로 되어 있었지만 이내 몇 가지 이유를 핑계로 참가하지

김 블라디미르는 1946년 타슈켄트에서 태어났다. 1973년에 타슈켄트 문과대학을 졸업하고 타슈켄트 대학 및 우즈베크공화국의 '콤소몰' 잡지사에서 일했다. 1980년부터 ≪고려일보≫의 전신인 ≪레닌 기치≫에서 기사를 썼다. 1990년대 초반에 그는 한국어 담당 학과장이 되었다. 1997년에 『떠나는 이의 머나먼 길』과 2005년에 『김씨들』이라는 소설을 발표한 작가이기도 하다.

못했다. 그러나 1984년부터 참가를 하겠다고 알려왔다. 무엇보다도 북한과 소비에트연방과의 관계가 변화 정세에 놓여 있었기 때문이었다. 영화제가 시작될 무렵 북한의 지도자 김일성이 소비에트연방을 공식 방문했었다. 이 사건은 영화제에서 북한의 위상을 더욱 특별하게 해주는 계기가 되었다.

행사기간 동안 북한 영화제작자에 대해 소개를 하는 프로그램이 있었다. 북한 단장은 이 자리에서 폴리타젤 집단농장을 보고 싶다고 주최 측에 요청했다. 황만금 회장을 만나고 싶다고 했다. 지난 영화제 때에 북한 제작자는 폴리타젤에 손님으로 초대된 바 있었다. 이번 참가자 역시 그의 이름을 잘 알고 있다고 밝혔다. 나는 당연히 그들의 원하는 바를 상세히 기록했지만, 사실 내가 크게 할 일은 없어지고 말았다. 그들이 머무르던 호텔로 폴리타젤의 문화체육 담당 부의장 김 니콜라이 바실리비치가 황만금의 초대장을 들고 직접 찾아갔기 때문이었다. 영화제 날짜에 맞추어 방문일을 정하는 것만이 남아 있었다.

5월의 햇살이 내리쬐던 어느 날 나와 북한 측 인사들은 폴리타젤을 찾았다. 우리가 치르치크 강을 넘어서자 버스 창문 밖으로 마치 파노라마와 같은 광경이 펼쳐졌

다. 나는 추운 극동지방에서 우즈베크공화국으로 넘어오기까지의 고려인의 여정에 대한 이야기를 풀어놓기 시작했다. 그들이 어떻게 이 강가에 정착하게 되었는지, 온통 숲이던 이곳에서 어떻게 자연을 지배하며 쌀 재배에 성공했는지, 그리고 면과 면화를 재배한 방법 등에 대한 이야기를 했다. 또한 수많은 고려인이 사회주의 노동영웅이 되었다는 사실도 빼놓지 않았다. 우리가 간 지역에는 여섯 개의 집단농장이 있었는데, 이 모든 집단농장의 회장이 모두 고려인이었다. 그리고 이곳에서 가장 유명한 집단농장은 역시 황만금의 폴리타젤이었다. 그동안 이곳을 찾아온 손님들은 정말 높은 사람들이었는데 국가원수, 우주비행사, 유명 작가나 예술가 등이 있었다고 소개했다.

황만금은 집단농장 앞까지 나와서 우리를 맞이했다. 니콜라이 바실리예비치는 이 손님들을 소개했다. 내 차례가 오자 회장은 "40년이 지났는데도 한국어를 아시는군요"라고 내게 말을 건넨 후 다음 손님들을 향해서 말을 이어갔다. 통역은 전혀 필요하지 않았다. 집단농장의 회장은 직접 손님들에게 통역 하나 필요 없이 이야기하고 질문에 답변까지 하고 있었다. 우리는 이 농장에서 마지막으로 문화의 집, 온실, 농장을 둘러보았다. 이곳에서 일하는 이들은 노예근성 같은 것은 찾아볼 수 없이 회장을 대했다. 물론 그런 것은 없었지만 정중하게 대했다는 것은 변하지 않는 사실이기도 하다. 이 역시도 기억에 깊이 남았다.

견학이 끝나고 농장 측에서 한식 요리로 구성된 식사를 대접했다. 식사자리에 손님들을 초대한 황만금 회장은 입을 뗐다.

"당신들이 보고 있지만 여기 있는 우리는 모국을 한반도로 가지고 있지 않습니다. 그리고 앞으로도 없을 것입니다."

그는 왜 그렇게 생각하는지 설명을 덧붙였다.

"우리는 쉽사리 전통을 잃게 될 테고 세대가 바뀔수록 그 경향은 더 심해질 것이기 때문입니다."

저녁 식사 동안 그는 손님들과 잘 어울렸으며, 재미있는 이야기 등을 들려주며 분위기를 주도해나갔다. 그

는 적은 양을 먹었지만 맛있게 먹었고, 손님들을 환영하는 의미로 술을 마셨다. 그 이후로 나는 손님을 접대하면서도 식사자리에서 전체 분위기를 이만큼 잘 만들어나가는 사람을 본 일이 없었다.

어찌하다 보니 집단농장 회장들의 만찬 자리에 초대된 적이 있다. 황만금 역시 그 자리에 동석했지만 그들은 업무적 동료와 같은 느낌을 가지지 않았다. 그들은 마치 어려운 일들을 함께해왔던 친구와 같았다. 늦게 온 사람이든 일찍 온 사람이든 그들은 서로에게 노골적인 표현들을 쓰지 않았다. 내가 '레닌의 길' 집단농장의 회장에 관해 질문을 하자 황만금은 자신의 동료에 대한 말을 나에게 해주었다.

"엄 테렌티 바실리예비치라는 사람은 굉장히 뛰어나고 포부가 큰 사람이었습니다. 열여섯 살에 극동에서 모스크바로 건너와 대학을 다녔습니다. 1년을 공부하고 여름 방학에는 또 한 명의 멋진 사람이 있는 로스토프주(州)로 건너가서 우리들은 농업 협동조합을 조직했습니다. 러시아의 남쪽지방으로 이동한 세 명의 젊은 10대 고려인 청년들은 벼농사를 시작했습니다. 다시 말하자면, 농업이 부흥하기 시작하기 몇 년 전부터 우리는 농업의 가치를 알고 있었다는 것입니다. 이곳은 곧 부흥했고 여름만 되면 고려인 학생들이 몰려들었습니다. 현지 러시아인과 결혼하는 경우도 많았지만 모국어와 문화를 유지하려고 노력했습니다. 엄 테렌티 회장은 이 이상을 실현하려고 활동했습니다."

황만금이 들려준 엄 테렌티에 관한 이야기는 다음과 같다. 젊은 엄 테렌티는 내무부가 고려인 강제 이주를 결정한 1937년에 이곳에 왔다. 내무부의 사람들은 극동 밖의 고려인 생활을 알아보고자 했다. 그리고 어느 화창하던 날에 그곳에 머무르던 학생들을 포함한 모든 고려인이 체포되었다. 그들을 지역 중심에 모아놓고 심문을 시작했다. 그 첫 번째 대상자는 협동조합의 회장이었다. 첫 번째 질문은 당원증의 소지 여부에 관한 것이었는데, 심문자들은 당원증을 확인하자마자 곧장 압수하여 쓰레기통에 던져버렸다. 회장은 심적으로 엄청난 압박을 받았지만, 그들은 태연한 듯 "이제 당원증 따위

를 더는 가질 수 없을 것이오"라고 그에게 말했다. 젊은 테렌티는 그가 별로 연루된 일이 없다는 사실 덕에 무사할 수 있었다. 수사관은 그를 불쌍히 여기고 모든 고려인이 있던 중앙아시아로 보내는 것으로 결정했다. 하지만 이 청년은 그 명령을 어기고 모스크바로 돌아왔다가, 자신이 대학에서 퇴학당한 것을 알게 되었다. 한 여교사가 그를 숨겨주었고 모스크바 - 안디잔을 운행하는 기차표 값을 주었다. 기차 안에서도 전혀 알지 못하는 이들의 도움을 받았다. 안디잔 열차에서 내린 뒤에는 역에서 갈 곳 없이 그저 배회하고 있다가 행운을 만났다. 어떤 상점 앞에서 이미 우즈베크공화국으로 피난 온 자신의 동생을 만난 것이다.

황만금은 그 이야기를 이렇게 마무리했다.

"사람에게 일어나는 어떤 일이든 그것은 인생수업의 한 과정이라고 생각합니다. 테렌티 바실리예비치는 분명 운이 좋았습니다. 자기를 도와준 좋은 사람들을 만났기 때문입니다. 그리고 그는 평생 동안 자신을 도운 사람들을 기억하고 그 사람들처럼 행동하려고 했습니다."

황만금은 또 다른 동료에 대한 이야기를 시작했다. '우즈베크공화국' 집단농장의 김 아브구스트 로마노비치에 관한 이야기였다.

"나는 아브구스트 로마노비치가 슬퍼하는 모습을 자주 보곤 했습니다. 1937년에 그의 부모에게 일어난 운명적인 사건을 그가 기억한다는 사실을 나는 잘 알고 있었습니다. 그는 10년이 넘도록 부모가 어떻게 되었는지를 전혀 알지 못했습니다. 그러나 이 세상에는 분명 부당하게 상처 입은 사람들을 치유해주는 어떤 힘이라는 것이 있습니다. 아브구스트 로마노비치가 기차를 타고 누나와 함께 여행을 떠났는데, 그때 그는 시베리아의 마을에 거주하던 다른 여행자로부터 뜻밖의 이야기를 들었습니다. 그들은 고려인이 거주하던 곳 근처에 살았고 그곳에는 엄청난 억압이 있었다고 했습니다. 그곳에서 남편을 잃은 지 10년이 되어가는 한 고려인 여자가 석방되었다고 했고 그녀는 갈 곳조차 없었다고 합니다. 그래서 그녀는 그 마을에 정착해 뛰어난 수선 솜씨로 살았다고 합니다. 두 남매는 점점 더 걱정이 되어서 이 여자에 관한 질문을 계속했습니다. 자기들이 알고 있던 어머니의 모습과 같다고 생각했기 때문입니다. 그들은 곧장 그 마을로 찾아가서 정말 자신의 어머니를 찾았습니다. 정말 기적 같은 일이 일어난 것입니다. 나는 언제나 아브구스트 로마노비치를 존중하지만, 그 이야기를 듣고 나서 신선한 충격을 받았습니다."

나는 황만금의 현재를 쓸 수 없게 되었다. 그러나 그에게 어떤 것을 말하고 싶은 강한 욕망을 느꼈다. 나는 그가 웃으면서 했던 말을 기억한다.

"이 나라에선 모든 것이 빠르게 변혁될 수 있습니다. 실제로 이곳에서 열심히 일하는 사람들의 꾸준함이 이를 증명해줍니다."

신 갈 리 나
"그는 우리에게 아버지와 같은 존재였다"

내가 옴스크 문화교육대학을 졸업하고 '공산주의의 여명' 집단농장에 있던 집으로 막 돌아왔을 때였다. 나는 마침내 자유를 얻었고 모든 시험을 끝내고 쉴 수 있게 되었다고 생각했다. 그러던 어느 날 폴리타젤 조합원 출신인 김 니콜라이 바실리비치라는 사람을 만나게 되었다.

"우리는 당신의 딸이 엄청난 문화적 소질을 지녔다고 들었습니다."

그가 아버지에게 말했다.

"따님이 굉장히 노래를 잘한다는 말을 들었습니다."

어디서 그리고 어떻게 폴리타젤에서 나와 나의 능력에 대해서 알았는지 재미있다는 생각을 조금 했지만, 나는 평범한 동양 여자에 지나지 않았다. 나는 먼 길을 떠날지도 모른다는 생각에 점점 더 어지러워져 갔다.

나는 폴리타젤의 청춘 악단과 우즈베크공화국 필하모니의 '가야금' 악단에 대해 익히 들어서 알고 있었다. 이러한 그룹 중 하나에 들어가는 것은 틀림없는 나의 꿈이었다. 물론 리드 보컬 솔리스트로 말이다. 그리고 청춘에 초대되었다는 말을 들었을 때 나의 기쁨은 이루 말할 수 없었다. 설령 내가 그 어떤 행보를 보인 적이 없다

신 갈리나 아나톨리예브나는 우즈베크공화국의 유명한 예술가이자 독립국가연합의 가장 유명한 한국계 메조소프라노 가수 중한 명이다. 1956년에 타슈켄트 주 아쿠르간 지역에서 태어났고 1975년에 옴스크 문화교육대학을 졸업했다. '청춘' 악단에서 솔리스트로 활동하여 레닌 콤소몰 상을 받았으며, 우즈베크공화국에서 고려인 대중음악의 주요 출연자 중 한 명이었다. 1989년, 1991년, 1992년에 북한의 평양에서 열린 '4월의 봄' 대회에서 우승하기도 했다. 1991년에는 보컬그룹인 '갈리나 신과 인삼들'을 조직했다. 최근 몇 년 동안 그녀는 '부흥'이라는 이름의 사회문화조직에 헌신하고 있다. 1995~1998년에는 한국의 공연그룹에서 활동했고, 현재는 우즈베키스탄 내의 고려인문화를 적극적으로 홍보하고 있다.

고 하더라도 말이다. 이 평범한 동양 여자는 격렬하게 자신의 감정을 표현할 수밖에 없었다.

그러나 부모님은 완고했고 그들에게 딸은 여전히 아이에 지나지 않았다.

"옴스크로 보낼 것입니다."

아버지가 대답했다. 나는 정말 화가 나서 말했다.

"폴리타젤은 기차로 일주일이나 갈 필요도 없이 그저 버스 타고 한 시간만 가면 되는 거리잖아요!"

아버지는 내 눈을 쳐다보시며 입을 꼭 다물고는 '어른이 말할 땐 저쪽으로 나가 있으라'는 투로 말씀하셨다. 내가 나가려고 하자 어머니가 따라나섰다. 나에게 이 기회가 얼마나 중요한지 그리고 실패하지 않을 자신이 있다는 걸 어머니한테 감히 말씀드릴 수 있었다.

어머니도 역시 무엇인가를 말할 준비가 되어 있었다.

"예술가는 방탕한 삶을 이어가게 되어 있어! 예술가는 마냥 깨끗하고 아름답게 살기만 할 것 같지? 난 이런 현실에 대해서 익히 들어왔다. 안 돼. 난 내 딸이 난봉

꾼처럼 살아가도록 결코 내버려두지 않을 거다."

부모님은 결코 허락을 해주지 않을 것 같았다. 손님이 있었기 때문에 나는 계속 울고 있을 수만은 없었다. 그런데 아버지가 갑자기 어머니한테 한 말씀하셨다.

"무슨 난봉꾼이야? 이해를 못하면 입이나 다물고 있지 무슨 난리법석이람!"

손님은 신기한 미소와 눈빛으로 날 쳐다보았다. 나는 마음속으로 환호했다. 어머니는 분개했다. 어머니는 아버지와 같은 내용으로 말하고 있었는데 도대체 무슨 일이 일어난 것인가! 아버지는 주저하지 않고 말을 이어갔다.

"어서 짐 싸서 폴리타젤로 가거라. 황만금 선생이 우리 갈리나를 부르는 거라면 뭐든 잘될 게야!"

우리는 니콜라이 바실리예비치가 나를 위해 친히 이곳으로 왔다는 자부심과 함께 버스를 타고 폴리타젤로 향했다. 나는 벌써 큰 무대와 열정적인 관중 앞에 선 나의 모습을 상상했다.

폴리타젤의 경작지에 다다랐다. 솔직히 황만금 회장 집무실 앞에서 대기할 때는 겁도 났다. 황만금은 그야말로 전설적인 인물이었기 때문이다. 내 다리는 마치 얼어붙은 것만 같았다. 겨우 정신을 차리고 그의 집무실로 들어갔다.

니콜라이 바실리예비치와 내가 집무실로 들어가자 황만금은 일어나서 우리를 맞이했다. 그는 키가 크고 탄탄해 보이는, 그야말로 여성들이 모두 사랑할 만한 남자의 이미지였다. 그는 짧은 머리를 하고 있었고, 위스키를 담은 잔은 은빛으로 반짝였다.

"안녕, 어린 아가씨!"

그의 첫마디였다. 나는 그의 목소리에서 자신감을 느낄 수 있었고, 그 깊은 내면에는 분명한 친절함과 상냥함이 공존하고 있었다. 그는 나를 앉히고 나의 삶과 부모님에 대해 그리고 옴스크에서의 생활에 대해 자세한 것을 물어보기 시작했다.

"한국 노래 좀 불러봤니?"

티모페이 그리고리예비치가 물었다. 나는 "아니요, 아버지가 부르시는 건 좀 들어봤습니다"라고 대답했다.

물론 한국어로 읽고 쓰는 것은 충분히 할 수 있었다. 그는 말을 이어갔다. 그는 청춘 악단에 새로운 전문 지휘자가 온 것을 계기로 모든 것을 바꾸고 싶다고 했다. 황만금은 마치 내가 이미 청춘에서 일하고 있는 사람인 듯한 느낌으로 말했다. 그리고 그는 내 급여에 대해 물어왔다. 나중에 알고 보니 회장은 벌써 나를 위해서 모든 것을 다 준비해두고 있었다. 이미 집까지 받은 상태였다.

예술가로서 나의 중요한 경력이 되었던 청춘 악단과의 만남은 이렇게 시작되었다. 어머니는 황만금을 평소부터 잘 알고 있던 것처럼 인사하곤 했다. 그러나 나는 마치 가시방석에 앉은 것 같은 느낌을 받았다. 어머니가 뭔가 터무니없는 것이라도 말할 것만 같은 느낌이 있었기 때문이다. 그러나 어머니도 딸의 운명 속에 감추어진 그 어떤 불안을 해소시키기 위해 언제나 노력 중이라는 사실을 나 역시 잘 알고 있었다. 나처럼 젊고 부모의 관심에서 벗어난 독립된 삶을 사는 사람들의 부모라면 역시 그렇지 않겠는가. 황만금은 이런 분위기를 빠르게 판단했다. 그는 일곱 번째 감각이라도 가지고 있는 듯했다. 사람을 보자마자 정확하게 판단할 수 있는 신기한 능력을 가졌던 것 같다. 그는 이내 청춘 악단의 전망에 대한 자신의 견해를 말했다. 그의 말에는 어떤 특별한 감정이 느껴지지 않았지만 구체적인 사실과 수치로 신뢰감을 주었다. 그 말은 어머니의 귀로 곧장 흘러 들어갔다. 그들은 좋은 감정을 가진 친구처럼 헤어졌다. 이것은 내게 참으로 다행스러운 일이었다.

황만금은 바쁜 외중에도 우리 악단에 자신의 시간을 할애했다. 그는 우리의 쇼 리허설에 참석하면서 최고의 팬이자 심사위원같이 행동했다. 그는 매우 신중하게 우리의 모든 필요한 점을 처리해주었다. 새로운 의상이 필요할 때, 버스가 필요할 때, 그는 언제나 우리를 기다리고 있었다. 그는 우리가 불만 한마디 할 수 없게 훌륭하게 만들어주었다. 황만금은 자신과 우리를 믿고 우리를 섬세하게 관리해주었다. 그리고 우리는 진정한 예술가이자 공연자가 된 듯한 느낌을 받을 수 있었다.

나는 청춘에서 완전히 성장하지 못한 채 모스크바의 대회에 나가게 되었다. 물론 황만금은 쉽게 허락해주었

다. 이러한 신뢰들은 열정적인 업무능력 향상에 큰 도움이 되었다. 이러한 도움 덕에 우리 악단은 1977년 우즈베크공화국 콤소몰 대회에서 대상을 받았고, 2년 뒤에는 전국 콤소몰 대회에서 대상을 받을 수 있었다.

그의 도움 덕에 나는 27년이나 우즈베크공화국의 진정한 프로라는 영예를 얻을 수 있었다. 물론 이것은 엄청나게 특별한 사건이었다. 심지어는 이 분야의 최고 전문가들도 이만한 영예를 안을 수 없었기 때문이었다. 나는 그저 한 농장 악단의 솔리스트에 지나지 않았을 뿐인데도.

그 이후로도 강산이 몇 번이나 변할 만큼 시간이 많이 흘렀지만 황만금만큼 나에게 믿음을 줄 수 있는 사람을 만난 적이 없다.

어느 날 밤이었다. 나는 문이 삐걱거리는 소리를 들었다. 나는 즉시 뛰어갔고 그 어둠 속에서 알 수 없는 어떤 이의 윤곽이 출입구에 비추어지는 것을 보았다. 그는 취객이거나 약이라도 한 듯 발이 굳어 있었다. 하지만 역시 내가 가장 겁에 질릴 수밖에 없었던 것은 그의 손에 칼이 쥐어져 있다는 것이었다. 도대체 왜 그 알 수 없는 사람이 야심한 밤에 나를 찾아왔는지는 나로서도 알 방법이 없지만, 아마도 내 지갑에 관심이 있었거나 나를 죽이고 싶었던 것 같았다. 어쩌면 그저 추워서였을지도 모르겠다. 하지만 중요한 것은 내가 그 칼을 쥔 낯선 이에게 전혀 무언가를 물어볼 수도 없을 만큼 다급한 상황에 있었다는 것이다. 나는 맨발인 채로 창밖으로 뛰쳐나가 어디로든 발이 닿는 곳으로 뛰어갔다. 도로를 가로질러 다른 창으로 뛰어들었다. 다행히도 우리의 트럼본을 담당하고 있던 김 비탈리의 집이 근처에 있어 그 집 창으로 뛰어들었다. 그곳은 내가 당시 느꼈던 유일한 피난처였다.

이 야밤의 대소동 때문에 정말로 나는 기절할 듯 놀랐고 정말 청춘에서 달아나고 싶을 지경이었다. 내가 공연에서 박수와 꽃다발을 받기라도 한다면 이 빌어먹을 녀석은 곧장 내 모가지에 칼집을 낼지도 모르는 일 아닌가? 이런 생각 덕분에 난 도무지 웃을 수 없었다. 그러나 황만금이 날 꾸짖는 모습을 보자 어느새 '내가 황만

금 선생에게 꾸지람을 듣느니 죽는 게 낫겠다'는 생각을 할 수밖에 없었다.

그가 감옥에서 출소하자마자 나는 서둘러 그를 보러 갔다. 황만금은 애써 괜찮은 척하려고 했지만 그는 연기자가 아니었다. 그는 내 손을 잡고 눈을 바라보며 입을 떼기 시작했다.

"나는 아무것도 후회하지 않아. 그러나 무엇 때문에 내가 이런 일을 당해야 하는지 정말 이해하지 못하겠다고."

그러고는 이내 돌아섰다. 나는 그의 눈물을 보고 싶지 않았다. 이미 내 눈물샘이 터져버렸기 때문이었다.

우리는 긴 침묵을 이어갔다.

1996년에 나는 투르키스탄 극장 20주년 행사에 참석했다. 황만금도 명예롭게 초대된 손님이었다. 그는 무대로 나와서 날 가장 처음으로 소개한 뒤 알라 푸가초바보다 뛰어난 가수라고 소개했다.* 이것이 황만금과의 마지막 만남이었다. 그다음 해에 그는 올 수 없었기 때문이다.

우리가 황만금처럼 관대하고 넓은 생각을 가진 지도자가 될 수 있겠는가? 나는 그 사실을 믿고 싶다. 그 덕분으로 우즈베키스탄에서 고려인의 위상이 올라갔다. 우리는 이것을 유지할 필요가 있다. 앞으로 태어날 다음 세대와 현재 세대의 우리 민족을 위해서 말이다.

박덕영

어쩌면 이는 예측된 일이었는지도 모르겠다. 그들의 첫 만남은 정말로 우연이었다. 그 사람은 황만금과 튼튼한 한 줄로 매인 것 같은 운명의 동반자였다.

시간은 사람을 기다려주지 않는다. 질병이 언제나처럼 또 창궐했다. 손에서는 힘이 빠지고 집에서 움직이는 것조차 힘들었다. 주름이 밭고랑처럼 그의 얼굴을 뒤덮었고 머리는 하얀 서리가 내린 것처럼 희끗희끗했지만 눈은 살아 있었다. 당신은 이 늙은 사람으로부터 어떠한 친절을 느낄 수 있었을 것이다. 때로는 유치하도록 순진하지만 때로는 슬프고 그 안에는 솔직함과 정직함이 담겨 있었다. 도대체

그들은 뭐 하는 인물들이란 말인가! 어느덧 20년 정도가 지난 일이었고, 이제 그의 모든 손동작과 말하는 것은 이전의 그와 같지 않았다. 이데올로기에 대한 치명타, 업적에 대한 배신, 당의 강화를 위해 희생되었지만, 행동의 정당성에 대해 더는 흔들리지 않는 믿음이라는 것이 있었다.

박덕영은 1922년 12월 12일에 연해주 올긴스키의 가난한 농장에서 태어났다. 1937년의 비극적인 강제 이주 이후, 그는 1942년에 타슈켄트 지역의 11번 학교를 졸업했다. 그는 철도부대에서 군 생활을 조합원으로 보냈다. 전역 후에는 그의 고향 학교에서 군사체력훈련을 가르쳤다. 그러면서 타슈켄트 국립대학에서 역사학을 전공했다. 남는 시간에는 학교에서 역사학과 지리학도 가르쳤다. 1954년 9월까지 2년간 안그렌 중학교에서 교장으로 있으면서 당 선전부의 부국장 업무를 시작했다. 그는 노동 청년들을 위한 야간학교에서 강의도 했다.

1955년 8월에 소비에트연방 공산당의 창립과 소비에트연방 장관회의의 '공동업무 조합원의 추가 강화 조치'에 따라 그는 타슈켄트 주 남치르치크 지역으로 보내졌고, 1960년 초부터 당 비서와 '인터내셔널 3' 집단농장의 부회장이 되었다. 그리고 여기서부터 바실리 세메노비치의 인생의 가장 중요한 새로운 한 막이 시작되었다.

나와 황만금과의 첫 만남은 1956년이나 1957년부터 시작되었을 것이다. 나는 자주 농장에 들러 조합원들의 모범 사례 등을 공유하면서 어떻게 일이 돌아가는지 배웠다. 일반적으로 이 그룹의 구성원에 의장, 당 비서, 농학자, 작업반들 그리고 기술자들이 들어갔다. 그렇게 한 달이 지나고 같은 목적을 지닌 우리의 '인터내셔널' 농장은 '폴리타젤' 농장으로 변화되어갔다.

우리가 느끼기에 이미 그 시기에 농업은 급속히 발전

---

* 알라 푸가초바는 소비에트연방의 최고 여가수로 평가받은 가수로서 현재 러시아에서 활동하고 있다.

되었다. 그래서 무엇을 봐야 하는지 그리고 무엇을 논의해야 하는지를 많이 생각하기도 했다. 무엇에 대해서 우리가 이야기했는지 정확히 기억이 나진 않지만, 눈앞이 깜깜해지는 기분도 꽤나 들었던 것 같다. 그런 부분이 잊혀가던 어느 날에 농업 경제학자로는 최고로 유명하던 박 안드레이 체르수노비치가 나를 직접 방문했던 것만은 확실히 기억난다. 황만금이 같이 일할 사람으로 데려온 사람이었다. 이제는 필사적으로 이런 학식을 받쳐줄 팀의 구성원이 필요했다. 티모페이 그리고리예비치는 역시 우리의 밤중 대화를 잊지 않았고 마음속에 꼭 담아두었던 모양이다. 얼마나 심사숙고했을지 그려진다. 얼마나 피곤했을까? 사실 우리처럼 튼튼하게 세워진 당이나 조직 같은 것은 존재하지도 않았다. 여기에는 300여 명의 공산주의자가 등록되었다. 그렇다고 해서 바로 당 같은 것이 세워진 게 아니었다. 약 2개월간 나는 현지 학교에서 교장으로 근무했고, 2년간 농장의 경제학자로 근무했다. 이것은 나의 미래 경력에 상당한 도움이 되었다. 내 눈에는 구세대의 농민들에 의해서 선진 경제로 발전해나가는 것이 보이기 시작했다. 면화는 어느 장소에서든 이미 헥타르당 4.7에서 5.2톤, 아욱은 19.5톤을 얻어내고 있었으니 말이다! 1962년에는 고기는 300톤을 생산하고 있었고, 100톤의 우유와 80만 개의 달걀을 생산하고 있었다. 심지어 그 시기에는 늪으로부터 1,000헥타르 이상의 경작지를 새로 개간했다.

이 수치를 다르게 바꿔보자면, 황만금이 회장이 되기 전과 비교해 아욱은 50배, 고기와 우유 역시 각각 50배, 면은 34배, 달걀은 98배까지 늘어난 생산량이었다. 냉정하게 경제적으로 분석해보아도, 회장 덕분에 사람들이 자신의 일을 열심히 할 수 있었고, 회장은 이 수천 명의 사람들에 대해 사심 한 톨 없이 일을 진행해나갔다.

이 시기에 우리는 소비에트연방 노동영웅이자 소비에트연방의 대의원이던 이 류바의 도움을 받을 수 있었다. 우리 농장은 북치르치크의 생산시스템을 활용하여 옥수수의 새로운 종자를 얻기 위해 400명을 동원할 수 있었다. 우즈베크공화국만이 아닌 다른 중앙아시아 국가들에서도 몰려들었다. 이러한 작업을 통해 1962년

박덕영(바실리 세메노비치)은 1962년부터 당 비서와 폴리타젤의 첫 번째 부의장을 겸임했다. 그는 한 세기의 4분의 1가량을 황만금과 함께해온 사람이다. 황만금 회장의 오른팔이자 동반자이고, 이른바 '황금시대'(전국적으로 폭발적인 경제성장이 있던 시기)의 살아 있는 증인이다.

우리는 100톤의 옥수수를 더 얻어냈다. 우리의 성과로 우박과 비에 강한 종자가 탄생했고, 이로 인해 전국경연에서도 메달을 딸 수 있었다. 우리는 이제 '별'이라는 길의 시작점에 있었던 것이다!

이 짧은 기간 동안 사람들이 어떻게 변화할 수 있었겠는가! 회의와 불신 같은 것은 이미 곱게 접어 하늘 위로 날려버렸다. 어두컴컴해지도록 작업장이나 밭에서 시간을 낭비할 필요조차 없었다. 수확해대는 것만이 아니라 집에서 쉬는 것조차도 중요한 근무이고 번영을 위한 것이라는 것을 모두가 잘 이해하고 있었다. 그게 아닌 사람이라면 자신을 비관해야 했겠지만 말이다. 그리고 열심히 일했다. 하루의 시간과 날씨 같은 것은 별문제가 되지 않았다. 몇 년 전에 농장에서 보았던 이들은 도대체 어디로 갔을까? 낙오되는 이 하나 없이 대부분 모두가 크게 성장해나가고 있었다.

이 시기의 전형적인 예를 하나 들어보자면, 같은 62제곱미터짜리 밭에서 더 많은 옥수수를 수확할 수 있었는데, 중요한 것은 그 앞의 일이었다. 이른 가을 날씨와 미칠 듯한 폭우가 수확을 방해했다. '드네프롭스키 200' 종자는 KKX-3 모델의 콤바인으로도 어림없었다. 우리는 이 상황에 대한 색다른 방법을 찾아내야 했다. 그러지 않으면 차후 언젠가는 큰 문제로 번질 것이었다. 이

문제를 놓고 옥수수팀 팀장을 비롯한 수많은 농장 관계자들이 걱정했지만 직원들은 어찌해야 할지 방도조차 찾지 못하고 있었다.

우리의 기술자였던 유 콘스탄틴과 최석조, 이 예브게니와 황 유리가 독창적인 방법을 제안했다. 그리고 수확의 진행과정을 변경해나가기 시작했다. 그들은 오래된 공장들을 제거하고, 그렇게 생긴 공간에 물이 통과할 수 있는 미묘한 공간들을 창조해나갔다. 이 첫 번째 방법이 장려되기 시작했다. 이렇게 확장된 방법은 정말 훌륭했다. 짧은 기간 동안 나머지 부분을 해결해나갔다. 이 방법은 수확시간을 단축시키는 동시에 옥수수를 수동으로 수확하는 상황을 줄여주었다.

나에게는 산업처 부장 제안이 여러 차례 들어왔다. 스베르들로바의 이름을 딴 '프라브다'라는 집단농장이었는데, 마지막으로 지방 당위원회의 위원장으로까지 나를 임명하겠다고 설득했다. 프라브다 집단농장의 장인 말리크 압두라자코비치의 대화 제안을 받아들이기로 했다. 그는 처음부터 넌지시 '이 중요한 안건에 대해 당신을 초대하고 싶소'라는 식으로 던져댔다. 뭘 할 수 있었겠는가? 폴리타젤에서 근무한 지 얼마 안 되었지만 내 마음속에는 이미 이곳 사람들이 확실히 자리 잡고 있었다. 마음속으로는 이미 황 회장과 항상 일하고 있었다. 내 대답은 그를 실망시키기에 충분했다. 나는 퉁명스럽게 "여긴 제가 일할 만한 곳이 아니란 걸 아시잖소"라고 말했다. 그는 나를 노려보더니 잠시 후 미소와 함께 많은 것을 생각하게 하는 말을 던졌다. "뭐 어쩌겠소. 집에나 가시오"라고 말이다. 사실 나는 여기서 이야기가 끝났다고 생각했다. 하지만 그게 아니었다. 당위원회에 소속되어 있던 나의 친구는 이미 당 중앙위원회의 요청대로 서류가 준비되어가고 있다고 넌지시 알려주었다.

당 중앙위원회의 높으신 분들이 제안하는 것은 어떠한 방식으로든 될 수밖에 없는 일이었으며, 이건 당연히 직접적인 의사표현이라고 볼 수 있었다. 그러나 황만금이 어떤 사람과 만나서 어떤 이야기를 나누었는지는 모르겠지만 얼마 뒤에 그는 나에게 농장에 남아 있으라고

했다. 이 작은 에피소드는 높은 정치권에까지 황만금의 영향이 있었다는 충격적인 이야기이기도 하다. 타고난 협상가였던 그는 직접적으로 자신의 목소리를 높이지 않고도 자신의 성격과 신념에 반대되는 인물들을 설득하는 방법을 알고 있었다. 그렇게 시간이 흘렀다.

15년도 더 지난 어느 날 나는 샤라프 라시도프와 만나면서 황만금이 어떻게 나를 잡아두었는지 알 수 있게 되었다. 당시에 라시도프는 당 중앙위원회 위원이자 타슈켄트 지역위원회 사무국 서기장이었다. 이런 사람을 황만금이 설득했다. 티모페이 그리고리예비치는 내가 폴리타젤에서 더 많은 일을 할 수 있다고 판단한 후 라시도프를 만나서 담판을 지었던 것이다. 라시도프는 나에게 모든 것에 대해 말했다.

"우리는 바실리 세메노비치를 중앙위원회에 앉히고 싶어 했지만 황만금 회장이 결국 나를 설득시켰습니다. 그런데 결과적으로 그의 판단이 옳았다고 지금 생각합니다. 폴리타젤은 확실히 발전했고 당 조직은 여전히 강합니다."

라시도프와 황만금 회장은 여전히 좋은 관계를 유지하면서 자주 만난다. 그는 비록 짧은 기간이지만 폴리타젤에 내려와서 시골의 평온함을 느끼고 돌아가곤 했다. 우리가 어떤 사람인가? 공화국의 가장 중요한 인물들이었다.

라시도프는 경청할 줄 아는 사람이었다. 그는 폴리타젤의 성공과 그 영향력에 대해서 높은 관심을 가지고 있었다. 우리가 만나서 나누었던 이야기들은 실제로 국가적 차원의 정책으로 나오는 경우도 있었다. 두 거물급 정치인이 세상을 바라보는 공통점은 모두가 행복해질 수 있는 조건을 찾는 것이었다. 라시도프는 황만금의 인품과 능력을 좋아했다. 그는 지능적이고 원칙에 충실했으며, 특정 분야에 대한 관심을 가지고 그것을 발전시킬 줄 알았다. 두 사람 모두 업무가 많았기 때문에 특별한 경우가 아니면 자동차를 타고 드라이브하면서 많은 이야기를 나누었다. 그들은 서로 신뢰했고, 그의 측근들은 그들의 건설적인 관계를 잘 알고 있었다. 공화국의 최고위원회는 현장에서 우수한 결과를 달성한 집단농

장 조합원에게 상장을 수여했다. 나는 영광스럽게 가장 명예로운 훈장을 받을 수 있었다. 라시도프는 따뜻하게 나의 손을 흔들어주었다.

황만금은 집단농장을 위해 농기구, 비료, 씨앗 등 모든 사항을 알고 싶어 하는 끈기와 지식, 의지가 있었다. 그가 가는 곳에는 언제나 긍정적인 결과가 나타났으며, 관련된 사람들과도 지속적으로 좋은 관계가 유지되었다.

황만금은 폴리타젤의 기계화와 현대화를 추구했다. 동시대에 가장 좋은 기계나 장비를 어떻게 해서든 구입하고자 노력했다. 그는 교육부를 통하여 전문 오디오 장비를 두 세트나 보급받았고 그 이외에도 기타, 타악기, 앰프, 스피커, 마이크까지도 받아냈다. 그 당시 이런 것을 얻어내는 것은 쉬운 일이 아니었다. 그 당시에 전 표트르가 운영하고 있던 '청춘' 악단의 순회공연이 시작되었다. 국가에서 주최한 권위적인 대회에서 수상하고 국제대회에서도 수상한 유명한 그룹의 공연은 언제나 관중들의 열기로 가득 찼다.

황만금은 우리 시대의 모든 것과 연결되는 사람이다. 노동영웅이었을 뿐만 아니라 사람들의 입에 장시간 오르내리고도 한 공동체의 영광스러운 인물이다. 그것은 분명한 사실이었다. 긴 세월이 지났지만 그의 영향력은 여전히 남아 있다. 그와 함께 일했던 사람 중에서 그를 잊을 사람은 없을 것이다. 만약 잊는다면 그건 정말 화를 낼 일이다. 나는 그런 사람들에게는 절대 동의할 수 없다. 황만금의 재능과 에너지는 어려운 시기에 폴리타젤을 만들어내면서 발휘된 것이다.

농업 분야에서 우리는 전국적으로 강한 영향력을 지닌 훌륭한 고려인을 만날 수 있었다. 폴리타젤이 일구어낸 멋진 영광은 일반 조합원을 비롯한 지도자들까지도 자랑스럽게 이야기할 수 있는 부분이다. 최악의 조건에서 단순히 새로운 국가에 적응하는 것만 생각한 것이 아니라, 국가와의 관계를 다지고, 개발하고, 모든 부분에서 전례 없이 엄청난 수준에 도달한 그의 삶은 충분히 가치가 있다 말할 수 있지 않겠는가!

문 필 춘
"그의 삶에는 가치가 있었다"

문필춘은 조금만 더 있으면 아내 박 류드밀라 일라리오노브나와 결혼 50주년을 맞이하게 된다. 반세기를 그녀와 함께 보낸 것이다. 그들에게는 아들이 셋에다 손자 다섯과 손녀 한 명이 있다.

장남 이고르는 아들 중 유일하게 아버지의 발자취를 따라가지 않았는데, 교통대학을 졸업하여 우스츠카메노고르스크에 거주 중이다. 차남인 유리와 삼남인 알렉은 아버지를 따라 이르쿠츠크 농업대학을 졸업했다. 한 명은 일반 회사에 취직하여 일하고 있으며, 다른 이는 슈셴의 크라스노야르스키 지역의 중요경제구역에서 일하고 있다. 세 아들은 모두 고등교육을 받았으며, 가정을 가졌고, 탄탄한 기반을 바탕으로 생활하고 있다. 이 역시도 부모에겐 큰 기쁨이다.

1958년에 극동에서 고향으로 돌아온 후에 나는 타슈켄트에서 일자리를 찾기 시작했다. 여전히 폴리타젤은 나의 프로필을 필요로 했고, 그렇게 모든 것이 시작되었다. 사실 이 당시에 축산분야의 전문가는 별로 없었다.

처음에 일은 그렇게 크지 않은 농장에서 이루어졌다. 가축이 400마리 정도 있었는데, 젖소가 100마리이고 돼지가 300마리였다. 그 외에도 닭이 2,000마리 정도 있었다. 이 가축은 토종이었고, 고급 젖소와 착유량도 크게 다르지 않을 만큼 훌륭했다. 분명하게 내가 기억하는 것은 집단농장의 분위기가 정말로 열정적으로 불타오르고 있었다는 것이다. 시간과 비용을 효율적으로 활용하여 식물을 재배하고 동물을 사육하는 방식이 나타나기 시작했다. 양마는 꽤 안정적인 수입을 제공해주었다.

황만금은 축산 분야에도 지원을 아끼지 않았다. 이러한 신뢰에는 큰 책임이 따른다. 쿠반의 여러 장소를 다니면서 발트의 변두리에선 아예 한 달을 방랑하기도 했다. 그는 모범 사례를 연구하면서 품종을 개량하여 가축 수를 늘리는 작업을 우선시했다. 그곳에서 가축 100마

문필춘은 1931년에 연해주의 시코토프 마을에서 태어났다. 그의 가족은 농업으로 생계를 이어갔다. 1937년 강제 이주 이후 그는 타슈켄트 스레드녜치르치크 지역의 '새로운 길'이란 집단농장에 배치되었다. 그로부터 10년이 지났을 때, 그는 학교에서 볼셰비키의 산업을 배울 수 있었다. 1957년 이르쿠츠크의 농업대학을 졸업하여 이 분야의 전문가가 되었다. 1958년에 고향으로 돌아와서 폴리타젤 집단농장에 취직했다. 이때부터 1991년까지 그는 축산 전문가로서 업무를 수행했고, 명예의 훈장과 우즈베크공화국 축산업 최우수자상을 수상했다.

리를 데려왔다. 그러나 처음에는 일이 그렇게 원활하게 진행되지는 않았다. 북부산간 지역에서 살던 가축에게 이곳의 날씨가 너무 뜨거웠던 것이다! 하지만 그 가축들은 차근차근 우리 지역의 기후조건에 적응해가기 시작했고, 1960년대에는 투젤에 축산국이 조직되었다. 집단농장은 나의 제안을 따라 양질의 네덜란드 황소 품종을 수입했다. 우리의 토종 소는 인공수정되었고 결과물은 생각보다 이른 시간에 나오게 되었다. 첫해를 예로 들자면, 젖소 한 마리에게 1,500킬로그램의 우유를 뽑아낼 수 있었고, 5년차에는 2,200에서 2,300킬로그램의 우유를 뽑아낼 수 있었다. 그로부터 5년이 더 지나자 3,000킬로그램으로 증가했고, 1975년에는 4,443킬로그램까지 뽑아낼 수 있었다! 이러한 방식으로 농장의 가축들을 잘 키워 우리는 꽤 많은 이득을 얻을 수 있었다. 좋은 순종 암소의 경우 1,000루블 이하로는 판매하지 않았지만 200마리에서 300마리까지 판매했다. 정말 이 시기에 우리는 크게 성장할 수 있었다. 집단농장의 수익 창출에 축산이 큰 기여를 했다. 1970년에는 이미 폴리타젤의 농장지에서 5,000마리 이상의 가축을 볼 수 있

었다. 소 1,000마리, 돼지 1,000마리와 그 밖에 여러 종류의 가축이 있었다.

1960년 이후에는 약 10여 년 동안 가축 수가 대략 열 배 증가했다. 어떠한 농장도 수치로는 우리와 비교되지 않았다. 그래도 일부는 생산성이 우리와 비슷한 곳이 있었다. 유능한 전문가들을 초대하여 사육방법 및 동물 사료 생산에 획기적인 방안들을 논의하기도 했다. 이러한 노력으로 탄생한 '붉은 폭포' 연구소에는 집약적이고 자동화된 착유시스템과 같은 첨단 시스템을 갖추게 되었다.

많은 사람들이 가축을 더 이해하고 심리적으로 문제에 접근하면 훨씬 더 효율적으로 일을 수행할 수 있다. 황만금 같은 지혜로운 지도자의 지원과 단기적인 이익만이 아닌 장기적인 이익을 구상하는 마인드를 갖추면 수익은 훨씬 더 보장될 수 있다. 나는 모든 시간을 집단농장에서 추가 수익을 어떻게 올릴 것인지 연구하고 또 연구했다. 모두가 업무를 하는 과정에서 문제점이 나타나면 황만금은 자신의 아이디어와 혁신적인 제안들을 내놓으면서 격려했다.

지금은 알고 있지만 우리는 당시에 '시장경제', '비즈니스', '마케팅' 같은 단어들을 잘 몰랐다. 배분 및 재배분이 이루어지는 사회주의적 시스템에서는 오히려 이러한 단어들이 낯설기만 했다.

이 시기부터는 농축된 사료를 사용했다. 일반적으로 가축 사료가 부족한 경우가 많았다. 회장은 이 문제를 해결하기 위해 150헥타르에 달하는 땅에 옥수수 잡종을 심는 것을 지시했다. 그의 계산은 정확했다. 당시의 밀가루 가격은 킬로그램당 10카페이카에 해당했고, '대지의 여왕'이라는 이름의 종자는 1루블에 달했다. 연간 1,000톤을 국가에 내고도 사료를 구매할 여유분이 생겼다. 이 여유분은 절대 거짓말을 하지 않았다. 심지어 남을 지경이었다. 그들은 서슴지 않고 근처의 '진실', '레닌의 길', '스베들로프'와 같은 집단농장까지 사들였다.

대단한 사업가가 우리의 회장이었다! 그는 사업에 대해 열정적으로 깊은 관심을 보였다. 매일 아침 9시에서 10시까지 농장에 들렀고, 하루에 대한 일과를 철저히

설정했다. 그는 항상 모든 사람의 말을 주의 깊게 경청했고 축산 전문가들의 의견을 무시한 적이 없다. 모든 의견을 신뢰했다. 그의 부관을 임명하는 데서 꽤 사소한 문제가 터졌는데, 그로부터 여러 가지 문제가 생겼고, 특정 영역에서의 고급 기술을 구현하는 데 속도가 매우 느려지면서 그는 이것을 책망했다. 그는 엄격할 때는 지나치게 엄격했지만 분명 좋은 일을 보장했다. 다른 사람 같으면 꿈도 꿀 수 없는 것이었다! 평균적으로 농부의 가족들에게 자동차를 지급했고, 다년간 저축하는 것까지 가능하게 했다.

번영했고, 풍족하게 살았다. 연간 85개에 달하는 농장에서는 1,000만 루블이라는 수익이 생겼다. 황만금은 더 많은 수익을 사람들에게 분배하고자 했고, 가구당 8등급으로 나누어 수익을 보장했다. 최고 등급은 4등급이었지만 회장은 허점을 발견했고 그 말을 지켰다.

배고픔, 슬픈 기억, 후회 등을 우리는 기억한다. 그러나 그는 사람들에게 희망을 불어넣고 가장 가치 있는 현실을 만들었다. 수많은 이름들 속에 첫 번째 행에 확실히 기억될 한 사람이 있다. 그 이름은 황만금이다. 이 이름을 기억하라!

황 티모페이 첸소노비치는 우즈베키스탄 - 한국 합자회사인 '대동강'의 사장이다. 1949년 타슈켄트 주 프스켄트 지역에서 출생했다. 1971년에 타슈켄트에서 대학을 졸업한 후 1973년까지는 청춘의 예술감독으로 활동했다. 1974년부터 1977년까지는 공항 엔지니어로 있다가 1977년부터 1988년까지 타슈켄트 주 집단농장인 '레닌의 길' 부회장으로 근무했다. 그는 문화교육센터 '삼천리'와 우즈베크공화국 생산협회인 '렌손'의 이사회장으로 비교적 최근인 1990년까지 근무했다. 여기서 물러난 뒤에 국가 소비자보호협회의 명예회장으로 근무하다가 2009년에 세상을 떠났다.

황 티모페이
"황만금은 우리의 영혼의 한 부분이 되었다"

이미 잊혀가는 기억들이 생기고, 노안이 시작되고, 뇌뿐만 아니라 모든 부분의 노화가 시작되었을 때, 오히려 사람들은 더 많은 것을 깨닫기 시작한다. 때로는 과거에 대한 슬픈 기억들이라 할지라도.

자연은 우리의 생각을 절제시키고 우리가 어떤 슬픈 결말조차도 기다리지 않게 만들었다. 그것은 유감스럽게도 사실이었다. 우리는 불행한 시대를 살면서 우리의 부모가 남긴 유산 그리고 우리가 만들어갈 유산이 우리 후손들에게 떠넘겨질까 봐 근심하면서 살고 있다. 우리가 걱정하는 일에 대한 변화와 해결을 위한 열정을 우리는 생각하고 기다리기만 했다.

당시 사회에서 명예와 존경은 돈보다 중요했다. 인간

의 우정이라는 것은 지갑의 두꺼움과 얇음에 따라서 판결났다. 그러나 우리는 그저 따뜻한 온실에서나 사는 평범한 거주민이었을 뿐이다.

전성기를 추억해보면, 폴리타젤에서 일하던 그 시기에 발생한 많은 이야기들을 어떠한 크기의 종이에도 다 채울 수 없다. 그러나 우리의 마음과 삶 속에 '그 사람'은 따뜻한 한 조각으로 추억되고 있다.

우리의 인생을 완성시킨 '그 사람'은 굉장한 호남형인 집단농장의 지도자 황만금이었다. 그는 자신보다 더 소비에트연방의 시스템을 사랑했다. 자기 자신보다 다른 이들을 훨씬 더 감싸안았던 '그 사람'은 내 마음속에 강하게 남아 있다.

내 기억은 세 개의 시간으로 나뉜다.

첫째, 나의 젊은 시절에 관한 기억은 모호하지만, 친한 여성이 내게 보낸 편지를 읽고 있던 그의 모습은 확실히 기억난다. 이름이 비슷해서 내 편지가 그에게 가는 경우가 종종 있었다. 이것은 그에게 훌륭한 재밋거리가 되었지만 언제부터인가 나의 성공과 문제점에 대해 이야기도 나누었다. 그는 그 편지들을 모두 내게 돌려주었다. 그럴 때면 나는 얼굴이 인디언처럼 시뻘겋게 상기되어 구석에 웅크리고 앉아 이대로 땅이 꺼졌으면 하는 마음을 가졌던 것이 한두 번이 아니었다. 이 빌어먹을 운명을 저주하기도 했었다. 그 당시에 내 기억 속의 그는 내 편지나 훔쳐 읽는 '나쁜' 아저씨일 뿐이었다.

나이가 더 들고 판단력이 생길수록 내가 생각하던 그 나쁜 아저씨에 대한 기억은 정반대로 나타났다. 사람에 대해 알면 알수록 장점과 단점을 볼 수 있는데, 그 사람에 대한 나의 판단은 더욱 확신을 주었다.

1960년대와 1970년대는 소비에트연방의 집단농장에 관한 이야기가 유행이었다. 그가 시작한 농장은 다른 집단농장들이 모방하고자 하는 대상이 된 지 어느덧 2년이 되었고, 그와 농장의 이름은 전설이 되어갔지만 그게 마냥 좋은 것만은 아니었다.

나는 이 집단과 스포츠 활동에 익숙해져 가고 있었으며 청춘 악단과 폴리타젤 축구팀에 대한 많은 기억을 가지고 있다. 축구팀에 대해서는 많은 것을 말할 수 없지만 청춘 악단과 그 역사만은 확실히 이야기해줄 수 있다.

당시 집단농장에서 문화와 예술 활동은 황만금 식으로 매우 건전하게 운영되고 있었다. 그의 아들인 예브게니로부터 최신식 악단이 시작되고 있었다. 예브게니와 나는 친구로서 이러한 생각들을 공유하고 있었다. 믿기 어렵겠지만, 처음에는 이러한 작업들을 위해 방송국에서 버려지는 폐장비들을 구해다가 수리해서 사용했다. 이 악단의 미래가 어떻게 될지 우리는 아무도 몰랐다. 그때는 '청춘'이라는 이름도 없던 시절이었다. 그러나 시간이 지나면서 집단농장에서 이 악단은 점차 인기를 얻기 시작했다. 문화부에서 장비를 얻어내기 위해 회장이 적극적으로 도움을 주었다. 티모페이 그리고리예비치는 그때 자신의 모든 것을 동원해서 장비를 받아내려고 했다.

나는 종종 나 자신에게, '우리가 회장에게 장비를 부탁하면 얼마나 해줄 수 있을 것인가?' 하는 질문을 던져보곤 했다. 나는 아직도 우리가 콩쿠르에서 대성공을 거두고 모스크바에서 타슈켄트로 돌아왔을 때 그가 얼마

나 기뻐했는지를 기억한다. 이 시골 악단이 이 대회의 역사에 길이 남을 결과를 만들어냈을 때 그가 보여준 희열에 찬 모습이 아직도 생생하다. 우리가 폴리타젤의 이름으로 빨간색 노동 배지를 받을 차례가 되고 소비에트연방의 법령이 읽혀지기 시작하자 그는 다시 한 번 더 행복한 얼굴을 보였다. 문화의 궁전에 있던 티모페이 그리고리예비치의 모습을 여러분들이 볼 수 있어야 했는데 말이다.

과거에 황만금 같은 부류의 사람들이 어떻게 다른 사람들의 동기를 불러일으키고 어떠한 사회적 요구가 필요한지 고민하는 것을 현재를 사는 사람들이 이해하기란 힘들다. 사람들을 위해서 당근과 채찍을 동시에 들 수는 아마 없을 것이다. 황만금이 재판 없이 구류되는 이 악명 높은 긴 기간이 내가 고려문화협회의 건립에 적극적으로 참여하게 된 촉매가 된 것은 비단 우연이 아닐 것이다.

오랜 기간 동안 '레닌의 길' 집단농장의 엄 테렌티 바실리비예치 회장과 작업하면서 그들의 관계를 관찰할 기회가 있었다. 한편으론 맞수였지만 다른 한편으로는 절친한 친구였다. 나는 14년간 그와 함께하면서 테렌티 바실리예비치가 나이가 많다고 해서 황만금에 대해 어떤 나쁜 말을 하는 것도 본 적이 없으며, 나이가 많고 적음을 떠나 서로 존경하는 모습이었다.

언젠가 그는 황만금을 비롯한 사람들이 북한으로 여행 가서 해안가에서 며칠씩 젊음을 만끽했다고 말한 적이 있다. 심지어 그가 우수리스크에서 생선회를 구매하려던 시도가 실패하기도 했고, 이에 대해서 도시의 당대표가 사과한 일도 있었다고 한다. 우수리스크에 아는 러시아 여자가 와서 두 고려인과 마주앉아 그들이 그토록 그리워하던 음식을 나누어 먹었다고 한다. 늦은 시간까지 그 여자는 황만금과 전화기를 붙잡고 있었고, 이 회비린내가 아파트 전체로 번지는 상황까지 간 일도 있었다는 것이다.

나의 부모님은 황만금이 조사당하던 시기에 돌아가셨다. 그리고 4년 후에 그가 우리에게 와서 진심으로 애도를 표한 것은 역사와 관습을 매우 존중하는 한민족의 전형적인 모습이었다. 내 모든 인생 속에 아직도 그의

행동이 남아 있다. 그가 지긋지긋한 고문실에서 풀려난 후 나를 방문해준 것에 대해 매우 감사하게 생각한다. 어머니가 돌아가신 지 무려 1년이 지난 후였지만 그는 잊지 않고 찾아와준 것이다.

약점 따위는 전혀 찾아볼 수 없는 이상적인 인간상을 그리고 있는 것이냐는 사람들도 있겠지만, 황만금도 보통 사람이었다. 그는 엄청난 열정과 약점을 동시에 지니고 있는 사람이었다. 그는 아름다운 여성들을 사랑했다. 그리고 그는 사회주의 노동영웅이었고 중요 한 경제지도자였다. 얼굴은 호남형이었으며, 어떤 주제를 가져다주더라도 일정 수준 이상의 대화를 끌어낼 수 있었다.

사실 힘과 권력으로 지도자가 된 사람들도 있다. 그들은 그저 두려운 대상일 뿐이고 언젠가는 모두가 도망가게 되어 있다. 반대로 인간적으로 존경받는 지도자들이 있다. 그들은 사람들을 끌어당기는 매력과 긍정적인 에너지가 있다. 황만금은 비록 '사람'이었지만 두 번째 타입에 해당하는 지도자였다.

후회 없이 열심히 일하고 생활하던 그 시절의 영광도 그 이름을 간직하진 못했다. 과거 폴리타젤이었던 거리를 산책하다 보면 옛날로 돌아가길 간절히 원하지만, 그가 우리를 돌보던 시절은 영원히 사라졌다. 그러나 황만금의 모습은 우리의 영혼 한 자리를 꼭 차지하고 있다.

황만금과 청춘 악단

오토바이의 불빛은 세발스쿠터 앞에 서 있던 사람을 향해 번쩍였다. 이 구역의 길은 폴리타젤에서도 가장 황폐한 곳이었다. 인기척도 굉장히 드문 곳이었다. 내 오토바이가 세발스쿠터 운전수 근처에 멈추었다. 우리는 이 '바빈' 세발스쿠터의 문제가 점화코일의 과전류로 생겨났다는 결론을 내렸다. 빠르게 걸레를 물에 적셔 바빈에 넣었다. 우르르 하는 스쿠터 소리가 다시 한 번 울렸다. 나는 다시 오토바이를 탔다. 그러나 세발스쿠터를 채 지나가지 못한 상태에서 엔진소리와 함께 소름이 돋을 만한 비명소리를 들었다. 그는 나를 버리고 가지 말

라고 말했다.

이 밤중의 만남은 우리 모두의 기억에 남았다. 훗날 우리는 모두 '청춘' 악단에서 운명적으로 만났다. 그리고 우리의 인생은 이 악단으로 매여 있었다.

김 니콜라이 바실리비치는 그날 밤중의 동행자였다. 폴리타젤에서 경기장 총책임자로 일했으며, 한편으로는 농장 연예부에서 바이올린을 연주하기도 했다. 매우 사교적인 사람이었다. 그러한 자신의 능력 덕분에 황만금 회장의 근처에서 살고 있었다.

시간이라는 것은 그 자체가 유행성 질병인지라 19번 학교의 고학년들 중에서 '비틀스 마니아'들이 학교의 주도권을 잡고 있었다. 나중에 이들의 주도로 농장의 문화 예술이 발전했다. 우리는 이것을 실행해나갔다.

우리는 회장의 아들 황 예브게니 티모페예비치를 가입시키기로 결정했다. 그러나 이 시기에 집단농장에는 여러 문제가 산재해 있었다. 기타리스트 황 이노켄티는 '가야금' 악단으로 가버렸고, 이 블라디미르는 음악이 창조적이지 않다는 이유로 탈퇴하고 말았다.

우리는 '청춘'이라는 단어를 찾아서 악단을 만들었다. 나이가 가장 많은 사람이 22세였고 가장 어린 사람은 12세까지도 있었다. 한국어로 '청춘'이라는 단어는 '청소년'을 의미한다. 따라서 이 이름에 이의를 제기할 사람은 아무도 없었다. 사실 창단 후 2년 동안은 이 악단에 대해 기억하는 이가 없었다.

첫 번째 청춘 악단의 구성원들은 강 게라심(10학년, 베이스기타), 김 펠릭스(10학년, 솔로기타), 김 발레리(18세, 드럼), 조 유리(6학년, 신시사이저 담당), 황 예브게니(22세, 리듬기타)였다.

우리는 아마추어였고 가끔씩 폴리타젤 궁전에서 열리는 문화 무대에서 노래 두 곡을 하고는 기뻐했다. 그러나 점점 관객은 우리를 향해 열광했다. 젊은 청춘들은 실제로 점점 유명 인사가 되어갔으며 그것은 확실히 엄청난 소득이었다. 그리고 나에게는 번뜩이는 아이디어가 하나 있었는데, 그것은 바로 '청춘만을 위한 곡을 써보자'는 것이었다. 내가 오랫동안 창작의 고통을 느끼고 싶었다고 말할 수는 없다. 나는 그저 젊고 순수하고 약

간은 오만한 마음으로 곡을 써 내려갔다. 오랜 시간 동안 내 아버지 황천성 씨를 설득하여 가사를 써 내려갔다. 이 곡은 정말로 '청춘'의 특징이 잘 살아 있는 곡이 될 수 있었다.

당시 폴리타젤 문화궁전의 감독이었던 주 니콜라이 니콜라예비치는 우리의 존재를 싫어했다. 이 사람의 능력은 그야말로 전설적이었다. 그러나 누구든 그와 함께 대화를 해본 사람들은 그가 고집이 세다는 사실을 알 수 있었다. 그의 이러한 성격이 지금의 자리까지 가는 데 큰 도움이 되었다고 사람들은 이야기했다. 그러나 우리에게는 그가 암초와 같았다. 우리가 집단농장의 연예부장이었던 원도익과 다가오는 콘서트에서 사용할 장비를 논의하고 있을 때 니콜라이 니콜라예비치는 가차 없이 '그건 안 돼'라며 반대했다. 그 방에 있던 사람들은 모두가 자기 귀를 의심했다.

그는 정신을 정화시켜주는 차분하지만 열정적인 노래만이 관객을 감동시킨다는 자신만의 공연철학이 있었다. 머리에 피도 안 마른 것들이 무대에서 큰 소리로 외쳐대는 꼴을 도무지 볼 수 없었고, '청춘' 악단의 콘서트에 관객이 증가하는 것도 참을 수 없었다. '청춘'의 인기가 올라가면 갈수록 그와의 갈등도 심해졌다.

30년이 지난 지금, 나는 자신 있게 주 선생이 우리를 위해 쏟았던 노력과 태도를 이해할 수 있다. 우리는 젊었고 인기가 높았기 때문에 어떤 실수라도 저지를 가능성이 높았다. 그가 존재했기 때문에 우리는 항상 실수 없이 공연을 준비할 수 있었다.

그 시절에는 가수들은 라이브로 노래했지만 가끔은 립싱크를 할 때도 있었다. 이럴 경우에 공연을 망칠 수 있었다. 주 선생은 이러한 일이 일어날 것을 대비해서 항상 철저하게 공연을 준비했다. 주 선생은 탁월한 재능을 가진 사람이었고, 창의적인 구상을 할 수 있는 사람이었고, 언변도 뛰어났다. 우리가 그런 사람과 마음이 맞았다면 보다 더 큰 꿈을 꿀 수 있었다. 불행히도 그와는 정반대의 위치에 우리가 있었기 때문에 많은 갈등이 있어왔다. 1990년대 말에 그가 사망하기 전까지도 우리와 니콜라이 니콜라예비치는 서로 먼 곳에 있었다.

블라디미르와 같은 성을 가졌던 베이시스트 강 게나심이 전역을 앞둔 상황이었다. 그의 귀환은 악단에 좋은 기회가 될 수 있었다. 두 명의 훌륭한 보컬이었던 황 예브게니와 강 블라디미르는 악단의 수준을 한 단계 높여줄 만큼 더욱 강해져 있었다. 그러나 우리는 항상 좋은 장비에 목말라 있었다. 우리는 문화부의 창고를 모두 뒤져보는 위험도 마다하지 않았다. 청춘 악단의 열풍이 높아갈수록 장비에 대한 부담감도 커져갔다. 당시 인기 있던 악단인 '즐거운 아이들'만이 장비를 업그레이드할 수 있는 기회를 제안했다. 그러나 가격이 너무나 비싸서 엄두가 나지 않았다.

새로운 장비를 구비하는 것은 절망적이었다. 문화부가 헝가리로부터 새로운 장비들을 받은 사실을 알게 되었지만, 그것이 우리의 손에 들어올 가능성은 없어 보였다. 그들은 이미 다른 곳에 이 장비들을 사용할 의도를 가지고 있었다. 결국 우리가 이 장비를 얻을 수 있는 유일한 방법은 황만금에게 도움을 요청하는 것 말고는 없었다. 회장의 셋째아들인 황 예브게니가 이 임무를 맡았으나 큰 도움이 될지 장담할 수 없었다. 그러나 아들과 아버지는 불가능한 것을 해내고야 말았다. 우리는 새로운 거대한 앰프와 스피커의 독특한 음색 속에 호흡을 맞추고 관객을 더욱 열광시켰다.

이 장비를 인수하면서 우리는 더 큰 영향력을 가질 수 있게 되었음을 깨달았다. 우리의 빌어먹을 비평가들은 부지런히 우리의 약점을 캐내기 위해 얼굴의 근육을 접었다 폈다 하는 훈련이나 하고 있었다. 그들은 이 꼬마들에게 고가의 장비를 구입하게 하는 것은 좋은 생각이 아니라고 주장했다. 나는 우리의 공연 확장에 대해 언제나 생각하고 있었고, 우리는 결국 타슈켄트 주 양기율 지역 대회에 참가하기로 결정했다. 이것은 '청춘' 악단의 첫 번째 시험이었다. 우리는 양기율로 가서 준비하는 것까지 모두 1등으로 마쳤다. 우리는 대회와 관련 없는 모든 부분까지도 첫 번째를 차지했다. 우리는 그러면서 자신감을 채워갔다. 저녁 늦게까지 안그렌, 알마티, 타슈켄트, 치르치크 등 다른 도시에서 온 악단들과 최고의 음악 애국자를 선출하기 위한 경쟁이 시작되었다. 우리의 '애국심'은 당일에 급격하게 떨어졌고 신경이 곤두서기 시작했다. 결과적으로는 성공했지만 이 기분은 우리의 희열을 묻어버릴 정도였다. 우리가 기대했던 만큼의 음악이 나오지 않았기 때문이었다. 1등을 차지했지만 우리는 좋은 악단원들을 보강하여 음악적 수준을 높였다. 이 성과는 우리에게 아름다운 미래와 밝은 내일을 보장해줄 조건이었다. 나는 우리 악단원들이 더 많은 기회를 가지길 원했다. 공연의 규모는 점점 더 커져갔고, 우리가 아직 공연하지 않은 지역에서 우리를 초대하는 곳이 많아졌다. 물론 이것은 집단농장의 산업담당 부장에게 나쁜 소식이었다. 그는 우리 악단을 없애버리려는 시도까지 했다. 사실 직업을 잃는 것은 아무도 원치 않았을 것이다. 이러한 상황으로 인해 나는 불만 사항들을 폭풍처럼 들을 수 있었다. 배관공이기도 했던 블라디미르는 배관 주변엔 갈 수도 없었다. 김 발레리는 홧김에 출근도 하지 않았다. 어떤 이유에서인지는 모르지만 조 유리는 학교도 나가지 않았다. 우리의 솔리스트였던 김 블라디미르는 정비사로서 출근하는 유일한 인물이었다. 왜냐하면 그런 소리를 듣고 싶지 않기 때문이었다.

이러한 상황에도 불구하고 우리는 매일 저녁에 연습을 하기 위해 모였다. 이게 뭐 하는 짓들인지 몰랐다. 그냥 이렇게 하는 것이 필요하다고 느낄 뿐이었다. 김 펠릭스가 군대를 가면서 새롭게 영입한 기타리스트 김 발레리는 꾸준히 '훈련'을 했다. 우리에겐 이미 다른 발레리가 한 명 더 있었기 때문에 편의상 그를 '쿠드라시'라고 불렀다.

'청춘' 악단이 다른 대회에 참가한 것은 1972년이 되어서였다. 콤소몰 위원회가 주최하는 '젊은 목소리'라는 콩쿠르였다. 다른 유사한 경연대회와 다른 점은 텔레비전으로 방송된다는 것이었다. 우리가 이 대회에서 경쟁하는 것을 알게 되었을 때, 우리는 무엇을 상상하든 그 이상을 하게 되었다.

드디어 첫 번째 공화국 경연대회가 열렸다. 음악 감독은 우리에게 한국어 대신 우즈베크어나 러시아어로 노래하는 것을 원했다. 나는 그와 대화하면서 우즈베크인으로 보이는 이 사람이 고려인들과 그렇게 좋은 관계

를 가지고 있지 않다는 사실을 직감적으로 알게 되었다. 솔직하게 말하자면, 우리는 이미 그런 상황에 대한 준비를 하고 있었다. 우즈베크공화국의 대회에서 찢어진 눈을 가진 고려인이 이해할 수 없는 언어로 노래하는 것을 누가 상상이나 했겠는가! 난 정말로 분노에 가득 차 있었지만 그대로 순종하고 동의했다. 선택은 우즈베크어로 떨어졌다. 우즈베크의 훌륭한 작곡가였던 아크바로프의 「카이다산」이란 노래를 부르기로 한 것이었다. 이 노래는 우즈베크에서 꽤 많은 인기를 끌고 있었고, 우즈베크공화국 국민가수였던 바티르 자키로프가 부르고 있었다. 나는 곡의 패턴을 우리에게 맞도록 조금 편곡하기로 했다.

예상대로 첫 번째 예선에서 우리 '청춘'은 당당하게 노래했다. 텔레비전의 소리는 스튜디오보다 더 뛰어난 품질의 라이브 성능을 제공했다. 유명 작곡가였던 살리호프가 이끄는 배심원단은 우리를 가능한 한 떨어뜨리기 위해 온갖 노력을 기울이고 있었다. 두 번째 경연은 바호르 강당에서 개최되었다. 예상대로 배심원에 아크바로프도 있었다. 나는 마음을 굳게 먹었다. 어떠한 작곡가도 자신의 노래를 편곡하여 부르는 것을 좋아하진 않는다. 편곡이라도 하지 않았다면 동정표라도 얻을 수 있었겠지만, 우리는 그의 편견과 비난에 대한 위험성을 감수하기로 했다. 그날 밤에 불쌍한 아크바로프가 신으로부터 어떤 계시를 받았는지 모르지만, 우리는 이 부정적인 상황의 결과를 모두 쓸어 담아 버릴 수 있을 만큼 관객들로부터 열광적인 호응을 얻었다. 새로운 버전의 「카이다산」은 초연이었는데도 가히 예측할 수 없을 만큼 엄청난 반응을 끌어냈다.

심사결과를 기다려야 하는 시간이 되었다. 아크바로프가 다가왔다. 그는 천천히 국가 대회 통과자를 열거하기 시작했다. 벌써 세 팀을 말했고, 그가 네 번째 팀을 말하려고 할 때 실수로 그만 솔리스트의 이름을 불렀다. 이러한 행동은 여러 가지 문제를 야기할 수 있었다. 그러나 다행히도 이것은 실수였다. 아크바로프는 우리에게 몇 가지 따뜻한 말들을 했다. 그는 배심원단의 결정에 따라 '청춘'이 공정한 방법으로 예선을 통과했다고

발표했다. 우리는 밝은 하늘색 재킷을 입고 무대로 뛰어올랐고 부지런히 서로의 손을 잡아댔다. 아크바로비치는 나중에 따로 나에게 찾아와 나의 손을 흔들고 우리를 진심으로 축하해주었다. 이 기간 동안 우리는 엄청난 성공을 거두었다. 이 짧은 기간에 농장위원회는 우리의 앞날에 대해 높은 관심을 가지기 시작했다.

소비에트연방의 텔레비전 채널은 농담처럼 까무잡잡하고 실눈을 뜬 우리의 얼굴을 전국에 방송하고 있었다. 우리는 현재의 직장에 대해서 그리고 밤새 집에서 공연을 위해 준비를 했다는 그런 말들을 했다. 대회가 끝날 때까지 우리는 연습을 멈추지 않았다. 그리고 우리 악단에 김 아벨(트럼펫)과 황 이노켄티(색소폰)가 합류했다.

한 달이 지나 텔레비전 중앙방송국 담당자가 와서 예비 오디션을 시작했다. 우리는 다섯 곡을 준비하라는 명령을 받았다. 우리는 「카이다산」뿐만 아니라 '청춘'을 위해 쓸 만한 괜찮은 세 곡 정도를 더 준비했다. 힘든 검색의 과정을 거치고 우리는 아크바로프의 「가즐리」를 비롯하여 이름까지 기억나지 않는 소비에트연방의 노래를 두 곡 정도 더 하기로 결정했다. 담당자는 우리의 준비에 만족했다. 실제로 아크로바프는 우리가 본선대회를 준비하는 데 많은 도움을 주었다. 나는 그에게 새로운 편곡을 보여주었고 그는 만족해했다. 그러나 그의 아내가 참견을 했다. 아크로바프는 "당신이 이 노래를 하지 말라고 쓴소리를 할 수도 있어. 그러나 나는 이 모든 것을 사랑한다"고 하며 아내의 간섭을 견제했다. 그녀는 밝은 미소와 함께 "내가 그것을 좋아하지 않는다는 말이 아니에요. 단지 나는 더 나은 것을 만들고 싶을 뿐이에요"라고 대답했다. 그들의 관계 속에서 설명하기 힘든 따뜻한 관계를 느낄 수 있었다. 이 노부부의 대화는 나를 깊이 감동시켰다. 그것은 영혼의 거대한 어떤 화면 같은 것을 보여주는 것 같았고 친절을 느낄 수 있었다. 아크로바프는 자신의 음악을 내가 완성시킬 수 있다고 확신한 모양이었다. 나는 이 멋진 작곡가가 나와 함께하고 있다는 사실에 대해 감사하고 있다. 그와 그의 작품에 대한 심심한 존경을 표하는 바이다.

우리는 「카이다산」의 뮤지컬 버전을 선택했다. 중앙아시아 지역예선은 타슈켄트에서 개최되었다. 나는 우리가 마지막에 승리를 얻을 수 있다는 확신을 가질 수 없었다. 나에게 희망을 줄 수 있던 유일한 방법은 내가 선택한 「카이다산」이란 곡이었다. 관객의 반응은 이미 예측되었다.

우리는 매우 긴장하고 있었다. 얼굴은 엄청난 불안감으로 상기되어갔다. 본능적으로 손에 땀이 흘러 손수건이 쉴 새 없이 움직였고 숨쉬기조차 쉽지 않았다. 우리는 무대의 반대편에서 발을 떨고 있었다. 마침내 우리의 순서가 찾아왔다. 우리가 여태까지 한 훈련의 성과를 보여줄 차례였다. 겉으로는 얼굴에 솜털이 보송보송한 어린아이들의 준비처럼 보였겠지만 우리는 길고 지독한 연습을 했다.

노래가 끝났다. 예상대로 사람들은 우리에게 크게 환호했다. 이제는 배심원의 평가를 기다릴 차례였다. 그들의 평가가 청중의 환호를 묵살할 것인가 아니면 그들의 기대에 부응할 것인가가 결정될 차례였다. 역시 배심원들은 엄청난 수의 관객 앞에서 어떠한 결정을 쉽사리 내리지 못했다. 최종 후보 목록을 읽어 내려가면서 보여준 실수가 그를 증명한다. 결국 '청춘'은 '젊은 목소리' 대회의 결선을 위해 모스크바로 갈 수 있는 권한을 받았다. 본선 진출로 인해 우리 악단과 나는 심각한 긴장과 공허함을 묻어버릴 수 있었다.

이제는 모스크바다. 그러나 우리 앞에는 또 다른 문제들이 발생했다. 불명예스러운 일이었다. 다음 날 우리 못지않게 이를 걱정해주었던 황만금 회장은 배심원이었던 작곡가 타리베르디예프와 아파나시예프를 폴리타젤로 초대했다. 의례적인 식사가 끝나고 손님들은 문화의 궁전을 둘러보게 되었다. 그것은 공화국에서 세 번째로 큰 콘서트 홀이었다. 그들은 새삼 놀란 모습이었다. 회장에 대한 존경을 표하고 음향을 체크하면서 박수를 쳐댔다. 시민들이 일반적으로 생각하는 '집단농장'은 문화 따위가 존재하지 않는 곳이었다. 그들은 폴리타젤에서 자신들이 여태까지 가지고 있던 잘못된 생각을 취소할 수밖에 없었다. 황만금은 엄청난 매력과 지혜를 가진 사나이였다.

이러한 일이 있은 후 3일이 지나서 나는 공산주의 청년연맹 중앙위원회 소집일에 우리 악단이 우즈베크공화국 콤소몰 상을 받았음을 발표했다. 한 달이 지나고 나는 새로운 핀란드산 갈색 양복을 입고 넥타이를 맨 채 비행기에 올랐다. 우리가 필요로 하는 구상을 완성하려면 쿠바산 시가가 필요했다. 이 모든 장비는 황만금의 구상에서 이루어졌다. 그는 말리노프스키가 사장으로 있던 백화점을 샅샅이 뒤져 최고의 의상을 찾아냈다.

우리의 외양은 이제 타슈켄트 음악인들 사이에서 황만금의 가호를 받는다는 소문을 양산해내기에 충분했

다. 그것은 역시 욕심이었고 한편으로는 불가능했다. 우리가 설령 의상에 대해 그렇게 신경을 많이 쓴다고 해도 우리는 한민족의 얼굴을 가진 사람들이었기 때문이다.

우리는 '청년'이란 이름의 호텔에 짐을 풀었다. 우리에게 딱 맞는 이름이었다. 사실 '청춘'이란 단어가 한국어로 젊음을 뜻하는 말 아니던가? 그것은 콤소몰 중앙위원회 소유였다. 내가 막 전화기를 들고 누군가와 통화를 하려던 때였다. 이곳은 황만금이 자신의 폴리타젤 집단농장과 더불어 지대한 관심을 가지고 있는 호텔이었는데, 갑자기 우리가 '민스크' 호텔로 이동하는 것이 낫

겠다는 연락을 받게 되었다. 그러나 나는 여기가 괜찮다고 하면서 굳이 이동할 이유가 있겠는가 하고 우리의 입장을 밝혔다.

모스크바에서 우리는 음악인으로서 해야 하는 일에 집중하면 되었다. 나는 다른 악단의 자질을 파악하는 데 많은 시간을 보냈다. 모스크바에 체류하는 일은 힘들었다. 음식 때문이기도 했는데, 특히 이곳의 추위 때문에 아이스크림을 마음대로 먹지 못해서 답답했다. 만약 누구든지 한겨울에 모스크바에서 뭔가 맛있는 달콤한 음식을 생각한다면 먹을 음식이 거의 없을 것이다.

어느 날 저녁에 나에게 전화가 왔다. 아름답고 부드러운 여성의 목소리였는데 다짜고짜 내 외모에 대한 칭찬을 먼저 하기 시작했다. 나를 보자마자 머리가 탁 트였고 마치 불도그에 물린 것 같은 기분이었다는 것이다. 나는 귀를 의심했다. 목소리가 왠지 모르게 익숙했다. 그것은 의심할 여지가 없는 강 블라디미르였다. 나는 그만 놀리라고 했지만 그의 웃음소리가 계속 들렸다. 그만큼 잠깐 동안의 모스크바 체류는 우리를 힘들게 했다.

우리는 대부분 모스크바에 온 것이 처음이었기 때문에 이곳 명소들을 방문하려고 시도했다. '일곱 번째 하늘'이란 레스토랑에서 식사를 하고 트레티아콥스키 미술관을 둘러보았다. 그리고 모스크바 동물원을 신기한 듯 둘러보았다. 무엇보다도 우리는 모스크바의 놀이공원을 좋아했다. 우리는 일본 관광객처럼 위장하고 모스크바를 일부 구경하기도 했다.

텔레비전 중계를 위해 리허설을 자주 했다. 우리는 연습도 하고 모스크바 구경도 하면서 모스크바 생활에 익숙해져 갔다. 「카이사단」은 꾸준하게 연습했다.

대회는 완벽히 준비되었다. 두 번째 날에 공연이 시작되었고 매우 성공적이었다. 모스크바 사람들은 우리에게 환호를 보냈다. 우리는 이 대회에서 몽골계 민족 전체를 대표하는 입장이었지만, 많은 사람들이 우리를 중국인으로 여기고 있었다. 그 당시 모스크바 사람들은 한국인과 중국인을 구분하지 못했다. 나는 마오쩌둥과 스탈린 사상의 차이를 설명하느라 여념이 없었다. 사실 이 두 사람은 형제 같아 보였다. 우리는 의도적으로 양국의 우정이 계속될 것이라고 말했던 것이다.

타슈켄트로 돌아오는 날, 우리에겐 비행기표를 살 돈이 부족했다.

김 아벨은 황급하게 집으로 전보를 보냈다. 아벨은 모스크바 우체국에서 발을 동동 구르며 기다렸다. 우리가 모스크바에 갈 때는 여비가 충분했지만 이미 돈은 부족했다. 간신히 돈을 받을 수 있었다. 아벨이 전속력으로 공항행 버스를 타고 와서 간신히 비행기를 탈 수 있었다. 이 상황에서 내가 한 말인 '염소녀석'은 그날 내가 한 최악의 단어였다.

비행기가 이륙하여 4시간 만에 비행기는 타슈켄트 공항에 도착했다. 공항에는 우리의 시골 팬들이 우리를 기다리고 있었다. 우리의 '청춘'은 황만금의 멋진 작품으로 길이 간직될 것이다.

황만금: 올림포스와 골고다를 넘어서

위대한 지도자와 그의 가족

부인 윤 알렉산드라

윤 알렉산드라 필리모노브나의 조카 윤 베라의 회상
《크림》신문 편집자 베키르 마무트의 기록

윤 베라의 운명은 평범하면서도 특별했다.

평범하다는 의미는 그녀 역시 중요한 사건들이 삶에 영향을 주었고, 같은 민족인 고려인뿐만 아니라 동시대의 사람들과 시대를 공유한 보통 사람이었다는 것이다. 특별하다는 의미는 그녀는 타인의 도움 없이 스스로의 난관을 극복했으며, 누구도 자신의 세계에 침범하는 것을 허락하지 않았다는 것이다.

현재 윤 베라는 자녀 셋과 손자 다섯을 둔 80세의 할머니이다. 그러나 그녀는 자식들과 함께 살기를 원하지 않아 작은 마당이 있는 집에서 혼자 살고 있다. 집에 있는 큰 것이라고는 벽의 대부분을 차지할 정도로 커다란 평면 플라즈마 텔레비전이 유일하다.

우리는 방과 경계가 없는 부엌의 식탁에서 여유롭게 대화를 시작할 수 있었다. 나(베키르 마무트)는 그녀의 고모이자 유명한 노동영웅인 폴리타젤 집단농장의 회장인 황만금의 부인 윤 알렉산드라 필리모노브나(이하 윤 알렉산드라)의 인생에 대해서 질문했다. 위대한 지도자의 부인은 실제로 어떠한 삶을 살았

을까?

윤 알렉산드라의 오빠인 윤연진이 베라의 아버지였다. 베라와 알렉산드라의 나이 차는 10년밖에 나지 않았다. 두 사람은 혈통뿐만 아니라 성격과 기질까지도 닮은 가까운 사이라고 알려져 있었다.

윤 알렉산드라는 1921년 극동 연해주의 유명한 한인 마을인 미하일로프에서 태어났다. 이곳은 19세기 중엽 제2차 아편전쟁 이후 러시아가 차지한 땅이었다.

그녀는 윤씨 집안의 넷째였다. 그런데 그녀의 오빠, 언니, 남동생 이름이 한국식과 러시아식으로 혼재해 있었다. 예를 들면 오빠가 연진이고 언니가 연숙이었으며, 남동생은 니콜라이, 여동생은 알렉산드라, 그리고 막내동생은 보리스였다.

불행히도 그들은 아버지의 옛 이름을 기억하지 못했다. 주변 사람들은 모두 그들의 아버지를 필리몬이라 불렀다. 1937년도 강제 이주 이후 발급받은 신분증에도 필리몬이란 이름으로 등록되었다. 그들의 어머니는 황이긴(?)이라는 이름을 가지고 평생을 살았다. 우즈베크공화국에서 어머니는 사실상 거의 모든 세월을 솔다트스크 지역에서 막내아들인 보리스와 함께 살았고, 100세가 넘을 때까지 장수하며 장

녀를 먼저 떠나보낸 후 1994년 별세했다.

　한인의 강제 이주 당시에 16세였던 알렉산드라는 자신에게 두 개의 운명이 찾아온다는 것을 알지 못했다. 비록 59세의 짧은 삶이었지만 그녀는 자신의 인생을 흥미로운 만남과 사건으로 채울 수 있었다. 그러나 그녀는 자신의 인생이 행복했는지 어느 누구로부터도 질문을 받지 못하고 생을 마감했다.

　베라조차도 가장 친한 친구와 다름없었던 고모가 별세한 지 30년이 지난 지금까지도 이 질문에 대답하기 어렵다고 한다.

　여성들도 명예, 출세, 경력에 대해서 관심이 있다고는 하지만 남성만큼 높지는 않았습니다. 알렉산드라 고모는 겉으로 보기에는 여성스러웠지만 성격은 남자들과 비슷한 면이 있었어요. 그녀는 용감하고 호전적인 면을 가진 매우 활동적인 여성이었죠. 누군가의 비위를 맞추거나 비굴해지는 것을 싫어했습니다. 다른 사람들 역시 이러한 그녀의 자존심을 높게 평가했고요. 그녀는 친절하고 열정적이며 솔직하고 개방적인 사람이었습니다.

　알렉산드라 고모는 나의 사촌 언니에게 "베라가 어리긴 하지만 내가 해서는 안 되는 행동을 저지르지 않도록 조언을 해주기 때문에 나는 누구보다 베라를 좋아해"라고 말한 적이 있었다고 해요. 이런 말을 전해 들은 나는 갑자기 누군가 내 얼굴에 뜨거운 물을 부은 것같이 얼굴이 빨개졌습니다. 기분이 좋기는 했지만 마음이 편안하지 않았어요. 왜 그녀가 이런 말을 했는지 이와 관련된 사건이 있었습니다. 알렉산드라 고모가 어느 날 갑자기 모든 것을 버리고 극동을 떠나기로 결심한 적이 있었죠. 나는 떠나지 말라고 설득했지만 그녀는 뜻을 저버리지 않더군요. 결국 나는 그녀 앞에 무릎을 꿇고 눈물을 흘리며 그녀에게 빌었어요. 그녀는 다행히도 생각을 바꿨죠. 알렉산드라는 평생 이 사건을 떠올릴 때마다 당시의 내 행동을 고맙게 생각했습니다.

　그녀는 선한 마음과 열정을 가지고 있었기 때문에 진지하고 엄격한 면모를 다른 사람들이 느꼈습니다. 게다가 그녀는 언제 어떤 모습을 보여야 하는지 자신이 너무

잘 알고 있었기 때문에 다른 사람들은 그녀의 행동을 당연하게 받아들일 수 있었어요.

　알렉산드라 고모는 집단농장에서 다른 조합원들이 그랬던 것처럼 장사를 먼저 시작했다가, 이후 재봉사로 활동했습니다. 그녀는 이 직업을 좋아해서 나중에 책임자가 되었죠. 그녀는 젊었을 때부터 능숙하게 바느질을 할 줄 알았어요. 특히 꽃꽂이에서도 재능이 뛰어났습니다. 나는 그녀의 손재주에 항상 감탄하곤 했죠.

　고모는 건강하지 않았습니다. 많은 고위 관리들이 폴리타젤을 방문하기 때문에 언제나 일이 많았어요. 적지 않은 집안일 때문에 자주 피곤해했죠. 그녀는 항상 모든 것을 스스로 했습니다. 따로 집안일을 관리하는 사람을 두지 않았어요. 가장 힘들었던 순간에만 나에게 도움을 요청하는 정도였죠. 그녀는 결국 몇 달 혹은 몇 년 동안 누적된 피로로 인해 여러 번 요양원을 갔습니다. 그녀는 요양이 끝나고 돌아올 때마다 나를 위한 선물을 가져왔죠.

　그녀는 선물하는 것을 즐거워했습니다. 예전에 유행하던 아주 비싸고 구하기 힘든 원단이 있었는데, 알렉산드라 고모는 이걸 어디선가 구입해서 가져왔어요. 그러고는 그걸 직접 재봉해서 나에게 화려한 원피스를 만들어준 적이 있어요. 이 옷은 말 그대로 그녀의 재봉 실력으로 만들어낸 걸작이라고 할 수 있었습니다. 내 옷장에서 가장 좋은 옷들은 대부분 그녀가 만들어준 것이었어요. 어머니조차도 알렉산드라 고모처럼 나에게 이렇게 신경 쓰고 잘해주지 못했을 정도라고 말할 수 있습니다.

　나는 베라가 그녀의 고모에 대해 말하는 것을 잠시 중단하도록 양해를 구하고, 베라가 자라온 가정에 대해 말해달라고 부탁했다. 베라는 장녀이자 가정에서 유일한 여식이었다. 그녀도 알렉산드라나 부모님과 마찬가지로 미하일로프에서 태어났다. 1937년 강제 이주 이전에 장남인 윤 빅토르도 그 지역에서 출생했다. 강제 이주 당시 빅토르는 생후 6개월이었다. 우즈베크공화국으로 정착한 이후 그녀는 차남 콘스탄틴, 삼남 게라심, 막내 표도르를 출산했다.

그녀의 아버지이자 윤 알렉산드라의 오빠인 윤연진은 다른 고려인이나 고려인 2세들과 마찬가지로 모범적인 노동자였다. 그는 사실상 평생을 기계 기술자로 일해오다가 83세로 키르기스공화국 비슈케크에서 생을 마감했다. 그의 여동생인 연숙은 철이 들 무렵부터 솔다트스크 마을에서 거주하며 근무했다.

그녀의 삼촌이자 윤 알렉산드라의 남동생인 윤 니콜라이 필리모노비치는 유명하지는 않았던 집단농장인 '퍄티레트카'에서 회계사로 일하면서 평생을 보냈다. 모든 윤씨들은 자신의 아들을 자랑스러워한다. 니콜라이의 아들인 윤 게나디 니콜라예비치는 하리코프 항공전문대를 졸업하고 교수로 일했으며, 나중에 우크라이나의 수도 키예프에 있는 민족항공아카데미의 책임자로 근무했다. 막내삼촌 윤 보리스 필리모노비치는 솔다트스크 지역에서 살면서 농업에 종사했다.

베라는 1949년에 김 드미트리와 결혼을 했다. 그는 축구선수였다. 1950년대 초반 황씨 일가는 알렉산드라의 제안으로 그들이 자신의 집 근처에서 살도록 초대했다. 거의 16년 동안 그들은 이웃집에서 항상 서로 도와가며 살 수 있었다. 나이 차이가 많았지만 그들만큼 서로 가깝게 지내는 이들은 없었다.

드미트리는 황만금의 제안으로 트레이너로 근무했다. 폴리타젤 집단농장의 스포츠클럽 소속 선수들은 성공적으로 우즈베크공화국 대표 선수단에 들어감으로써 농업에서의 명성과 더불어 운동에서의 영예도 함께 얻을 수 있었다. 드미트리는 스포츠뿐만 아니라 필요에 따라서는 기계정비사와 농부로도 일했다. 베라는 당시 유치원의 교사로 근무했다.

그들에겐 당시 자식이 세 명 있었다. 레오니드, 라리사, 그리고 알렉산드르였다. 그러나 드미트리가 갑작스럽게 병에 걸리면서 행복했던 가정이 어려워지기 시작했다. 어떠한 약도 의사도 그의 병을 치료하는 데에 도움을 주지 못했다. 결국 그는 1966년 37세의 나이로 베라와 성년도 되지 못한 아이들을 남겨두고 세상을 떠났다. 당시 막내아들인 알렉산드르는 세 살이었다.

황씨 일가가 계속 도움을 주었고 딸 라리사가 명성이 높은 타슈켄트 음악학교에 입학하는 등 다시 행복을 찾을 수 있었지만, 베라는 자신이 받은 정신적 상처들 때문에 이곳을 떠나기로 결심했다. 이번에는 윤 알렉산드라가 그녀를 말리려고 노력했다. 자식들도 어머니를 설득했다. 그러나 베라는 단호하게 그곳을 떠나 키르기스공화국의 수도 프룬제(지금의 비슈케크)로 갔다.

그녀는 당시에 자신의 건강이 인생에 영향을 미쳤다고 했다. 그녀는 우즈베크공화국의 평야에서 숨쉬는 게 힘들다고 느꼈다. 그녀는 산악지형인 비슈케크에서 머물며 병세를 완화시킬 수 있었다. 그러나 캅카스의 피순다 지역에서 치료를 받고 있었을 때, 그녀는 해안가의 공기가 더욱 좋다는 것을 알 수 있었다. 그리하여 그녀는 예브파토리아로 이주했고 그곳에서 오랫동안 머무르기로 결정했다. 1974년에 비슈케크에서 6년 정도 살던 그녀는 두 명의 자녀와 예브파토리아로 떠났다. 그리고 얼마 지나지 않아 장남인 레오니드가 그들과 합류했다. 그들이 이주하기 전까지 그 지역엔 고려인 가정이 전무했었다. 베라는 사실상 그곳에서 모든 것을 처음부터 새로 시작했다. 물론 그렇게 될 것이란 것은 알고 있었다.

알렉산드라 고모와 떨어져 사는 것은 나에게 무척이나 쉽지 않았고 무서운 일이기도 했습니다. 우리는 가까운 친척일 뿐만 아니라, 따뜻하고 진정한 마음으로 서로를 대하는 사이였기 때문이죠. 이런 좋은 친구는 어딜 가서도 찾기 힘들 거예요. 우리는 단지 자잘한 집안일에 대해서나 조언을 구하는 사이가 아니었고, 깊이 간직했던 일들에 대해 서로 공유했습니다. 나와 그녀 사이엔 어떠한 비밀이나 숨김도 없었어요.

물론 알렉산드라 고모는 나에게만 친절을 베푼 것이 아니었습니다. 다른 친척들과 그녀가 아는 많은 사람들을 도와주었죠. 그녀는 동정심이 많았고 배려가 깊었지

143

만 남들의 자존심은 건드리지 않았어요. 이러한 그녀의 세심함을 통해 많은 것을 배울 수 있었습니다.

알렉산드라 고모는 요리하는 것도 좋아했어요. 단순히 가정에서 자신이 담당한 역할이 요리라고 생각하고 만든 음식 맛이 아니었죠. 전통 요리 중에서 특히 콩으로 만든 것은 언제나 손님들로부터 칭찬을 받았습니다. 그녀는 친척이나 동료뿐만 아니라 다른 고위 관리들에게도 요리를 대접해야 했어요. 라시도프와 같은 거물급 정치인도 그녀가 만든 음식을 먹었습니다. 그녀는 맛있는 요리와 더불어 상 차리는 것도 전문가 수준이었죠.

내 생각에 황만금 고모부는 아내를 무척이나 자랑스러워했을 거예요. 내가 이렇게 생각하는 이유는 앞서 말한 것처럼 알렉산드라 고모가 많은 고위 관리들을 맞이해야 하면서도 파출부를 두지 않았기 때문입니다. 일손이 필요하면 나에게만 도움을 요청했죠. 나 역시 그녀를 도와주는 것이 매우 기뻤어요. 그녀에게 요리법이나 상차림 같은 것을 배울 수 있었으니까요.

나는 알렉산드라 고모에게 많은 것들을 배울 수 있었습니다. 그녀는 항상 세련되게 옷을 잘 입었어요. 거기다 공손하고, 주위 사람들의 마음에 상처를 입히지 않을 정도로 철저했습니다. 이러한 점이 그녀가 타고난 여성적인 강인함이었죠. 그녀는 다른 사교적인 여성들과 달리 집안일을 대충 하지 않았어요. 시간이 항상 부족한 그녀에게 유일한 취미는 독서였어요. 아마 책을 읽으면서 바쁜 일상으로부터 받는 스트레스를 해소했던 것 같았습니다.

알렉산드라 고모는 공부를 많이 하고 싶어 했지만 전쟁 때문에 학창시절에 꿈을 이룰 수 없었어요. 결혼 후에도 공부하고 싶은 열정을 독서로 대신했던 것 같아요. 그러나 집단농장 회장의 부인에게는 이러한 시간도 많지 않았죠.

1950~1960년대에 사람들은 영화관에 가는 것을 즐겼고, 텔레비전이 처음으로 출시되었을 당시에는 많은 사람들이 텔레비전 시청에 아주 긴 시간을 보냈지만, 알렉산드라 고모는 그럴 수 없었습니다.

개인시간이 있을 때 그녀는 책을 읽거나 재봉을 하며 시간을 보냈습니다. 그녀는 언제나 전문적인 재봉 도구를 가지고 있었죠. 나는 그녀에게 재봉도 배울 수 있었어요.

대화나 언어에서도 마찬가지였습니다. 많은 친척들이 함께 모여 대화할 때 어떤 언어로 하더라도 자유로운 의사소통이 가능했어요. 알렉산드라 고모는 그 세대의 다른 고려인들보다 러시아어를 잘했지만 집에서는 한국어로만 의사소통을 했습니다. 그녀의 일터에는 고려인 외에도 여러 민족이 있었기 때문에 러시아어로 대화할 수밖에 없었지만요. 그러나 언어로 인한 문제가 전혀 없었다고는 말할 수 없습니다. 시간이 흐를수록 젊은 세대들은 학교나 대학에서 공부할 때 러시아어를 사용하기 때문에 그들의 부모 세대보다 러시아어를 잘했고, 집에서 한국어로 대화하는 비중이 줄어들었기 때문이에요. 나중엔 이 두 개의 언어를 합친 단어들이 생겨나기 시작했습니다. 젊은이들은 한국어를 잘 몰랐기 때문에 아주 간단한 한국어만 할 줄 알았지만 노인들은 그렇지 않았죠. 그렇기 때문에 처음 대화를 시작할 때 사용한 언어와 대화를 마치며 사용한 언어가 달랐던 경우도 빈번했어요.

알렉산드라 고모는 전통음식, 문화, 언어를 좋아했습니다. 그녀는 언제나 자신의 마음속에 민족의 자부심을 가지고 있었어요. 힘든 일들이 많았음에도 고려인은 절대 포기하지 않았고 새로운 지역에서 다시 태어날 수 있었기 때문이에요. 그리고 다른 이들은 고려인이 매우 근면하다고 인정하며 존경했죠.

그녀는 오랜 세월 동안 재봉 작업의 책임자로 일했습니다. 나는 그곳에서 일했던 많은 노동자들을 알고 있었어요. 어느 누구도 그녀에 대해 안 좋은 말을 하지 않았죠. 물론 그들은 내가 그녀의 친척이자 좋은 친구였다는 것을 알고 있었지만요. 그러나 나는 그들의 말이 진심인지 아닌지 느낄 수 있었어요. 보통 여자들만 일하는 곳에서는 루머나 헛소문도 많이 돌잖아요. 그러나 알렉산드라는 이러한 일이 발생하지 않도록 통제했고, 노동자들도 그녀를 존경했기에 이에 따랐어요. 그녀 덕분에 이곳은 언제나 좋은 분위기를 유지할 수 있었습니다. 그녀

는 스스로가 절대로 잔머리를 굴리지 않았으며 모든 말을 사람들 앞에서 당당하게 했어요. 왜냐하면 그녀 스스로 공정하고 정직하다고 자부했기 때문이죠. 이러한 여성은 어딜 가도 찾아보기 힘들었어요. 예를 들면 연숙 큰고모 같은 경우, 그녀는 자신의 주장을 자주 굽히고 모두와 화목하게 지내려는 타입이었죠.

어느 날 나는 프룬제(지금의 비슈케크)에서 돌아와 알렉산드라 고모의 직장을 방문한 적이 있었는데, 당시 그녀는 일 때문에 다른 곳에 있었어요. 나는 그곳에서 일하는 노동자들을 모두 알고 있었죠. 그들은 나를 둘러

싸고는 알렉산드라가 얼마나 나에 대해 걱정하며 울었는지 말해주었습니다. 그때 나는 매우 감격했어요. 그렇지 않아도 내가 그곳에 있을 때 고모는 자라나는 아이들을 위한 옷을 포함해 많은 소포를 보내주기도 했었죠.

알렉산드라 고모의 갑작스러운 사망 소식을 들었을 때가 내가 비슈케크로 이주한 지 7년이 되던 해입니다. 나는 그 소식을 들었을 때 큰 충격을 받았죠. 아이들 앞에서는 이를 보여주지 않기 위해 노력했지만 혼자 남았을 때는 그녀의 사진을 잡고 오랫동안 울었습니다. 수년간 자주 보거나 만나지는 못했지만 항상 그녀를 가장 좋

은 친구로 여기고 있었기 때문이에요.

이렇게 베라의 이야기는 끝이 났다.

그녀는 말을 더 잇기 힘들어했다. 그 이상의 이야기를 들을 필요는 없을 것 같았다. 단지 자신에 대해 이야기하고 자신과 가까웠던 사람에 대해 이야기하는 것뿐이지만 이는 사실 쉬운 일이 아니었다. 몇 시간 동안 이야기해도 부질없는 대화가 있는 반면 몇 분 동안 몇 개의 에피소드를 이야기해도 그 사람에 대해 많은 것을 알 수 있는 대화가 있다.

베라와의 대화가 그랬다. 그녀는 나와 대화하기 위해 특별히 준비하지 않았다. 이 대화는 갑작스레 시작된 것이었다. 이는 준비된 각본이 없는 에피소드였다. 그녀가 들려준 이야기는 폴리타젤 집단농장의 상황이나 사람들에 대해서 보다 더 잘 알 수 있도록 도와주었다.

윤 알렉산드라 필리노브나는 자신이 처한 삶을 받아들이며 열심히 보냈다. 그래서 그녀의 삶은 평범해 보이기도 하지만 특별한 것을 가지고 있었다. 그녀는 남들에게 충분히 좋은 본보기가 된다고 칭송을 받을 자격이 있는 사람이었다.

아 버 지 와 아 들

우리는 황만금을 기억할 때마다 항상 강한 정치가, 빈틈없는 불 같은 당원, 재능 있는 지도자이자 일꾼, 가장 높은 곳에서 자신의 권력에 관계없이 가장 낮은 곳까지도 너그럽게 애정을 가지고 지켜보던 그의 모습을 가장 먼저 떠올린다.

그는 난세 속에서 성장한 그 시대의 아들이었으며, 몸에서 뿜어져 나오는 열정이 대단한 일꾼이었으며, 언제나 그를 낳고 키워준 국가와 함께한 절대 외롭지 않은 지도자였다.

조국은 국가의 가장 뛰어난 지도자를 어떻게 길러야 하는지 잘 알고 있었으며, 그 당사자는 '소수민족'이라는 장애를 극복하고 가장 밑바닥부터 올라와 자신의 재능과 영리함으로 군계일학이 되었다.

전설적인 인물 황만금을 표현한 한마디의 단어가 있다면 '인간괴물'일 것이다. 어떤 경지에 오른 사람이라고 하더라도 역사적인 관점에서 보면 그저 한 시대의 단편적인 부분에 지나지 않겠지만, 일반 사람들에게는 구름 저편의 달과 같이 접근하기 힘든 높은 존재였다. 황만금에게는 예측하기 힘든 재능, 힘, 놀라운 정신력이 있었다. 이것을 성실한 노동과 결합하여 이상을 현실화시켰다. 이 축복받은 사내는 조국에게 자신의 행동에 대한 정당성을 주장하기보다는 충성스러운 사랑으로 화답했다. 그는 국가를 배반하지 않았다. 설령 국가가 그를 배반했을지언정.

이에 대해서는 할 이야기가 많다.

그렇다면 그는 일상 속에선 어떤 사람이었는가?

그는 무엇을 사랑했고, 어떻게 쉬었고(물론 그가 언제 쉬거나 했다면 말이지만), 한마디로 그는 어떤 사람이었는가? 자녀를 어떻게 교육시켰으며, 그들은 지금 어디에서 무엇을 하고 있는가?

말할 나위 없이 그는 가장 단단한 뿌리 같은 사람이었다. 멀리서 보아도 당당하고 단단해 보였다. 하루아침에 부러지거나 무너지진 않을 것 같아 보였다. 만약 우리가 그의 공식적인 활동에 대해서만 기억한다면, 그를 완전히 이해하는 것이 아니다.

이제는 완전히 그에 대한 새로운 한 페이지를 적어야 할 때이다.

첫 째 아 들 황 발 레 리 티 모 페 예 비 치

황 발레리 티모페예비치는 1939년 12월 26일에 태어났다. 그는 아버지가 이사를 자주 다닌 때문에 정확히 어디서 태어났는지는 모른다.

발레리는 황만금과 알렉산드라 필리모노브나의 맏아들이었다. 그 당시 집단농장이 설립되어 황만금은 열심히 일했으며, 아내는 집안일과 아이들을 돌보았다. 발레리의 기억에 황만금은 확고하고 원칙적

인 사람으로 평판이 나 있었고, 업무에 몰두하여 헌신적으로 일했다.

발레리는 폴리타젤에서 학교를 다녔다. 만점을 받으면서 학교생활을 했고, 모든 분야에서 늘 1등을 독차지했다. 보통 고려인과 달리 키가 커서 친구들이 '장대'라는 별명을 붙여주었다. 학교를 졸업한 뒤 발레리는 바우만의 이름을 가진 페름 대학교에 입학했다. 그 당시 이곳은 입학하기 매우 어려웠다. 입학해서도 학업을 게을리 하면 단 한 학기 만에 학교를 나가야 할 정도로 정규 과정이 어려웠다.

발레리는 입학 후 교수들의 관심을 받으면서 최우수 장학생으로 학교를 다녔다. 그러나 건강 문제로 2학년을 채 마치지 못했다. 위장에 문제가 있는 것으로 판명 나서 특별 요양원에서 전문적으로 장기 치료를 받아야 했다. 거의 1년 동안 투르크멘 요양원에서 장기치료를 받았다.

발레리는 건강을 회복한 뒤 타슈켄트 기술대학에 입학했지만 학교에서 가르치는 지식수준이 그에게 맞지 않아, 다음 해 여름에 레닌그라드로 가서 냉동산업기술대학에 입학하고 수석으로 졸업했다.

발레리는 1964년에 스베틀라나 스테파노브나와 결혼했다. 이 젊은 부부 사이에서 첫아들인 뱌체슬라프가 태어났다. 그러나 부모가 아직 학생이었기 때문에 아이는 할머니와 할아버지 손에서 성장했다. 발레리와 스베틀라나가 고향으로 돌아갔을 때 아들은 러시아어를 거의 하지 못했고 한국어만 할 수 있었다. 그러나 뱌체슬라프는 학교를 다니면서 러시아어를 완벽하게 구사했고, 어릴 때 배운 한국어는 그의 일생에 도움이 되었다.

1968년에 둘째아들 니콜라이가 태어났다. 그 당시에 황씨네 가족은 타슈켄트로 이사했다. 그곳에서 발레리는 아이스크림을 만드는 냉동콤비나트에 근무하고 있었다. 이후 그는 지역 관리부장으로 승진했으며 정비관리소로 이직되었다. 스베틀라나는 '자라프샨' 레스토랑 회계를 담당하며 오랫동안 근무했다.

발레리 티모페예비치는 엄격한 아버지였고 좋은 가장이었다.

"아마도 아버지는 저에게 더 특별히 엄했던 것 같습니다."

첫째아들 뱌체슬라프는 그렇게 기억하고 있다.

"제 기억이 맞을 거예요. 어머니가 아버지한테 왜 슬라브한테만 그렇게 엄격하게 대하느냐고 물어보는 것을 들었습니다. 제 아이들은 할아버지인 제 아버지를 굉장히 존경했습니다. 할아버지께 반박하거나 말대꾸를 하지 않았습니다. 40대가 되는 아버지(황 발레리)도 할아버지(황만금) 앞에서 절대로 담배를 피우지 않으셨습니다. 할아버지께서 집으로 오시는 날이면, 아버지는 라이터와 재떨이를 모두 감추었습니다. 한 번도 아버지가 화내시거나 형제들과 불화를 가지는 경우를 본 적이 없습니다."

페레스트로이카 이전에 소비에트연방의 가정에서는 세상 돌아가는 이야기를 많이 했다. 정부 기관은 붕괴되어갔고 사기업이 생겨나기 시작했다. 발레리 티모페예비치는 새로운 시대에 적합한 사업을 시도했지만 크게 성공하지는 못했다. 그는 소비에트연방 시대 사람이었다. 자본주의형 사업가가 아니었다! 그의 아내 스베틀라나 스테파노브나는 이 시기에 모스크바로 이주를 결심했다. 그녀가 보기에 타슈켄트보다 모스크바의 환경이 더 나은 것 같았고, 결국 1990년대 중반에 발레리 티모페예비치와 스베틀라나 스테파노브나는 모스크바로 이주했다.

2001년도 스베틀라나 스테파노브나는 타슈켄트에 있는 아들에게 놀러 갔고, 남편 발레리 티모페예비치는 혼자 모스크바에 남았다. 그때 갑자기 남편에게 심장마비가 와서 스베틀라나 스테파노브나는 모스크바로 긴급히 떠나게 되었다. 심장외과의사는 수술을 마친 뒤 웃으면서 말했다.

"상태는 좋습니다. 만약에 죽게 된다면 심장 때문이 아니라 그 마음 때문일 것입니다."

발레리 티모페예비치가 아프고 난 뒤 다시 활력 있는 생활이 이어졌다. 그는 열렬한 축구팬으로 평생 실제 축구경기를 보고 싶어 했는데, 2002년에 아내와 함께 한국으로 월드컵 경기를 보러 가게 되었다.

"그는 소원을 성취했기 때문에 믿을 수 없을 만큼 행복해했어요."

스베틀라나 스테파노브나는 그 당시를 회상하며 이렇게 말했다. 이후 발레리는 자신의 환갑잔치와 손자 돌잔치도 함께했다.

그러나 그 이후 돌이킬 수 없는 불행이 찾아왔다. 위나 심장에 문제가 없을 만큼 좋은 건강상태를 유지했지만, 운명처럼 2003년 3월에 황 발레리 티모페예비치는 생을 마쳤다.

스베틀라나 스테파노브나는 여전히 모스크바에서 살고 있다. 니콜라이가 어머니를 모시고 있다. 그녀는 나이에 비해 젊고 아름다운 외모를 유지하고 있으며, 직접 자동차 운전도 하고, 매년 친척들을 보러 타슈켄트로 간다.

첫째아들 뱌체슬라프는 타슈켄트에 거주하고 있다. 1986년에 교통대학을 졸업한 그는 오랜 기간 육우 생산장 도로관리소에서 근무 중이다. 1997년에 한국 친구의 제안으로 우즈베키스탄 LG전자 지사에서 첫 직원으로 일했다. 이때부터 뱌체슬라프는 열정적으로 비즈니스를 했다. 그에게는 자녀가 두 명 있다. 아들 알렉산드르는 런던에서 대학을 졸업하고 현재 모스크바에서 근무하고 있다. 딸 스베틀라나는 니자미 사범대학 영어과를 졸업했다. 뱌체슬라프의 첫째아이는 그냥 할머니 이름을 딴 것이 아니라, 아버지의 부탁이 있었기에 동명으로 지은 것이다.

"아버지(황 발레리)는 당신의 어머니를 너무 사랑했고 그것을 당연하다고 여겼습니다. 그는 손자나 손녀가 곧 태어날 것이라는 소식을 접하면 바로 '딸이든 아들이든 아이가 태어나면 슈라라고 이름을 지어줄 거야'라고 자주 말했습니다. 할머니를 항상 슈라라고 불렀기 때문입니다. 제 아들이 태어났을 때 저희는 그를 알렉산드르라고 불렀어요. 단 한 번도, 단 한 명도 그를 '샤샤'라고 부르지 않고 할아버지가 부르고 싶어 했듯이 슈라라고만 불렀어요. 그리고 학교를 다닐 적에도 담임선생님에게 왜 아이를 샤샤라고 부르면 안 되는지 별도로 설명까지 했을 정도였습니다."

니콜라이도 두 명의 자녀, 딸 발레리와 아들 슬라브를 두고 있고, 이들은 아직 학교에 다니고 있다. 니콜라이는 동방대학 국제관계학을 졸업하고 몇 년간 대우 우즈베키스탄 지사에서 근무했으며, 그 이후 핀란드의 건축회사에서 근무했다. 현재는 사업을 하고 있다.

황씨네 대가족은 발레리 티모페예비치만 제외하고 주기적으로 만남을 가진다. 그는 항상 가까운 친척들의 마음속에 있으며, 황만금 할아버지에 대한 대단한 자부심을 가지고 그를 회상하고 있다.

둘째 아들 황 스타니슬라프

백발이지만 아직 늙지는 않은 외모로 잘생겼다. 그리고 영특해 보인다. 자세히 보면, 충분히 교육받은 사람이고 세심함과 동시에 동양인 특유의 영민한 모습까지 두루 갖추고 있다. 말할 때도 극도로 엄격함을 따질 것 같은 얼굴을 하고 있지만, 사실 그는 그렇게 무서운 사람이 아니다.

이러한 사람들은 대개 아이들을 좋아한다. 그들은 가식적인 엄격함과 분노로 아이들을 대하지 않는

다. 마음을 다해서 아이들을 품에 꼭 끌어안고 미소를 짓는다.

황 스타니슬라프와의 10여 년 전의 만남을 기억한다. 당시에 그의 온실 농업은 폴리타젤은 물론이고 도시와 국가를 통틀어서 가장 첨단의 산업이었다. 기자들의 인터뷰가 많을 수밖에 없었다.

나는 여기서 태어났습니다. 폴리타젤 사람이라는 말입니다. 1942년 3월 3일에 빛을 처음 보았고, 내 어린 시절을 여기서 다 보냈습니다.

무엇을 기억하느냐고 물으신다면, 답은 배가 너무 고팠던 것입니다. 아직까지 기억나는 것이 있는데, 어머니가 숟가락을 들고 이웃집에 가서 버터를 퍼 오는 겁니다. 하루 이틀도 아니고. 내가 딸기잼이라는 걸 언제 먹어봤는지 아십니까? 초등학교 2학년 때였습니다. 상상이 되십니까? 그때는 모두 거의 다 그렇게 살았습니다. 전쟁이 끝난 지 얼마 되지도 않았던 시절에 나라가 제대로 구실을 하지 못했으니…… 퍽 하고 넘어졌다가 비틀거리면서 간신히 일어나던 시기라고 표현하고 싶습니다.

우리 아버지가 '레닌의 길' 집단농장의 회장이 되었던 게 내가 젖 떼고 다섯 살 되던 날이었습니다. 그때까지 아버지는 집단농장에서 철도를 관리하던 분이셨습니다. 아버지는 이 일을 하시면서 어르신들한테 잘하고, 그분들의 말씀을 잘 들어주셨습니다. 아버지는 향기 진한 차 한잔 놓고 차분하게 이야기하면서 "무슨 문제가 있으십니까? 요새 뭐 하고 지내십니까?" 하고 물어보셨습니다. 내 생각에는, 그러면서 우리 아버지가 세상에 살아가면서 필요한 지혜를 배운 것 같습니다. 어르신들이 말씀하시면 한마디도 안 빼놓고 다 적으셨습니다. 그리고 이 메모 내용이 2~3년 지나면 집단농장의 실질적인 정책으로 반영이 되곤 했습니다. 아버지가 대단한 것은 폴리타젤의 회장이 되고 국가로부터 영웅 대접을 받았어도 어르신들에게 관심을 떼지 않았다는 것입니다. 말하자면, 지도방식 같은 걸 어르신들한테서 찾았다는 것입니다.

아버지는 북치르치크 지구당의 농업부서를 이끄는 일을 계속하면서 당을 위해서 움직이기 시작했습니다. 그리고 흐루시초프 시절에는 순차적으로 당 전체회의에서 전국을 향해 농업을 촉진시키고 더 용감하게 당을 이끌어줄 공산주의자가 필요하다고 주장했습니다. 집단농장과 국가농장에서 지역을 위해 힘써줄 사람들을 찾는 것입니다. 사실 그렇게까지 열정적인 사람은 없었다고 생각됩니다.

그렇게 1953년에 아버지가 폴리타젤의 회장이 되었습니다. 그때부터 1970년대까지 그들이 말하던 대로 모든 업무에 뛰어들어서, 우리가 아직 자고 있을 일곱 시에 불을 켜고 우리가 이미 자고 있던 시간에 돌아오시기를 거의 매일같이 하셨습니다.

당연히 모든 집안일은 어머니께서 다 하셨습니다. 우리 형제들은 발레리 형님이랑 같이 어머니를 도와드렸습니다. 학교가 끝나면 바로 집으로 달려와서 복습하고 바로 일하러 갔습니다.

철부지 어린애였다고는 하지만 우리 형제들은 아버지가 어디서 어떤 일을 하고 계시는지도 알았고, 사람들한테 얼마나 열심으로 대하고 계시는지도 알았습니다. 아버지에 대해서 조금이라도 나쁜 말을 하는 것도 용납이 안 되곤 했습니다. 우리한테 가장 두려웠던 것이 무엇이었냐면, 이 마을에서 회장 아들들이 나쁜 짓 했다더라 하는 이런 말을 듣는 것이었습니다.

아버지는 모든 부분에 대해서 정말로 소박한 분이셨습니다. 식사도 간단하게 한국 음식 몇 개 차려놓고 드셨습니다. 그냥 밥, 김치 딱 두 개로 드시기도 하고, 간혹 가다가 말린 생선 같은 것을 드셨습니다. 된장만 많이 풀고 진하게 끓인 된장찌개를 특히 좋아하셨습니다. 우즈베크식 마스타바나 샤블라 같은 수프도 좋아하셨습니다. 그래도 쉬는 날에는 꽤 많이 드셨습니다. 해산물이 들어간 마카로니라도 먹으러 가자고 하시면 우리는 정말 좋아했습니다. 아버지는 의지력이 넘치는 사람이었는데, 그 당시에는 담배도 엄청 피우셨습니다. 그런데 어느 날 갑자기 담배를 안 피우겠다 하시고는 계속해서 의지로 그걸 참아내셨습니다. '카즈베카'라고 하는

제일 좋아하시는 담배를 책상 위에 일부러 올려놓고 그냥 딱 끊어버리셨습니다. 아버지도 간혹 무의식적으로 담뱃갑에 손이 다가가기도 하고, 신경질적으로 말하기도 하고, 잠도 못 주무시는 등 힘들어하셨습니다. 그러나 성냥을 켜지는 않았습니다. 담뱃갑이 그 책상에 3년이나 놓여 있는 것을 보았습니다. 아버지는 본인에게 '안 돼!'라고 하면 진짜 안 하시는 그런 천성을 가지고 계신 것 같았습니다.

아버지는 화내시고 막 욕하고 그러신 적이 한 번도 없었습니다. 그분에게는 이런 행동이 의무 같은 것이었다고 생각됩니다. 심지어는 집에서도 불평 한마디 없으셨습니다. 그래도 우리가 잘못을 하고 그러면 불같이 화도 내셨습니다. 그런 잘못을 두 번 다시 저지르지 않도록 하려고.

9학년 때 나는 정말 축구에 미쳐 살았습니다. 공을 한번 잡으면 쉴 줄을 몰랐습니다. 지금은 보는 것으로 만족하고 있습니다. 공부하는 것도 절대 잊지 않았습니다. 1960년에 내가 졸업을 했을 때, 3점이 하나도 없었습니다. 학교를 졸업하자마자 2년 동안은 집단농장의 건설 부문에서 일을 했습니다. 폴리타젤에는 당시에 할 일이 정말 많았습니다. 집단농장 크기도 웬만한 도시 만했습니다. 미래형 시골 모델로 표현할 수 있을 만큼 굉장했습니다. 훌륭한 인프라가 거의 구축되어 있었습니다. 의료시설, 문화궁전, 경기장 등 아쉬운 것이 없었습니다.

나는 1962년에 페름 농대에 입학했습니다. 공부하는 것이 재미있었지만 안타깝게 오래 머무를 수가 없었습니다. 몸이 너무 안 좋았습니다. 알고 보니까 자외선 노출이 심해서 몸이 많이 망가졌고, 이것 때문에 병이 생겼다고 들었습니다. 건강 때문에 결국 타슈켄트에 있는 다른 대학으로 옮겼습니다. 1967년에 졸업장을 받았습니다. 그때 졸업논문이 「양마 재배의 특징과 생산 확대 방법」이라고 기억합니다.

내가 집에 와서 제일 처음 했던 것이 아버지에게 이 소식을 알려주는 것이었습니다.

"대학 졸업했습니다!"

"잘했다."

이 한마디가 아버지의 대답 전부였습니다. 그래도 그 수많은 관심사 중에서 아버지는 가족을 먼저 챙겼습니다.

마을 전체가 뒤집어졌던 기억에 남는 사건이 하나 있습니다. 우리 집단농장에 좀 부주의한 조합원 한 사람이 살고 있었습니다. '술 한잔하세!'라는 말을 정말로 좋아하는 분이었습니다. 하루는 퇴근하고 나더니 그다음부터 일하러 나오지 않았습니다. 아버지는 그 사람의 집으로 달려갔습니다. 문 앞에서 그 아저씨가 술이 취해서 아버지 팔을 움켜쥐었습니다. 이야기해보니 대화보다는 물리적인 방법이 필요한 상황이었습니다. 그런데 그날이 지나고 나서 사람이 변했습니다. 그때부터는 다른 사람들처럼 정기적으로 일하러 나왔습니다. 이 사건은 당시의 집단농장 분위기를 잘 설명해줍니다. 사람들은 농장 일을 얼마나 하느냐에 따라서 본인에게 돌아오는 것이 얼마나 많은지를 대부분 이해하고 있었습니다. 자신의 미래를 위해 최선을 다하는 그런 분위기였습니다.

나는 발레리 형과 게으름을 피우다가 아버지한테 엄청나게 혼났습니다. 정말 열심히 공부하고 경력도 쌓아야 한다고 다짐했다가 조금 방심한 것이 스스로를 부끄럽게 만들었습니다.

내 경력은 타슈켄트 농업부서에서부터 시작되었는데, 나는 여기서 1년간 수석 전문가로 일했습니다. 여기서 5년 동안 배웠던 것을 연습해보는 그런 시간이 많았습니다. 그 후 고향 농장으로 돌아와서 농학자가 되었습니다. 그로부터 6개월 후 나는 알마티로 군복무를 명령받아서 떠나야만 했습니다.

아버지는 한마디만 했습니다.

"차에 타거라! 도시까지는 태워주마."

아버지는 주머니에 있던 만큼 여비를 주시고 작별인사를 하셨습니다.

이 시기에 나는 축구선수가 되어 있었고 고등교육도 받았습니다. 이후 타슈켄트의 군부대로 보내졌습니다. 전역할 때까지 나는 '보스토크'라는 이름의 축구팀에서 선수로 뛰었습니다.

전역한 뒤에는 '코무니즘'의 농학자로 다시 일하게 되었습니다. 그와 동시에 집단농장 '모스크바'에서 인턴을 할 기회가 생겼습니다. 그 3주 동안 온실이라는 것을 처음 보았습니다. 이때부터 온실에 관한 공부를 열정적으로 했습니다. 10년 동안 부끄럽지 않을 만큼 지식을 쌓았습니다.

소비에트연방이 붕괴되고 한국 기업들이 들어왔습니다.

이들은 우즈베키스탄에서 어떻게 투자를 해야 할 지 조사하고 있었습니다. 많은 정보를 얻기 위해서 정부 관리들과 미팅을 많이 했습니다. '갑을 텍스타일'이라는 정말 큰 회사가 있었는데, 거기서 정말 많은 시간을 한국 비즈니스맨들하고 견학을 했습니다.

하루는 타슈켄트 주지사였던 사이풀라 사이달리예프를 만났는데, 그가 '왜 고향 농장에서 일을 안 하느냐'고 물었습니다. 그 질문에 대답하지는 않았습니다. 대화를 끝내려 하는데 그가 다시 물었습니다.

"돌아오고 싶은 마음은 있나요?"

나는 그냥 짧고 굵게 대답했습니다.

"아, 그럼요!"

그 후 1992년에 한 번 더 그를 만나고 세 번째 만났을 때, 투라브 홀타예프라는 사람을 같이 만났습니다.

투라브 홀타예프가 '황만금 씨는 요새 어떻게 일하고 있냐'고 물었습니다.

"잘 지내십니다."

"그런데 당신은 왜 안 돌아가나요?"

이 질문이 나오자마자 정적이 흘렀습니다.

1992년 가을에 고향으로 가고 싶은 마음이 생겨났습니다. 그곳에서 온실을 담당했습니다. 6개월이 지나고 1993년 2월에 농장 전체회의에서 나를 회장으로 추천했습니다.

그로부터 2주가 흘렀습니다. 내 방으로 건장한 두 사람이 찾아왔습니다. 온실농업에 자기들이 참가하겠다고 했습니다. 그런데 대화 도중에 한 사람이 갑자기 내 머리에 뭔가를 던졌습니다. 나는 피가 흥건한 채 바로 의식을 잃어버렸습니다. 순간적으로 틀림없이 누군가

의 사주를 받았다고 생각했습니다. 그 사람들이 몰고 왔던 자동차에는 번호판도 없었습니다. 누군가가 나를 두려워했던 모양이라고 생각했습니다.

그런 일이 있고 나서 지역행정가들 모임이 있었습니다. 투라브 홀타예프는 그 사건을 듣더니 바로 이해하고 곧바로 어떤 대답을 암시하는 듯한 질문을 던졌습니다.

"감당할 수 있겠나요?"

"그렇게 해야겠지요."

"두렵진 않느냐란 말입니다."

"결국 나를 죽이진 못했습니다."

비록 웃고는 있었지만, 그때 머리를 관통하는 단 하나의 생각이 있었습니다.

'저는 아버지를 따라서 제 능력으로 황씨 가문의 정직함과 깨끗함을 증명하렵니다!'

이 시점에서 우리가 할 일은 결정된 거나 다름없었습니다.

나는 이날을 평생 동안 기억합니다. 내가 강당으로 처음 들어섰을 때, 사람들이 나의 얼굴을 딱 쳐다보면서 '여태까지 우리가 일구어낸 이 영광스러운 농장을 이 양반이 잘 이끌어갈 수 있을까?' 하고 생각들을 한다고 느꼈습니다.

사람들이 복도에서 회장을 누가 맡아야 하는지 후보들에 대해서 이야기를 하고 있었습니다.

"당연히 황 선생이지!"

나는 정말 놀랐습니다. 강당에 모인 사람들이 한 명도 빠짐없이 내 이름을 연호하면서 막 환호하는데 그 미소들을 잊을 수가 없습니다.

사람들은 다시 한 번 회장이 돌아오기를 바라고 있었던 것입니다. 사람들은 이 길고 긴 괴로운 시간 동안 굴욕과 수치심 같은 걸 느꼈고, 폴리타젤을 위해 이런 무거운 결정을 행동으로 옮긴 것입니다.

사람들이 조용해지고 투라브 홀타예프가 합의를 다 하고 말했습니다.

"여러분들이 원하는 것이 보입니다. 그러나 저희들은 규칙을 준수할 수밖에 없습니다. 안타깝지만 투표를 무조건 해야 합니다. 누구를 뽑으시겠습니까?"

거의 300명의 손이 천장을 향했습니다. 그리고 단 하나의 외로운 손이 천장이 아닌 다른 어딘가를 향해 있었습니다.

조금 있다가 나는 깨달았습니다. 이 단 하나의 손이 향해 있었던 건 찬성을 뜻하는 천장도 아니고, 반대를 뜻하는 바닥도 아닌 바로 나를 향해 있었던 것입니다. 그 사람들은 황만금이라는 회장이 당한 불의에 대해 손을 뻗지 않았던 자신들의 침묵을 너무나도 잘 알고 있었

고, 또 그에 대한 속죄 같은 것을 하고 싶었던 것입니다. 다른 이유로는 설명이 불가능했습니다.

"여러분, 감사합니다!"

이제 회의가 끝나고 다음 날 집무를 시작했습니다. 업무에 대한 파악이 필요했습니다. 그렇게까지 어려워 보이지는 않았습니다. 물자 및 기술 관련 자료를 읽어보니까 없어지고 누락된 게 많았습니다. 많은 제품들을 도난당했고, 남아 있다고 하더라도 수리가 필요했습니다. 어떻게든 사람들 의견을 듣고 복구할 필요가 있었습니다.

그러나 막상 시작하고 보니 생각보다 어렵고 고통스러운 일이 많았습니다.

첫 번째, 이 집단농장이 어떻게 돌아가고 있는지 전체적인 구도를 파악할 필요가 있었습니다. 그래서 가장 낮은 단계의 지도자들부터 시작해서 수석 농학자들까지 만났습니다. 먼저 제대로 된 우선순위를 정하고 무엇을 처음으로 해야 할지를 확실히 할 필요가 있었습니다. 가장 처음으로 할 것은 식품공급이었습니다. 가축들을 더 많이 키워야 했습니다. 수치상으로 가축의 생산 수익률을 더 높이자는 것이었습니다. 천천히 농장의 모든 곳에서 필수불가결하게 '내부의 부족한 부분들 찾아내기'를 할 수 있었습니다. 계속 찾아내고 발명하고 하면서 우리가 발전해나갈 수 있었습니다. 사람들은 천천히 이 작업들을 완수해나갔습니다. 우리는 다시금 자신을 믿기 시작했고 하루가 다르게 변화가 느껴졌습니다. 노력이라는 열매가 우리 눈앞에 펼쳐지기 시작했습니다.

솔직히 말하자면, 그해의 기후가 좋지 않았습니다. 내가 회장을 한 첫해의 면화 수확은 실패했다고 볼 수 있습니다. 눈과 비가 불규칙적으로 많이 내려서 불가항력이었습니다. 그러나 1994년에 처음으로 면화 농사가 제대로 되었고 다른 작물의 생산량도 만족할 수준이었습니다.

이스마일 주라베코프가 전화해서 정말로 진심을 담아서 축하해주었습니다.

"아버지한테 절대 뒤지지 않네!"

그 순간에 나는 최고의 찬사를 받았습니다.

계속해서 농장 일이 잘되니까 정부로부터 상장도 수여받고 국가 주요회의에서는 우리 농장이 어떻게 이렇게 잘될 수 있는지에 관한 논문 발표도 있었다고 합니다.

그러나 나한테 가장 소중한 상은 농장 사람들의 웃음, 기쁨, 그리고 감정이 북받쳐서 지르는 환호였습니다. 결국 저 사람들은 나를 믿어줬고, 나는 그 사람들의 기대를 실망시키지 않았습니다. 매일 반복되는 그런 업무로 가득 찬 일상이지만 즐겁게들 일하고 있었고, 모두가 자신의 손으로 만들어낸 영광스러운 가치를 자랑스러워했습니다.

1995년에 우리가 달성한 생산량은 지역 최고 수준이 되었습니다. 폴리타젤은 과거의 영광을 되찾아가고 있었습니다.

기억나는 이야기가 하나 있습니다. 축산업과 관련된 정부 회의가 있었는데 이스마일 주라베코프가 사회를 봤습니다. 내가 연단에서 보고서를 읽었습니다. 중간쯤 발표를 하고 있는데 그가 책상을 치면서 나의 발표를 중단시켰습니다. 그리고 거기 강당에 모인 사람들한테 질문을 던졌습니다.

"여러분 중에서 이 사람이 누군지 아시는 분 계십니까?"

강당이 갑자기 조용해졌습니다. 정적이 흐르자 그가 다시 말했습니다.

"이 사람은 황만금 회장의 아들입니다!"

나는 그 사람한테 고개를 돌리고 말했습니다.

"제가 회장입니다."

"이 양반아, 당신이 무슨 황 회장이야. 황 회장 아들이지!"

이 일이 있고 몇 년이 지났는데도 나는 그 일을 잊을 수가 없었습니다.

'도대체 이 사람들을 어떻게 이해해야 하나?

아마도 이 사람들은 황만금의 아들이 훌륭하고 대단하고 부모하고 똑같은 길을 걸어가고 명성을 이어가는 것을 반기겠지만, 어떻게 자자손손 이어갈 수 있는지 스스로 의문을 가졌던 것일까? 아니면 아버지와 함께했던, 그 따뜻하고 대단한 노동 성과를 이루어냈던 그 순간을 회상하는 것일까?'

이 사건은 내 머릿속에 날카로운 낙인처럼 새겨졌습니다. 왜 사람들이 아름다운 시간을 만들어냈던 이전 세대를 추억하는지. 그리고 나를 처음 만나면 가장 먼저 '자네 누구 아들 아닌가?' 하고 물어보는 것. 나는 결국 황만금 회장과 같아 보이지 않는 것인지?

아버지는 이제 이 세상 분이 아니십니다. 자식들은 벌써 할아버지가 되었고 손자, 손녀를 보고 있습니다. 우리가 인생 끝자락까지 '회장 자녀들'이라는 십자가를 짊어지고 살아갈 수는 없습니다.

그러나 내가 최근에 깨달은 것은 '아버지가 얼마나 대단한 인물이었나' 하는 것입니다. 설령 그 영광 때문에 우리 자녀들이 묻혀버리는 일이 있다고 하더라도.

폴리타젤의 진정한 승리는 1996년이었습니다. 밀 생산이 사상 최대치를 기록했습니다. 3만 5,000톤의 곡물이 생산되었습니다. 면화 집중생산 계획도 지역에서 1위를 차지했습니다.

쿠룰타이 지역의 새로운 주지사인 칼쿨로프 니자메트지노비치는 튜베테이카(중앙아시아 사람들이 쓰는 둥근 모자)와 차판(중앙아시아 사람들이 입는 기다란 코트)을 나에게 입혀주면서 "이 상이 자기 주인을 찾아갔네요!"라고 했습니다.

다시 평상처럼 일하는데 하루는 양 한 마리에 수백 명의 사람 이름이 빼곡하게 적혀 있었습니다. 익명으로 어떤 불만 사항이 들어오는 바람에 농장 전체가 감사를 받게 되었습니다. 감사위원회에는 재정부 및 내무부 장관, 지역 주지사 등이 포함되어 있었습니다. 내가 한국에서 오자마자 이런 일이 생겼습니다. 모든 금고와 집단 농장 헛간들이 다 봉인이 되었습니다. 왜 이런 일이 벌어졌는지 내 머리로는 이해가 되지 않았습니다.

1년 동안 열네 번의 감사를 받았습니다. 네 개의 수정안이 들어왔습니다. 정말 지옥같이 괴롭고 분하고 억울했습니다.

1997년에 사직서를 내버렸습니다. 그 당시에 순이익만 3,500만이었습니다.

정말 믿을 수 없을 만큼 어려운 결정을 내렸습니다.

가슴속에 맺힌 응어리를 도대체 어떻게 말로 표현할 수가 있겠습니까? 혼신의 힘을 다한 노동으로 과실들을 맺었는데 그것이 모두 망했다고 생각하니 너무 억울했습니다. 나는 그때마다 당신 인생에서 그런 비극을 겪으신 아버지를 떠올리게 되었습니다.

그런데 이렇게 떠나버리는 것은 첫째로는 아버지, 둘째로는 나를 믿어준 사람들에 대한 배신이라는 생각이 들었습니다. 이를 악물고 다시 농장으로 뛰어들었습니다. 내가 선택한 것은 온실이었습니다. 1998년에 내 팀을 만들었는데 3년 뒤에 '황만금'이라는 이름을 가지게 될 팀의 모티브가 되었습니다. 온실 경작지 200헥타르를 추가했습니다. 여기에서 80헥타르에는 밀을 재배했고 100헥타르에는 면화를 키웠습니다. 2001년에 납품한 양이 헥타르당 자그마치 280톤이 되었습니다.

여기서 스타니슬라프 티모페예비치는 한참 동안 입을 꼭 다물었다. 그런 기억들이 홍수처럼 몰려들었는지 더는 말을 할 수 없는 상태가 되어버리고 말았다. 그리고 나는 그에게 그 이상 질문을 할 수 없었다. 그저 옆에 앉아서 바라보고만 있어야 했다. 그렇게 열정적으로 말하던 사람이 갑자기 우울해지자 나도 당황스러웠다.

아마도 그는 잠깐 동안 자신에게 돌아오지 않을 정말 행복했던 그리고 자신의 열과 성을 다했던 젊은 시절을 떠올리고 있었던 것이 아닐까? 아니면 가족과 함께했던 일상생활의 작은 기쁨을 떠올리고 있었을까? 아니면 손녀와 함께 보냈던 시간을 떠올렸던 것일까?

운명은 그에게 많은 선물을 주었다. 그의 충실한 동반자이자 대화를 함께 나눌 수 있는 친구들을 주었으니까. 설령 서로에게 그러한 정이 온전히 전달되지 않았다고 하더라도.

황 류드밀라 페트로브나(결혼 전의 성은 주였다)는 1949년 2월 2일에 타슈켄트에서 태어났다. 처음에는 그녀를 직원 정도로 여겼다. 재정적으로 안정적인 생활을 했다. 그녀의 이력을 적는다면 공책 한 장에 모두 쓸 수 있을 정도로 평범했다. 그러나 그녀에게는 어떤 특별함이 있었다.

따스한 햇살이 내리쬐던 어느 날 페르가나에서 온 손님을 언제나처럼 환대해주었다. 가끔씩 그녀의 학창시절에 관한 이야기를 들을 수 있었다. 그녀는 학교에서 최고의 우등생이었으며, 미래에 자신의 꿈을 펼칠 계획을 가지고 있었다. 과학자가 되고 싶었다.

그러나 1972년에 그녀의 삶에 특별한 전환점이 되는 사건이 일어났다. 타슈켄트 의대를 졸업하면서 사랑할 수밖에 없게 만드는 한 남자가 청혼을 해왔던 것이다.

이때부터 그녀의 가족과 일은 도무지 떼려고 해도 뗄 수 없는 관계가 되었다. '사랑하기 때문에' 모든 것이 가능했다. 왜냐하면 아들이 태어날 때부터, 결혼하고 태어난 아이의 이름은 더 생각할 것도 없었다. 무조건 티모페이였다! 위대한 할아버지에게 경의를 표하고 싶었고, 그의 업적을 잇고 싶은 마음도 더해져서 아들의 이름을 바로 정해버렸다.

그 손자 역시 실망시키지 않았다. 열 살에 이미 뛰어난 재능으로 가족을 놀라게 했다. 학교에서는 정상적인 교육과정을 넘어서는 총명함을 보였다. 5~6학년 때 전국 체스대회인 '체스의 기적'에서 타의 추종을 불허하는 성적을 거두고 우승을 했다. 그의 공격은 상대방뿐만 아니라 주최 측을 당황스럽게 만들었다. 그는 타슈켄트 대학에서 동양학을 전공했다. 졸업 이후에도 졸업장에 적혀 있는 문구대로 책임감과 사명감으로 자신의 인생을 개척해나가고 있다.

황 티모페이 스타니슬라보비치는 아름다운 그의 아내 율리야, 아들 미하일, 그리고 딸 아냐와 함께 성공적인 기업가이자 사회사업가로의 두 길을 훌륭히 가고 있다.

여전히 이 가문은 대단하다. 자신들의 전통을 매우 잘 보존하고 있으며, 이러한 불가침은 항상 친절하고, 정직하며, 연장자를 존중하고, 자녀를 사랑하는 등 인간으로서 가져야 하는 기본적인 자질에 충실하다. 교육의 중요성도 반드시 인지하고 있다. 황

155

씨 가문의 가훈이 바로 이것이다.

스타니슬라프 티모페예비치와 류드밀라 페트로브나의 딸인 타티아나 역시 사람들이 흔히 말하는 대단한 인물이다. 그녀 역시 자신의 노력과 재능을 통해 자신의 행동을 증명해왔기 때문이다. 영어에 'self-made man'이라는 표현이 있다. 사람은 스스로를 만들어나가야 한다는 의미이다. 이것은 그녀를 두고 하는 말이다.

그녀의 인생은 그야말로 추월의 연속이었다. 이미 여섯 살이 되자마자 19번 학교의 책상에 앉아 두 남매가 자신의 시간들을 보낼 줄 알았던 것이다! 그녀는 자신의 오빠와 비교해도 절대로 뒤처지는 법이 없었다. 금메달은 물론이고 훌륭한 점수가 빼곡한 졸업장까지 받아냈다. 체스 경력에서도 그 오빠만큼이나 화려한 경력을 쌓았다. 졸업장과 메달 등은 겸손하고 조용하지만 용감무쌍한 이 여성에게는 작은 결과물에 지나지 않았다.

타슈켄트 대학에서 동양학을 전공하던 2학년 때 그녀는 전혀 다른 도전을 시도했다. 그녀는 미국의 펜실베이니아 대학교에 입학했다. 불과 2년 만에 경영학과를 졸업하고 학사를 받았다. 우즈베키스탄에서 온 이 여학생은 교수들에게 자신을 확실하게 각인시켰다. 타티아나는 최고의 기업들로부터 스카우트 제의를 받으면서 세계 유수의 금융재벌 그룹에 취직하게 되었다. 뉴욕에 있는 회사에 간부로 들어간 것이다. 그렇게 1년을 화려하게 일했다. 그녀는 다시 대서양을 건너서 또 다른 도전을 시도했다. 런던경영대의 석사과정에 들어갔고, 1년 만에 학위를 따냈다.

그녀는 다시 금융계로 돌아와서 스위스에 본사를 두고 있는 UBS(United Bank Systems)에서 탁월한 실력을 보여주고 있다. 출장이 워낙 자주 있어서 땅에 있는 시간보다 하늘에 있는 시간이 더 많다. 언제나 비즈니스석을 타고 세계 각국의 최고 호텔에 머무른다. 그녀는 진정으로 이러한 삶을 원했다. 이 회사의 경영가치는 명성, 최고의 수준, 회사의 원칙, 최고경

영자의 마인드로부터 나온다.

그녀는 단 1분도 쉴 틈이 없다. 그렇기 때문에 따스한 부모의 손과 정감 어린 대화가 늘 그립다. 그녀의 어린 시절에 오빠와 함께 할아버지의 따스한 무릎 위에서 머무르던 집은 여전히 아늑하다. 많이 기억할 수는 없겠지만, 언제나 그녀의 귀에 속삭이고 눈을 자주 맞추어주던 기억은 그녀의 눈가를 눈물로 적셔준다. 그녀는 언제나 아름다웠던 추억들과 함께하고 있는 것이다!

셋째 아들 황 예브게니

그는 1949년 4월 18일에 타슈켄트 주 유코리치르치크 지역의 '레닌의 길' 집단농장에서 출생했다. 이곳에서 그의 아버지가 집단농장의 회장으로서 주목을 받기 시작했다. 1953년 가족이 폴리타젤로 이사했고 6살이 되었을 때 어린 예브게니는 어깨에 책가방을 메고 19번 학교에 입학했다. 5학년 때까지 매우 우수하고 성실하게 공부했다. 그러나 자신에게 맞는 일을 찾은 후 즉시 학문에 등을 돌리고 말았다.

그것은 바로 기술이었다! 하루 종일 그는 고철과 씨름할 수 있었고 집에 온갖 고철덩어리들을 가지고 왔으며, 크롬과 니켈로 된 자신의 오토바이 'Stadium'을 광택이 날 때까지 닦았다. 구세대 사람들은 이 보물을 가졌다는 것이 얼마나 질투를 불러일으켰는지 기억하고 있다. 그것은 근교의 모든 아이들에게는 닿을 수 없는 꿈이었고, 진정으로 물 건너온 귀중품이었다. 그리고 그들은 기타를 치던 젊은이들의 모임과 상상하기 힘든 크기의 나팔바지, 비틀스식 머리 스타일을 기억하고 있을 것이다. 공부만 제외하고는 너무도 많은 유혹이 있던 시절이었다.

그는 자유시간에 자신의 철마를 타고 열정적으로 집단농장의 거리를 누비고, 저녁에는 언제나처럼 친구들과 좋은 시간을 보내기에 바빴다. 자연히 학업을 게을리 하면서 야단도 맞았고 야간학교에서 1년간 공부한 적도 있었다. 그러나 졸업반인 10학년 즈

음 다시 정신을 차리고 공부하여 괜찮은 성적을 받을 수 있었다. 정상적으로 졸업은 하지 못했더라도.

미래를 준비해야 하는 나이가 되면서 그는 아버지의 뜻을 따라 1967년에 타슈켄트 농업대학에 입학했다. 농업학과의 지겨운 수업들과 지루한 강의는 열정적인 젊은 영혼에게 매일 반복되는 고문이었으며, 농업을 자신의 생업으로 가진다는 것은 그에게 고통이었다. 침대와 수납장이 겨우 들어가는 비좁은 대학 기숙사에서 저녁을 보낼 때마다 기타만이 그를 위로했다. 그때만큼은 진정 행복하다고 느꼈다. '비틀스'와 '롤링스톤스'는 그의 정신과 마음을 완전히 지배하고 있었다. 그는 자신의 우상들이 부르는 노래로 살았고, 몇 시간이고 줄을 만지면서 그것을 따라 연주하려고 노력했다.

결국 그는 2년 후 학업을 등지고 정든 땅으로 돌아왔다. 그리고 통신기술자로 일하기 시작했다. 아버지도 아들의 뜻을 꺾지 못했다. 자신의 길은 본인이 직접 선택해야 하는 것이다. 그는 아들을 카라간다로 보냈다. 예브게니는 그곳에서 친고모들과 생활했다.

그런데 그곳에서 그는 뜻밖의 사건을 만났다. 세미팔라틴스크의 친척집에 머물던 시기였는데, 그저 운을 시험하고자 1루블짜리 DOSAAF(육해공군협력봉사단체) 복권을 구입했다. 매우 놀랍게도 그는 당첨이 되었는데 상품이 '우랄-M63' 오토바이였다. 주변의 사람 몇몇이 3,500루블까지 제시하면서 팔기를 권했으나 그는 단호하게 거부했다. 이 강력한 철마를 타고 오토바이 헬멧과 가죽 재킷을 입고 있는 자신을 상상했기 때문이다. 농업용 크로스컨트리 삼륜차가 당시 겨우 1,250루블이었음을 감안하면 상당히 비싼 오토바이였다. 지금까지도 그는 그 오토바이를 팔지 않은 것을 후회하지 않고 있다.

그는 삼촌인 아나톨리 페트로비치의 집에 묵었다. 그런데 그의 친아들도 밴드음악에 미쳐 있었다. 예브게니는 자신의 운명으로부터 도망칠 수 없었다.

이런 경험을 한 후 집에 돌아온 그는 은은한 나뭇조각을 광택 나는 전자기타로 직접 만들었다. 그리고 새로운 미래를 생각했다. 오래전부터 꿈꾸었던 것을 현실에서 실현시키고 싶었고, 자신의 밴드를 기획했다.

당시에는 서양의 밴드들이 소비에트연방에서도 유행했다. 농촌 집집마다 아침부터 밤까지 외국인들의 목소리들이 '마야크'와 '아스트라'와 같은 전축에서 터져 나왔다. 젊은이들은 이를 가축들이 놀랄 만큼 크게 틀어놓고 듣곤 했다.

예브게니 밴드는 처음에는 매우 '클래식하게' 시작했다. 그들의 우상인 스타들을 흉내 내기도 했다. 밴드는 기타에 황 예브게니, 베이스기타에 황 이노켄티, 드럼에 리 블라디미르, 그리고 기타에 김 발레리로 구성되었다. '폴리타젤 4인방' 중 네 번째인 이노켄티만이 음악을 제법 전문적으로 했던 자였다. 음악가 집안에서 자란 그는 음악과 살았으며, 집단농장의 예술활동 차원에서 개최되는 소규모 콘서트와 공연에 참가했었다. 독학으로 익혔지만 색소폰 등 어려운 악기도 훌륭하게 다루었다.

이들 네 명은 강한 의지로 가득 차 있었다. 집에서 연습하다가 밤을 새곤 했기 때문에 이웃들에게 작은 불평에서부터 커다란 호통까지 들었다. 테이프에 녹음된 곡의 동일 부분을 몇 번이고 되감고 들으면서, 틀리지 않고 한 구간을 연주할 수 있도록 목이 쉴 때까지 언쟁을 멈추지 않았다.

시골에서는 아무것도 숨길 수가 없기 때문에 그들의 일도 곧 발각되었고, 집단농장에서는 마을회관에 그들을 위한 연습실을 만들어주었다. 그들은 본격적으로 연습에 몰두했다. 낡은 스피커들을 고치고 작동시키기를 반복하면서도 그들은 즐거웠다. 시간이 지나면서 음악적 실력도 늘었다.

1973년 문화회관 무대에서 그들의 콘서트가 처음으로 열렸다. 이미 인정받고 있는 예술인들의 공식 무대에서 관중의 흥을 돋우는 역할을 위해 무대에 섰다. 마음을 파고드는 아름다운 선율로 관중들로부터 큰 환호를 받았다. 그러나 이러한 기쁨도 잠시, 동료들 사이에 불협화음이 생기기 시작했다. 그때 황만금 회장은 '시대의 정신에 걸맞은' 현대음악을 해보라고 권유했고 계획을 세워보라고 격려했다.

'청춘' 악단이 탄생했다. 이 밴드의 이름은 매우 빠른 시일 안에 폴리타젤과 분리할 수 없는 존재가 되었다. 폴리타젤을 더욱 빛나게 하는 존재가 된 것이다. 6미터 크기의 옥수수나 훌륭한 시설을 자랑하는 경기장과 같은 가치를 가졌다.

그때부터 농촌무대에서 스포트라이트를 받던 '청춘 학교'는 수많은 위대한 예술가들을 배출했고 모두의 사랑을 받는 존재가 되었다.

그들의 음악을 들으면서 감동받고 노동의 피로를 푼 사람들이 얼마나 많았는가!

사실 그 단체에는 음악원에서 공식적으로 교육을 받거나 안무를 배운 전문가가 없었다. 특출한 재능을 바탕으로 스스로 노래와 춤을 배우고 익힌 사람들이었다.

황만금은 이를 진정으로 자랑스러워했다. 이 단체는 그의 자식이나 다름없었고 부모의 마음으로 그들을 세심하고 부드럽게 대했다.

농촌 자율활동으로 시작한 사람들이 아무리 능력이 있다고 해도 그 당시 어떻게 예술적으로 엄청난 수준에 도달하고 가장 칭송 받는 예술가들만이 꿈꿀 수 있던 무대에 나갈 수 있겠는가? 그것도 그 거대한 국가에서 최고의 명성을 자랑하는 스타들, 즉 국가 원수, 우주비행사, 올림픽 메달리스트, 영화배우, 지휘관 들 앞에 공연할 수 있겠는가?

이 단체의 진정한 비상은 1970년대 중반이었다. 큰 무대에서도 성공을 거두었다. 소비에트연방의 젊은 연주가들을 위해 개최되는 콩쿠르였던 '말라디예 갈라싸'에서 청춘은 「카이단 아지즘」이라는 곡을 연주하여 유명한 예술인들의 마음을 사로잡았다. 심사위원 대표 겸 지휘자이자 작곡가였던 미카엘 타리베르디예프는 오지 산골에서 온 보통 사람들의 훌륭한 연주에 그저 말을 잃을 정도로 놀랐다. 청춘은 콩쿠르의 우승팀이 되었다. 폴리타젤은 영웅을 맞이할 준비를 하고 있었다.

1976년 그 단체에 새로운 보컬리스트인 신 갈리나와 김 조야가 추가되었다. 기타와 타악기 구성에 플루트, 바이올린, 키보드, 트럼본이 추가되었다.

그들의 콘서트는 이미 도시 전역에 붙여둔 광고전단과 입소문 덕분으로 언제나 만원이었다. 공연이 있는 날이면 고려인 마을들의 거리는 텅 비어버렸다. 관객들은 놀라움과 환희로 무대 위에서 빛나고 있는 연주가들을 바라보았다. 형용할 수 없는 기쁨과 긍지가 사람들의 마음을 채웠다. 그것은 고려인이라는 동질감에서 오는 자랑스러움이었다.

그들은 전국 순회공연을 돌았고 심지어 몽골까지도 갔다. 모든 공연을 성황리에 마치면 그들 앞에 꽃다발과 칭송, 감사의 말들이 넘쳐났다.

'청춘'은 국민 예술인 칭호를 받았다. 그로 인해 그들의 공연 입장권은 최고 가격인 80코페이카에 판매될 수 있었다.

어느 날 집단농장 회의에서 예술 및 스포츠 활동을 담당하는 간부였던 김 니콜라이 바실리예비치가 노래에 안무도 추가하여 레퍼토리를 다양화시키자는 방안을 제안했다. 이 작업에는 전문 안무가 겸 발레 연출가 화정욱이 참여했다. 이 덕분에 한국 전통 안무, 화려한 색감의 복장과 다양한 부채들의 나풀거림을 보여준 무대는 보통 사람들의 마음을 다시 한 번 사로잡았다.

황만금 회장은 청춘을 전심으로 응원했다. 그가 얼마나 청춘에 관심이 있었는지 보여주는 일화가 있다. 그는 독일산 전문음향장치 'BIG'을 문화부가 5개 입수했다는 사실을 알게 되었다. 그 세트는 모든 전문 밴드 연주가에게 꿈이나 다름없는 것이었다. '국민 예술인'과 '명예 예술인' 칭호가 있는 사람들에게도 그것은 꿈이었다. 이 상품을 인도하는 지령과 순서를 기다려야 했다. 황만금이 이 사실을 어디서 알았는지는 아직도 밝혀지지 않고 있다. 그다음 날 예브게니는 타슈켄트로 가서 마치 정탐꾼처럼 거대한 문화부 건물의 내부에서 그 장치를 찾아냈다!

황만금은 이 장치를 받기 위해서 문화부로 갔다.

회의실에서 어떤 대화가 오갔는지는 아무도 모른다. 그러나 대기실에서 많은 사람들이 단 한 문장은 제대로 들었다.

"그렇다면 누가 농촌 자율활동을 보살핀다는 말입니까?"

회장은 적시에 자신의 의사를 상대에게 설득시킬

수 있는 명분 있는 말을 찾는 능력이 있었다. 황만금의 달변은 상대방이 그의 의지대로 따라오도록 만들었다. 그는 필요한 경우에는 폴리타젤의 인맥과 권위도 사용했다. 이 장치는 결국 폴리타젤로 왔다.

황만금은 예술은 진정으로 민중의 것이라고 생각했다. 그래서 그는 청춘을 위해 필요한 것들은 구해다주었다. 정말 잊을 수 없는 시대였다!

예브게니도 28살의 청년이 되었다. 결혼할 나이였다. 1973년에 첫 번째 결혼을 했지만 행복하지 못했다. 그러나 그에게는 아들 발레리가 있었다. 니콜라이 바실리예비치가 대화 중에 두샨베에 손녀 마르가리타가 살고 있다는 이야기를 꺼냈다. 그녀는 영리하고 아름다운 데다가 유일한 딸이라고 했다. 예브게니는 무슨 일이 있어도 그 아가씨를 보겠다고 결심했다. 그는 바로 실행했다. 두샨베로 가서 그녀를 만났다. 자꾸 그녀가 보고 싶어서 그곳을 자주 찾았다. 그러나 마르가리타의 아버지는 예브게니를 좋아하지 않았다. 마르가리타는 타지크 국립대학의 생물학과 학생이었다. 당시에 그녀가 가졌던 일생의 꿈은 심야 영화를 보러 가는 것이었다. 그녀는 그만큼 엄격한 집안에서 부모의 끊임없는 감시 속에 살고 있었던 것이다. 가장이었던 유리 키차노비치는 엄격한 규율과 보수적인 생각을 가진 사람이었을 뿐만 아니라 평생을 지도자 겸 책임자로 살아온 사람이었다. 강철과 같은 손으로 그가 담당하던 100여 개 이상의 농장으로 구성된 채소 재배팀의 기강을 잡던 사람이었다. 그는 대학 졸업 전에 딸이 시집가는 것을 용납하지 않았다. 그러나 마르가리타는 단호하게 폴리타젤 신랑에게 시집을 가겠다고 공개적으로 선포했다. 이것은 엄청난 사건이었다. 마르가리타는 결국 아버지 집의 문을 단호하게 닫은 뒤 떠났다. 어느 정도 시간이 지난 후 부모의 마음도 녹았다. 예브게니와 마르가리타는 최고급 레스토랑인 '두샨베'에서 결혼식을 올린 뒤 다시 집단농장 회관에서 두 번째 결혼식을 올렸다. 시아버지와 시어머니는 마지막까지 한 지붕 아래서 살자고 했지만 젊은 부부는 다른 결정을 내렸다.

시집 식구들은 며느리를 반갑게 맞아주었고 이후에도 편안하게 돌봐주었다. 부부싸움이 가끔씩 일어나면 시부모는 마치 정해진 것처럼 그녀의 편을 들어주었다. 특히 시어머니인 알렉산드라 필리모브나는 자기 아들의 짝으로 '너는 과분하다'고 하면서 며느리 편을 들어주었다.

1979년에 딸 엘레나가 태어났다. 가장은 순회공연뿐만 아니라 음악활동 자체를 그만두어야 했다. 가정에 안정적인 수입을 가져다줄 직업이 필요했다. 처음에는 집단농장 차고의 기술자로 취직했다. 기술 관련 전문 문헌들을 읽기 시작했다. 당시 원격 교육으로 이수하던 코칸드 자동차 전문학교에 시험도 치러야 했다. 3년 후 타슈켄트 교통대학으로 편입했다. 그는 딸을 위해서 자기가 원하던 것을 놓고 공부했다.

예전처럼 무아지경이 될 때까지 기술을 좋아했다. 언젠가 아버지는 예브게니에게 쓸 만한 차고 관리인을 찾아달라고 부탁했다. 이에 대해 아들은 처음에는 분통을 터뜨렸다. 자기는 그럼 뭐란 말인가? 집단농장에 자기만큼 차를 잘 아는 사람이 어디 있는가? 자신보다 더 좋은 사람을 찾지 못할 것이라고 그는 생각했다.

몇 주 후 집단농장의 지도부 결원을 채우기 위해 신임 후보로 예브게니가 대상에 올랐다. 만장일치로 그는 선출되었다. 회장의 선택이 아니라 조합원들의 결정이었다. 예브게니는 차고 담당자가 되었다. 그 당시 집단농장 차고에는 경차 및 화물차가 150대 있었고 200명의 운전기사와 기술자 들이 근무했다. 상당히 큰 규모의 차고였다.

책임자의 첫 번째 작업은 수리 기지의 기술 설비 관리에 착수하는 것이었다. 우선적으로 필요한 물품을 구입했다. 타슈켄트 기술수리 공장으로부터 크랭크 축을 수리하기 위해 필요한 천공 및 연마 기기를, 추칼로프 이름의 타슈켄트 항공기 제조공장으로부터는 선반을, 공화국 차량관리부로부터 실린더 천공 기기를 각각 도입했다. 기지에 해체 작업 및 차륜 정렬용 선반을 도입하고 신형 승강기를 설치했다. 이로 인해 이곳에서는 시내 자동차 수리 기지에 뒤떨어지지 않는 수리 작업을 할 수 있게 되었다. 이후 폴리타젤의 자동차 수리 기지의 명성은 그 전역에 전해졌다. 격납고에는 신형 화물차, 우유 수송차, 소방차가 추가되었다.

그러나 인생의 즐거움과 보람을 느끼면서 살아가던 기간이 3년을 넘지 못했다. 날벼락처럼 아버지가 모스크바에서 체포되었다는 것이다!

한 순간에 모든 것이 무너졌다.

에브게니도 좌천되어 사료 담당자가 되었다. 자동차 기술인인 그에게 이 일은 전혀 어울리지 않았다. 1년 후 파르켄트 운송회사에서 '양기바자르-타슈켄트' 노선의 LAZ-695 여객 차량의 기사로 근무할 수 있었다. 인생의 동반자 마르가리타는 계속해서 집단농장에서 근무했다. 도서관 사서로도 일했고, 생물학 연구실 연구원으로 근무하기도 했으며, 일정 기간 동안 유치원 원장을 하기도 했다.

시대가 바뀌는 것을 직감한 에브게니는 시장 경제의 바다에 뛰어들었다. 병뚜껑 공급만으로 300만 루블을 벌 수 있는 그런 시대였다. 그 당시 이 금액은 천문학적인 수치였다. 그도 다른 사람들처럼 무언가를 사기도 했고 팔기도 하면서 적지 않은 이윤을 남겼다.

1988년 가정에 차녀 카추샤가 태어났다. 그녀는 최근 아스타나에서 국제법학과를 졸업했다. 그녀의 미래는 밝다. 젊음과 야망에 찬 계획으로 미래를 준비하고 있기 때문이다.

장녀 엘레나도 부모를 기쁘게 하고 있다. 지금 그녀는 진정한 사업가이다. 타슈켄트 동방학대학을 우수한 성적으로 졸업했다. 그녀는 한국어와 영어를 유창하게 한다. 여행사 '마를렌 투어'에 근무하면서 열심히 미래를 개척하고 있다.

아들은 현재 한국에서 일하고 있다. 따라서 부모를 잘 찾아보지 못한다. 그러나 그가 바쁘게 살아가는 모습에서 부모는 위안을 얻는다.

모든 가족이 모여서 식탁 앞에 앉을 때 너무 기쁘고 진정으로 행복하다. 화목하게 둘러앉아서 자신의 아버지와 할아버지에 대해 이야기를 하곤 한다.

'바위!' 그는 에브게니 티모페예비치의 기억 속에 그렇게 남았다. 한마디로 그를 잘 표현했다. 그는 아이들이 이것을 기억하기를 바란다.

넷째아들 황 그리고리

황만금의 아들들은 자신의 이름에 '티모페예비치'(마을 사람들은 존경하는 그들의 대표를 이렇게 불렀었다)라는 이름을 붙였는데, 그리고리는 왜 '만그모비치'라는 이름을 붙인 것일까? 서류상에서나 일상 대화에서도 그를 만그모비치라고 부르는데 이를 설명해주는 가문의 역사가 있다.[*]

티모페이(황만금)가 태어나기도 전에, 어떠한 이해할 수 없는 이유들로 인해 가문의 많은 가장들이 세상을 떠났다. 누군가 조언하기를 태어난 아이의 보육을 이웃집에 맡기라는 것이었다. 이렇게 단순한 방법으로 '저승사자'를 속이기로 결정한 것이었다. 그렇게 하지 않는다면 그가 본래 세상을 떠날 시기까지 살지 못할 것이라고 생각한 것이다. 그렇게 해서 두 개의 이름으로 두 군데의 집을 다니며 살게 되었던 것이다. 태어날 때 티모페이라는 이름을 받았고, 살면서 만금이라는 이름을 받은 것이다.

황만금의 집은 마을 외곽에 있었다. 그곳에서 그리고리는 가문의 둥지를 지었다. 이것은 누군가에게 보여주기 위한 것이나, 남들의 이목을 위해서 만든 것이 아니었다. 이것은 일종의 사원이었다! 원하건 원하지 않건 떠오르는 자신들의 존재에 대한 나약한 마음을 극복하기 위해 만들어진 가문을 위한 장소였다. 이미 자신들을 지켜주거나 조언해주고 용기를 북돋아줄 수 없는 가족의 목소리를 들으려는 희망을 가지고 오래전부터 있어왔던 질문에 대해 답을 찾고 '천국의 문을 두드리기 위해' 노력하는 것이었다.

황만금의 옛집에는 가족사진이 있다. 최대한 확대해서 뽑은 것으로 보이는 평범한 사진인데 세월로 인해 빛이 바래 있었다. 사진 가운데 그가 서 있다. 가차 없이 세월이 흘렀음에도 패기 있고 밝은 표정

---

[*] 통상적으로 러시아에서는 자신 이름의 끝에 아버지의 이름을 딴 부칭(父稱)을 붙인다. 예를 들면 티모페이 자식의 이름엔 티모페예비치가 붙는다. 만그모비치는 '만금'에서 유래한다.

으로 후손들을 바라본다. 커다란 긍지를 가진 지도 자처럼 의기양양하게 자신의 후손들을 향해 커다란 손을 벌리고 있다.

황씨 일가는 모두가 화목하다.

황만금의 집무실도 보인다. 마치 도서관과 같은 느낌이다. 그곳에 있는 빽빽이 들어찬 모든 서적에서 오래된 책이 내는 향기를 맡을 수 있다. 책장에 책이 너무 질서정연하게 정렬되어 있어 마치 행진할 준비를 마친 군인들 같다. 이 책들은 얼마나 오랜 세월 동안 이렇게 방치되어 있었던 걸까? 10년, 20년, 아니면 그보다 더 많이? 책은 책장뿐만 아니고 바닥에도 선반에도, 창틀에까지도 꽂혀 있다. 그는 독서를 좋아했다. 마치 독서에 중독된 사람 같았다. 그는 책을 읽어 영감을 얻으며 자신에게 찾아온 문제들의 해답을 구하기 위해 노력했다. 더구나 자신의 개인적인 문제의 해답만을 구한 것이 아니다. 모든 마을 사람들에게 도움이 되기 위해 정확한 해답을 구하려 노력한 것이다.

이 집무실에는 서적뿐만 아니라 사진들도 매우 많았다. 사진들 역시 비치해둘 공간이 모자라 사방에 널려 있었다. 한 장 한 장의 사진이 모두 역사적인 사건을 담고 있었다. 사진에 찍힌 인물들은 국가적 영웅, 우주비행사, 학자, 운동선수, 예술가 들이었다. 이 사진들 속에도 황만금이 있었다. 그의 사진에는 모두가 웃는 표정을 간직하고 있었다. 모두가 그와의 만남을 기쁘게 받아들였기 때문이다.

그리고리는 이런 이유들로 자신의 이름에 만그모비치를 붙인 것이다. 서류상의 이름도 만그모비치였을 뿐만 아니라 그에 대한 존경을 담아서 다른 이들이 아버지를 잊지 않도록 하기 위해서 만그모비치를 사용했다.

그리고리와 교제하는 것은 매우 쉬운 일이었다. 그는 박학다식했으며 어떠한 대화와 주제도 쉽게 이어나갔다. 재미있는 농담을 좋아하는 사람들과의 교제는 언제나 흥미롭다. 이들과 대화하는 것은 하나의 즐거움이다! 그러나 대화 주제가 그의 아버지로

바뀌었을 때, 조금 전과 같은 즐거움은 사라졌다. 그에게 아버지는 너무나 예민한 주제였다. 세상에서 가장 사랑하고 좋아했던 가족이 곁에 없다는 사실을 인식할 때마다 가슴 아프고 힘들었기 때문이다.

"나에게 아버지는 항상 내가 닮아가야 할 본보기입니다."

이는 말 그대로이다. 어쩌면 누군가에게 이 말은 지나치게 감상적이고 진부하게 느껴질 수도 있다. 그러나 명확한 경우에는 그렇게 느낄 수 없다.

그리고리를 아는 사람들은 대부분 내 말이 정확하다고 증명할 수 있을 것이다. 그는 어떻게 알려져 있는가? 이 사람은 말을 쉽게 내뱉지 않는다. 현재도 이것은 명확한 사실이다. 지금까지도 그 아버지는 아들에게 자신의 모든 행동을 비추어볼 수 있게 만드는 일종의 전초기지며 삶의 나침반이기 때문이다.

악마나 유령도 전혀 무서워하지 않는 그리고리에겐 언급하기도 싫어할 정도로 두려워하는 것이 오직 한 가지 있었다. 바로 아버지인 황만금이 높이 올린 황씨 일가의 위상을 떨어뜨리는 일이었다. 그리고리에겐 그의 형들처럼 힘든 어린 시절이 없었다. 같은 농장의 청년들과 함께 아무 걱정 없이 거리를 활보했다. 무릎과 코가 깨져서 피를 흘리며 집에 돌아오는 날도 있었다. 그는 절대 깡패같이 행동하지는 않았으나 언제나 자기를 보호할 줄은 알았다. 그는 자주 패싸움을 했다. 거리 대 거리, 일대일, 폴리타젤 집단농장과 '벡테미르'나 '프라브다'와의 싸움. 때로는 여자 때문에, 때로는 친구를 모욕하는 말 때문에 등 여러 이유로 싸웠다. 물론 어린애들은 자기보다 나이가 많은 사람들의 '업적'을 보며 그들의 수준까지 올라가려 한다. 정말 별 볼 일 없는 이유들로 싸움을 시작하고, 멍이나 찰과상을 마치 전쟁에서 훈장이라도 받은 것처럼 자랑스러워했다. 그러나 그 경우에도 요즘 시대와 같이 도가 지나친 잔혹함이나 격앙된 증오 같은 것은 없었다. 어제의 용서할 수 없던 적들과 하루만 지나면 한 책상에서 사이좋게 지낼 수 있었고, 샌드위치를 사이좋게 나누어 먹을 수

도 있었다. 방과 후에는 함께 축구를 하거나 표 검사원 몰래 시골의 영화관에 숨어들어 '인도 영화'를 보기 위해 애를 썼다.

6학년이 되었을 때, 그는 탁구와 테니스에서 각별한 두각을 나타내기 시작했다. 그는 학교 수업이 끝나자마자 부리나케 집으로 달려가 자전거를 타고 이웃 집단농장인 '프라브다' 방향으로 5킬로미터 정도 떨어진 곳에 있는 탁구장을 다녔다.

그는 9학년이 될 때까지 그렇게 연습을 했으며, 카라간다에서 실시된 탁구선수권대회에서 우승을 한 후 상급생들의 질투를 받으며 '만능 스포츠맨'이라는 이미지를 쌓게 되었다. 학교에서 가장 아름다운 여학생도 지금까지 어떻게 이런 뛰어난 친구가 자신의 눈에 띄지 않았는지 놀라움을 금치 못하며 새로 나타난 스타에 관심을 가지기 시작했다.

그러나 운동에서의 밝은 전망을 이내 접어야 했다. 집에서 '우선순위는 공부'라고 못 박았기 때문이다. 아버지의 말에는 언제나 반박이나 논쟁의 여지조차 없어서 순종하지 않을 수 없었다. 황만금의 작은아들은 공부를 못하는 편은 아니었지만, 그는 어쩔 수 없이 책을 붙잡고 살 수밖에 없었다. 그렇게 그는 졸업학기를 맞이하게 되었다.

1981년은 그에게 많은 희망과 기대가 있었던 해이다. 그리고리의 동급생 29명 가운데 11명은 대학이나 전문대에 입학했다. 더군다나 그 가운데 3명은 타슈켄트에 위치한 대학교에 입학했으며, 나머지는 모스크바나 레닌그라드의 상위 대학에 입학했다.

학력이 일종의 높은 평가 기준으로 작용하던 그 시기는 너무나 영예로웠으며 인생의 분기점이라고 할 수 있었다. 그의 젊은 시절은 제멋대로 살던 어린 시절과 책임감 있던 청년기로 나눌 수 있다. 좋은 대학교의 졸업장을 가진 이들은 순식간에 집단농장에서 존경받는 존재로 탈바꿈할 수 있었다.

아무개의 아들이 모스크바에서 공부한다, 누구네 아들은 노보시비르스크에서 공부한다는 등의 연이은 소식들이 입소문을 통해 퍼져나갔다. 이렇게 '힘든 노력 끝에 출세할 수 있었던' 사람들은 이러한 반가운 소리와 경외의 목소리를 들으며 평범한 시골에서 수도로 터전을 옮길 수 있었다.

그리고리는 가족들이 걸어왔던 길을 걷기로 결심했다. 티미랴제프 농업아카데미에 입학하기로 결심한 것이다. 그러나 그 꿈은 이루어질 운명이 아니었고, 이는 어쩌면 국가가 미래의 뛰어난 인재 한 명을 잃은 것일 수도 있었다. 어머니의 몸이 편찮아지셨기 때문이다. 어머니는 뇌종양이라는 끔찍한 진단 결과를 받았다. 해가 갈수록 순조롭게 쾌차할 전망이 전혀 보이지 않았다. 그는 잠시의 머뭇거림도 없이 어머니 곁에 남아 있기로 결심했다. 아주 어렸던 시절부터 두 아들 스타니슬라프와 그리그리는 어머니 곁에 있었다. 그는 가족이 이렇게 어려움을 겪는 시기에 자신이 그 곁에 없다는 것을 절대 용납할 수 없었다.

그는 타슈켄트 농업대의 입학시험을 무사히 마쳤다. 결과적으로 가족의 곁에 더 가까이 남아 있을 수 있게 되었다. 4년 반 동안 농업 기술들을 열심히 익혀 고등교육 졸업장을 받고 국가에 기여하는 한 명의 새내기 전문가로 거듭날 수 있었다.

졸업논문 주제는 그 스스로 결정했다. 논문주제는 '타슈켄트에서의 고추 온실 재배'였다. 이론적으로나 실질적으로나 논문의 내용으로 활용할 만한 자료들은 충분히 있었다. 폴리타젤 집단농장이 보유한 온실의 명성은 이미 다른 여러 지역에도 유명할 정도였기 때문이다. 그는 자신의 앞마당이나 다름없는 폴리타젤 집단농장에서 한 명의 젊은 전문가로서 자신이 전문서적을 통해 습득한 농업 지식을 실전에서 활용하기 위해 노력했다.

그는 학업을 중단하지 않았다. 이듬해인 1986년에 국립 과학기술 혁신대학원에 입학해 채소 재배와 참외류 재배에 대해서도 공부를 시작했으며, 1988년에 성공적으로 졸업할 수 있었다. 그는 자신이 더 공부해야 할 분야를 찾아서 박사 과정에 들어갔다.

거대한 몰락을 불러일으키던 '페레스트로이카'는 국가들의 붕괴를 가져오며 모든 희망을 버리게 만들었다. 당시 과학은 다른 많은 것들과 마찬가지로 필요가 없게 되었다. 그의 모든 연구와 수년간에 걸친 노력들이 수포로 돌아갔다.

당시 상점의 진열대가 텅 비어 있고 사람들이 선동의 목소리를 높이는 등 국가가 뒤흔들리는 커다란 사건들을 지켜보며, 그는 자신이 해야 할 일을 찾을 수 있었다. 그가 착수한 첫 사업은 규모가 작았으나 시간이 흐를수록 확장되어 안정적으로 운영되기 시작했다. 또한 많은 물질적인 이득뿐 아니라 사업을 순탄하게 수행하면서 큰 만족감도 얻을 수 있었다. 지금까지 잠재의식 속에 잠들어 있던 조직 설립 능력과 지도자로서의 재능을 본격적으로 발휘하기 시작했다. 그가 이끌던 사업체는 타국의 대기업에서 신뢰할 수 있을 정도로 굳건히 자리를 잡을 수 있었다. 그리고리는 매우 훌륭한 동업자와 동료들을 모아 어떠한 난관도 헤쳐나갈 수 있었다.

그러한 가운데 그가 매우 중요하게 여기고 좋아하던 사업이 그의 두 번째 관심사로 밀려나는 사건이 일어났다. 새로 생겨난 첫 번째 관심사는 타티아나였다. 그는 물론 지금까지 지내온 것처럼 매우 바쁘게 파트너들과 미팅을 하고 필요한 사람들과의 비즈니스 런치를 가지며 폭넓은 활동으로 시간을 보냈다. 그러던 가운데 그의 마음속에는 그녀에 대한 생각이 이 같은 일들보다 깊게 자리 잡았다. 어떻게 그녀가 그의 삶에 나타나게 된 것일까? 교양 있고, 귀엽고, 겸손한 의사 집안의 여자. 그녀 집안의 가장인, 사마르칸트 의대를 매우 좋은 성적으로 졸업한 박 비사리온 일라리오노비치는 대학을 졸업할 무렵에 이미 의사 유망주로 기대를 받을 정도로 능력 있는 사람이었다. 그는 자신의 분야에서 정말 많은 경력을 쌓았다. 그는 골로드니 평원에 있는 도시 얀기에르로 근무지를 배정받았다. 이로부터 얼마 지나지 않아 그가 신이 내려준 더할 나위 없이 뛰어난 신경과 의사라는 소문이 타슈켄트까지 퍼졌다. 그는 승진해서 타슈켄트로 근무지를 옮겨 새로운 직책을 받았다. 이후 그는 큰 병원의 부원장을 하며 보람찬 시간을 보낼 수 있었다. 그는 고령임에도 지금까지 진료를 하고 있다.

그의 가족에 대해 말하자면, 아내인 라리사 아나톨리예브나는 심장 전문의이다. 그녀는 오랜 세월 동안 제2공립병원 부속 심장 질환 부서를 이끌었다. 그의 둘째딸 옐레나는 타슈켄트 의대 졸업생으로 박사학위를 받았으며 대형 제약회사에서 근무했다. 큰딸인 타티아나만이 가업을 이어받지 않고 가족의 이력에 조금의 오점을 남겼다. 타슈켄트 국립대학교의 철학 - 경제학과를 졸업한 것이다. 그녀는 경제학 박사로서 타슈켄트 대학교 동양학과에서 강의를 했다.

그 와중에 황만금이 심근경색이라는 무서운 진단을 받게 되었으나 다행히 별 탈 없이 치료가 이루어졌다. 치료가 끝난 지 이틀 만에 황만금은 벌써부터 병원에서의 조용한 휴식을 마치고 움직이려고 했다. 그가 첫 번째로 시작한 일은 대화상대를 찾는 일이었다. 평생 사람들과 교제하며 지내는 것에 시간을 보내는 데 익숙했던 그에겐 당연한 일이었다. 그는 곧 그 대상을 찾을 수 있었다. 바로 라리사 아나톨리예브나였다. 그녀는 수술 후 입원해 요양 중인 상위 계층의 환자들을 간호하는 일을 담당했으며, 근무 중 대화상대를 찾고 싶어 하는 환자들과 이야기하는 데에 많은 시간을 보냈다. 이와 같이 황만금 역시 그녀와 대화를 하며 그녀의 가족에 대해서도 많은 것을 알 수 있었다. 그는 특히 그녀가 말한 것 중에 그녀의 큰딸이 아직까지 결혼을 못 했다는 것에 크게 관심이 갔다. 그러나 이를 드러내지는 않았다.

그리고 얼마 후 정확히 말하면 1992년에 황만금은 자신의 집단농장에서 고려인 예술가들이 참여한 콘서트에 자신의 담당의사와 그의 부인을 초청했다. 물론 타티아나도 함께 초대했다. 콘서트의 볼거리가 얼마나 풍부하고 손님들의 마음을 사로잡았는지 중간 휴식시간에 합류한 젊고 키가 큰 청년에 대해 신경도 쓰지 못할 정도였다. 황만금은 이것을 매우 신중하게 진행했다.

"여기는 그리고리이고 이분은 타냐입니다. 서로 인사하시죠."

이것은 모두 계획된 것이었다. 황만금은 정말 교묘하게 그리고 세밀하고 전략적으로 자신이 계획한 작전을 수행했다. 마음속으로는 이러한 며느리가 자신의 아들에게 어울린다고 만족하면서 말이다. 겸손하고 아름다운 데다가 높은 학력까지 갖춘 아가씨! 결정은 젊은이들이 스스로 하도록 맡겼지만 종종 조심스럽게 그들의 만남을 주선했다.

그들의 짧은 첫 만남이 끝난 후 한 달이나 만남이 이어지지 않았다. 연락은 갑자기 이루어졌다. 갑자기 어떤 졸업생 모임에 초대된 것이다.

그 후 한 달 간격으로 두 번 정도의 짧은 만남이 이어졌다. '무도회장의 남자'는 그녀에게 만남을 청했지만 귀찮게 하지는 않았다. 말 그대로 손으로 꼽을 수 있을 정도의, 화살같이 빠르고 짧은 만남이었다. 서로 간의 만남이 시작된 후 결혼하기 전까지 타티아나는 그가 매우 감상적이지 않은 사람이란 것을 알 수 있었다. 그녀가 받은 프로포즈 역시 어떠한 로맨틱함과 화려함을 갖추지 않았었다. 그리고리는 전화를 통해 평소와 다름없는 목소리로 프로포즈했다.

"여자들은 보통 저와 오랫동안 교제를 하지 않았습니다. 저를 평범하지 않은 사람이라 생각하는 경우가 많았습니다만, 저는 믿음직하고 괜찮은 남자입니다. 바로 거절하지 마시고 잘 생각해주십시오."

그리고리는 이 말을 하고 전화를 끊었다. 이때가 1994년 11월 4일이었다.

그해 12월 10일에 레스토랑 '제라브샨'에서 멘델스존의 결혼행진곡이 울려 퍼졌다. 어떻게 이런 남자를 사랑할 수 있었을까? 결혼반지를 사는 것조차 잊은 것도 모자라서 혼인신고도 하지 않았다. 심지어 사진기사를 부르는 것조차 하지 않았다. 그에게 맞는 행동이었다.

홀에는 사람들이 한 목소리로 '고리카'(통상 결혼식에서 하객들이 신랑신부를 보며 키스를 재촉하며 외치는 말)라고 외쳤으나, 그들은 억지 미소만을 지으며 반드시 해야 하는 의식을 피해 갔다. 이것이 그였다. 이런 사람들의 성격은 남들이 고칠 수 없다. 모든 일을 자기 뜻대로 결정했다.

타티아나는 '행복한 유부녀'였다. 집안은 부유했으며, 남편은 굳건한 집안의 중심이었고 가정에서 논의의 여지가 없는 권위자였다. 아이들은 서로 성격이 전혀 달랐지만 매일 부모님을 기쁘게 해드릴 때는 마음이 잘 맞았다

첫째아들인 아르투르는 폴리타젤에 있던 19번 학교를 졸업했다. 여섯 살부터 이미 수영 실력이 뛰어났으며, 한때 우즈베크공화국의 수영 대표이기도 했다. 또한 그는 노래에서도 재능을 나타냈다. 직접 작사와 작곡을 하며 학교의 행사에서 실력을 자랑했다. 더구나 그는 아주 어렸을 때부터 사업가의 재능을 나타냈다. 사실 이 일이 알려져 부모님에게 야단을 맞기도 했다. 이러한 재능은 아버지로부터 물려받은 것이지 자신의 잘못이 아니었지만 말이다. 미국 같은 경우 아이들이 어렸을 때부터 사업의 기초를 배우지만 이를 당연시 받아들이지 않는가! 오히려 그들이 하고자 하는 일을 격려한다.

그의 재능은 명백했다. 누가 이틀 만에 학생 5,000명의 주머니에서 50만이란 돈을 만들 수 있을까. 아르투르는 할 수 있었다. 연말에 사업성이 있는 아이템을 제대로 파악했으며, 수요와 공급을 잘 조합할 수 있었다. 이렇게 그는 성과를 보여줬다. 운반비와 상품 구입비를 제외한 나머지는 순수익이었다. 중국산 폭죽이 그가 가져오는 대로 전부 팔려 나갔다. 내 생각으로는 그의 아버지가 겉으로 표현하지는 않았지만 이런 아들의 영리한 지혜를 자랑스러워했던 것 같다.

둘째아들인 알료샤는 큰형과 전혀 달랐다. 물론 그도 공부는 잘했다. 아버지가 좋아하는 스포츠에서도 뛰어난 재능을 나타냈다. 게다가 그는 멀리서 코치를 찾을 필요가 없었다. 가장 엄격한 훈련 조교가 바로 곁에 있는 아버지였기 때문이다. 농업학교 옆

에 있던 황만금 스포츠클럽에서의 훈련 중에는 어떠한 응석도 부릴 수 없었다. 그곳의 규율에선 긴장을 풀 틈도 없었다. 그곳에 게으름을 피우는 사람들은 어디에도 없었다. 그곳에 등록하는 일은 큰 행복이자 행운이었기 때문이다. 그렇기 때문에 모두가 부러워할 만큼의 좋은 성적을 낼 수 있었던 건지도 모른다.

1990년대 초에 농촌 아이들을 위한 작은 도시의 한 스포츠클럽이 국제적 수준의 프로 클럽으로 변모할 줄 누가 예상할 수 있었을까? 그곳 학생들은 독립국가연합(CIS) 회원국의 선수들뿐만 아니라 세계적 선수들과 어깨를 견주었다. 더구나 그들은 대부분 상위권 선수들과의 경쟁에서 이겼다.

무엇이 폴리타젤에 있던 스포츠클럽의 아이들을 우즈베크공화국의 대표 선수단이 될 수 있도록 만들었을까? 스포츠클럽은 만주라 이노야토바, 최 예브게니, 주 알렉산드르, 김 알렉산드르, 켄자예프 조히드, 알리야 이스마일로프, 안바르 카리모프 같은 세계적 수준의 선수들을 배출했다. 만주라는 우즈베크공화국 대표 선수단으로서 그리스 올림픽에 참가한 적도 있다.

재능 있는 아이들을 선발하는 작업은 주 규모가 아니라 전국 규모로 이루어졌으며 매년 실시되었다. 황 그리고리는 어디에서도 이를 과시하지는 않았지만, 그의 스포츠클럽에 들어와 생활하며 훈련하는 재능 있는 아이들을 자랑스러워하며 자기 집에 있는 자식들과 같이 여겼다. 또한 스포츠클럽 지원에 어떠한 노력이든 물질적인 것이든 아끼지 않았다. 그는 강당을 수리하거나 훈련에 필요한 것들을 설비하는 일도 스스로 했다.

몇 년 전에는 소비에트연방 탁구 대표단 수석트레이너로서 세계적인 권위를 가진 전문가 프레게라 일류 마트비예비치도 초청한 적이 있었다. 초청된 그는 1년 정도밖에 훈련을 지도하지 않았지만 그 시간 동안 탄탄한 기초를 만들었다. 보고 있는 것조차 기분 좋을 정도로 기술적 성취도의 향상을 이루어낸

것이다. 스포츠클럽에는 초청받은 뛰어난 트레이너가 항상 최소한 네 명 이상 근무했다. 재능을 가진 아이들이 그 재능을 발전시키는 것을 바라보며 그리고리 자신이 이를 도울 수 있다는 것에 매우 만족스러워했다.

해가 갈수록 폴리타젤 집단농장 대표인 황만금을 기념하는 대회가 명성을 쌓아갔다 전통적으로 5월에 개최되었다. 이 대회는 이미 오래전에 전국적 수준을 넘어섰다. 이 대회에는 소비에트연방 공화국들의 선수단이 참가했으며 경쟁은 언제나 치열하고 어떠한 양보도 없었다.

집, 일터, 스포츠클럽, 다시 집, 일터, 스포츠클럽. 대체 언제 쉬었던 것일까? 새해나 사랑하는 가족들의 기념일같이 아이들과 아내에게 선물을 주며 모든 속사정을 터놓을 수 있는 대화를 하는 시간이 그리고리에게 유일한 휴식시간이었다. 다음 날이면 다시 그는 자신의 일상으로 돌아가야 했다.

스포츠클럽 아이들과의 대화를 마치며 타티아나가 마지막으로 한마디 말했다.

"이들의 아버지는 아마 자기 자식들을 자랑스러워할 것입니다."

아마 그럴 것이며, 앞으로도 그렇게 남아 있을 것이다.

막내아들 황 티무르

황만금은 뛰어난 성품을 지니고 있었고 그의 이름은 책과 TV에서 여러 번 소개되었다. 그는 장점과 약점 그리고 기쁨과 슬픔을 모두 지닌 그런 사람으로 기억되었다.

언급하고 싶지 않은 미묘한 주제가 하나 있다. 황만금의 아들들은 다른 사람들에게 위대한 아버지와 그의 일생을 알리려고 노력했다. 그것은 당연하다. 티모페이 그리고리예비치는 그 결정을 승인한 것으로 생각된다. 아들들은 황만금이라는 이름과 그의 일생에 관해서 잘못된 이야기가 나오지 못하도록 해

왔다.

황만금은 그의 아내 알렉산드라 필리모노브나와 힘들지만 행복한 생을 살았다. 아내는 그에게 네 명의 아들을 선물했다. 모두 사랑으로 태어난 아이들이다. 목격자의 이야기에 따르면, 황만금은 본인의 아내를 진심으로 사랑했으며, 마지막 날까지 그녀를 잘 대해주었다. 그리고 그녀의 이른 죽음은 그에게 큰 충격으로 다가왔다.

그러나 그에게는 다른 여자가 있었다고 기자이면서 한국학 교수를 지낸 타티아나 심비르체바는 기록하고 있다.

황 티무르와의 인터뷰
모스크바: 2011년 7월
타티아나 심비르체바의 기록

가족의 나무는 아들로 인해 성장하고 있다. 아들들은 새로운 가지이다. 계보적으로 상관없이 어떠한 상황에서 어떠한 아들이 태어나든지 간에 사회적으로 형성된 것이다. 다른 한 가지는 전기이다. 여기에는 추측과 판단의 큰 여지가 있다. 목격자들과 지인들이 그녀에 대하여 이야기해준다면 더 좋을 것 같다.

황 티무르와 인터뷰를 준비하면서 내가 누구를 만나는지 알기 위해 인터넷으로 그를 검색해보았다. 여러 사이트에서 간단하게 설명된 바로는 황 티무르 티모페예비치는 러시아 영화제작자이며 시나리오 작가이다. 1965년 3월 31일에 출생했고 가그르에서 태어났다. 모스크바 항공대학(MAI)을 졸업했다. '에고 프로덕션'사를 운영 중이다. 영화프로듀서를 한 작품은 〈올 인클류지브〉(2011), 〈최고의 러시아 형사〉(2008), 〈최고의 영화〉(2008)이고, 시나리오 작품은 〈최고의 러시아 형사〉(2008)이다. 여러 사이트에서 위에 적힌 영화의 DVD를 사는 것을 권유하고 있었고 그 줄거리에 대해서도 설명되어 있었다.

티무르가 자신의 회사 내 영화스튜디오 중 하나인 '모스 필름'에서 만날 것을 요청했을 때 놀라지 않을 수

없었다. 그러나 영화관에 대한 이야기를 나누지는 않았다. 그의 개인적인 삶이 더 흥미로웠기 때문이다. 우즈베크공화국 폴리타젤 집단농장의 전설인 황만금, 러시아 이름은 황 티모페이 그리고리예비치(1921~1997)는 『뛰어난 고려인』이라는 책에서 접했으며, 1953~1985년도 소비에트연방의 농업 관련 지도자라는 것을 알게 되었다. 티무르는 황만금의 막내아들이다.

티무르는 키가 크고 마른 편이었다. 마치 굉장히 오래 알고 지낸 사람처럼 나를 반갑게 맞아주었다. 그러나 그는 대화의 주제를 듣자 바로 당황하는 기색이었다.

"저에 대한 이야기를 넣어서 제작자들이 책을 만들기를 정말 원하십니까?"

나는 그들이 직접 제안했다고 답했다.

《이즈베스티야》 신문의 일요일 주간판 목차인 '니젤리'에서 1974년 2월 18일과 24일 자 황 티모페이와의 인터뷰 내용을 보면 다음과 같다.

"가족을 소개해주십시오."

"아내는 알렉산드라 필리모노브나이고 그녀는 집단농장 스튜디오를 관리합니다. 그리고 아들이 넷입니다. 발레리는 엔지니어, 스타니슬라프는 농학자, 예브게니는 전기공이고, 막내아들은 현재 3학년입니다."

9살이었던 티무르에 대한 언급은 '니젤리'에는 없다. 왜냐하면 어머니가 강 나제즈다 티모페예브나(1925~2008)였기 때문이다. 그래서 노동영웅, 소비에트연방 대상수상자, 우즈베크공화국 공산당위원, 소비에트연방 상임위원회 등 지도자였던 아버지를 티무르 앞에서 언급하는 것은 조심스러웠다.

강 나제즈다는 1961년도에 폴리타젤의 중학교에서 교사로 근무할 때에 황만금을 만났다. 그 당시 그녀는 이미 결혼을 한 상태였고 아들이 있었다. 1962년 4월에 집을 배경으로 찍은 사진을 티무르가 보여주었는데, 그녀가 황만금과 만난 지 1년 만에 찍은 것이라고 한다. 그 당시 그는 41세였고 그녀는 37세였다. 자주 만날 수는 없었으나 두 사람은 행복했다고 한다. 그러나 나제즈다는 가그라는 곳으로 이사를 갔다. 이런저런 좋지 못한 말들이 그녀를 압박했기 때문이다. 1965년에는 두

사람 사이에서 티무르가 태어났다.

"부모님이 당신의 이름을 왜 티무르라고 했는지 알고 있습니까? 유명한 정복자에 대한 경의를 표하는 것은 아닌가요?"*

"잘 모르겠습니다. 어찌되었든 간에 저는 항상 지도자가 되고 싶어 했습니다."

"어릴 적 아버지의 부재를 느끼셨나요?"

"당연합니다. 다른 친구들은 다 아버지가 있었거든요. 학교 다닐 때는 이게 중요합니다. 아버지를 자주 볼 순 없었습니다. 아버지는 굉장히 뵙기 힘들었어요. 하루나 이틀에 한 번 정도 저를 찾아오셨습니다. 어릴 적 아버지와 연관된 기억들이 있기는 하지만 어머니와 지냈던 것이 대부분입니다. 가그르에서는 제 개인 방이 따로 있었어요. 어머니는 현지 학교의 학생부에 근무하면서 러시아어와 문학을 가르쳤습니다. 어머니가 12살까지 러시아어를 전혀 못하셨다는 것이 상상이 되십니까?"

강 나제즈다는 연해주 크라이 출신이었다. 어렸을 때는 한인학교를 다녔다. 아버지는 당에 몸을 담고 있었고 국가농장에서 근무하셨다. 정확히 어디인지는 티무르도 기억하지 못한다고 했다. 1937년도에 소비에트 정부가 그를 탄압했다. 어머니는 나제즈다와 네 명의 아이를 홀로 키워야 했다. 그해 1937년에 다른 한인과 마찬가지로 극동 지역에서 이주되었다. 폐쇄적인 공간에서 3~4개월 동안 약도 없고 다른 편의시설도 없이 이동되었다. 수천 명이 죽었다. 특히 어린아이들이 수없이 죽었다. 나제즈다 티모페예브나는 한 번도 이 사건에 대해 아들에게 이야기한 적이 없었다고 한다. 처음에 중앙아시아의 사막을 보고 놀란 사실도 마찬가지이다. 극동 지역에는 언덕과 숲이 있기 때문이다. 러시아 학교는 우즈베크공화국에서 다니게 되었다. 타슈켄트에서 교육대학을 졸업했고, 이후 당에 합류했다. 가그르에 거주하면서 학교 당기관의 비서로 선출되었다. '어머니는 정

---

* 티무르라는 이름은 14세기 중앙아시아를 무대로 유라시아를 정복했던 아미르 티무르(Amir Temur)에서 유래한다.

기적으로 일부 의회 및 회의에 참석했고 굉장히 활동적인 사람이었다'고 티무르는 기억한다.

"언제 아버지께서 당신을 보러 오셨습니까? 그리고 어떻게 그를 만났습니까? 어린이는 낯선 사람을 멀리하잖아요."

"아닙니다. 저는 그분이 제 아버지라는 사실을 항상 알고 있었고, 그렇기 때문에 잘 대했습니다. 비록 아이였지만 저는 본능으로 그가 강한 사람이라는 것을 느꼈어요. 그에게서 에너지와 힘이 발산되었거든요. 그런 점이 매우 좋았습니다. 주변에서도 모두 그를 존경했습니다. 어머니 친구들과 같이 있을 때 그것을 알게 되었지요. 또한 아버지가 가슴에 달고 있는 별과 똑같은 것을 텔레비전에서 보았을 때도 깨달았습니다."

"그는 주변 사람들에게 당신을 만나는 것을 감추었습니까?"

"사실 가그르는 좁은 지역이지만 대부분의 사람들은 잘 몰랐어요. 집단농장은 다른 문제이지요. 그곳에선 숨기기가 어렵습니다."

"아버지께서 많은 선물을 가져오셨나요?"

"네. 그렇습니다. 어릴 적 정확히 어떤 선물을 하셨는지 기억은 하지 못하지만 제가 9~10학년 당시 축구를 시작했는데 축구화를 선물해주셨습니다. 마지막 졸업하기 전 2학년은 타슈켄트에서 학교생활을 했는데, 아버지께서 저를 입학시켜주셨고 최고의 스포츠 기숙사에서 살 수 있었습니다. 그분께서는 제가 축구선수가 된 것에 참 기뻐하셨어요. 왜냐하면 그분도 축구를 좋아하셨기 때문입니다. 저는 우즈베크공화국 대표팀에도 들어갔습니다."

"인간적으로 두 분의 관계는 깊지 않았습니까?"

"네. 그러나 항상 제 머릿속에는 그분을 내 아버지라 여기고 있었습니다. 이 생각은 정말 100퍼센트 확신합니다. 비록 같이 살지는 않았지만 이런 아버지의 아들이라는 것에 자부심을 느끼고 있습니다. 그의 핏줄이고 제게 생명을 불어넣어 주셨습니다. 이후 저는 어머니가 그분을 진심으로 사랑한다는 점을 존경했습니다. 어머니께서는 항상 아버지와 결혼하고 싶어 하셨습니다. 그러나 결혼이 불가능하다는 사실을 알고 그녀는 많은 시간이 흐른 뒤 한 번 더 결혼했습니다. 그때 저는 타슈켄트를 떠나 있었습니다. 결혼 뒤 어머니는 10년 정도 아버지와 만나지 않았습니다. 아마 만나셨어도 제가 모를 수도 있습니다. 한 가지 사실은 분명합니다. 어머니가 세상에서 사랑한 유일한 분은 아버지였습니다. 아마 저보다 더 많이 사랑하셨습니다. 제 생각에는 그분도 어머니를 잊지 못하셨던 같습니다. 1989년에 그가 감옥에서 나왔을 때, 편지를 써서 본인이 있는 우즈베크공화국으로 초청했어요. 그 당시 그분의 부인은 돌아가셨고 저희는 오랫동안 모스크바에서 살던 상태였습니다. 어머니는 바로 그에게 달려가셨고 떠나기 전에 '내 꿈이 이루어졌어!'라고 말씀하셨습니다. 어머니는 마지막으로 삶을 살아야 한다면, 남은 생을 그와 함께하길 꿈꾸셨습니다. 결국은 그렇게 되었습니다. 마지막 순간까지 그와 함께했고, 그의 눈을 감게 해주셨습니다. 아버지께서는 폐암으로 돌아가셨습니다. 그 후 1997년에 어머니께서는 모스크바로 돌아오셨고 2008년까지 그곳에서 지내셨습니다. 저희는 다시 같이 살게 되었습니다. 얼마간의 시간이 지난 뒤, 어머니에게서 결핵이 발견되었습니다. 아마도 아버지의 병과 연관이 있었던 것 같습니다."

"어머니의 남편은 어떻게 되었습니까?"

"어머니가 우즈베크공화국으로 떠나기 전에 헤어지셨어요. 당연히 어머니가 그분에게 상처를 주었습니다. 굉장히 좋은 분이셨고 저에게도 잘 대해주셨습니다. 그러나 어머니는 오로지 아버지만을 사랑했습니다."

"이러한 사실을 일찍 알았습니까?"

"저는 항상 알고 있었습니다. 그들이 만날 때 어머니는 가장 행복한 사람이었습니다. 몇 년 동안 기다리셨는지 상상해보세요!"

"당신은 한 번도 어머니를 질투해본 적이 없었습니까?"

"아닙니다. 정반대로 저는 나를 똑같이 사랑해주는 아내가 있었으면 하고 항상 바라왔습니다. 저는 어머니를 진심으로 사랑했습니다. 수년간 같이 살았지만 전 한

번도 어머니와 다투지 않았습니다."

"사춘기 때 어머니는 당신을 혼내지 않았습니까?"

"저는 굉장히 행운아였습니다. 운동을 했고, 공부도 그럭저럭 잘했습니다. 저는 그렇게 1년간 공부해서 1983년에 모스크바 항공대 경제학과에 입학했습니다. 운동을 택하지 않았습니다. 마라톤은 못할 것 같았고, 이를 위해 헛되이 시간을 보내지 않기로 결심했습니다."

"대학생이 되어서도 아버지께서 도와주셨습니까?"

"답변해드리기 어렵습니다. 왜냐하면 이에 대해서 어머니와 이야기해본 적이 없습니다."

"어머니는 단 한 번도 아버지를 비난하지 않았습니까? '그냥 두더니 잊어버리시더라'라는 말씀을 하신 적이 없었습니까?"

"단 한 번도 없었습니다. 어머니에게 아버지는 이 세상에서 그녀의 마지막 일생까지 최고의 남자였어요. 저에게는 두 명의 아들이 있습니다. 첫째는 11살이고 막내는 1년 9개월입니다. 첫째 아들은 할아버지 이름인 티모페이입니다. 제 아내가 임신한 지 3개월에서 4개월 되었을 때, 어머니가 제게 '만약 태어난 아이가 아들이면 이름을 티모페이라고 짓거라'라고 부탁하셨습니다. 저도 동의하고 그렇게 이름을 지었습니다. 저는 어머니를 많이 사랑합니다. 어머니 무덤을 제가 어떻게 만들었는지 보고 싶으십니까? 제가 보여드리겠습니다. 모스크바에서 매우 멋진 고려인 무덤이 세르빈스키에 있습니다. 거기에 어머니 무덤이 있습니다."

티무르는 휴대폰에 있는 사진을 보여주었다. 묘비가 아니라 실제 돌로 이루어진 집이었다. 한국에서 주문한 화강암과 대리석 40톤이 들어갔다고 한다. 벽 한 면에는 나제즈다 티모페예브나가 새겨진 초상화가 있고, 다른 면에는 한국 스타일로 릴리프 패턴의 용과 학이 그려져 있다. '이 묘비는 한국 대사도 존경을 표할 정도였다'라고 티무르가 자랑하며 이야기했다. 입구에는 크리스마스트리가 있었는데, 2010년 12월 31일 새해 전날에 명절을 기념하며 어머니 무덤에 와서 찍은 사진이었다.

"어머니는 아버지에 대한 사랑으로 저를 키우셨고, 저 또한 제 아들들이 할아버지의 존재를 알게 하기 위하

여 모든 것을 하고 있습니다. 저희 집에는 그의 초상화가 걸려 있습니다. 얼마 전에 저는 그분의 무덤이 있는 폴리타젤에 다녀왔습니다. 최근에 국가 필름펀드에도 다녀왔습니다. 1950년대 후반에 아버지가 집단농장의 성과를 대표했던 내용의 다큐멘터리 필름을 찾았습니다. 필름에는 5미터 이상이나 되는 옥수수가 보였습니다. 흐루시초프는 폴리타젤 문화에 자신의 애정을 다했습니다. 면화, 밀, 농장, 그리고 1만 2,000석의 경기장과 문화의 집이 보였습니다. 아버지는 다재다능한 사람이었습니다. 형제들도 아버지에 대한 영상들을 수집했고, 이것들은 모두 우즈베키스탄에 보관되어 있습니다."

"아버지 쪽 형제들과는 언제부터 관계를 형성하기 시작했습니까?"

"아버지께서 감옥에 가셨을 때인 1980년도 후반부터였습니다. 집으로 전화가 왔습니다. 전화기를 들었는데, 누군가 제게 '안녕하세요, 안녕하세요'라고 말했습니다. 그가 '내가 누군지 아냐'고 물었을 때 저는 형 그리고리인 걸 알았습니다. 그는 저보다 한 살 형입니다. 그 전까지 그의 목소리를 한 번도 들어본 적이 없었습니다. 그냥 본능적으로 느꼈습니다. 그도 제가 알아챈 줄 느낀 것 같았습니다. 통화 후 그는 저를 찾아왔습니다. 그렇지만 그때부터 저희가 서로 함께했다는 의미는 아닙니다. 이렇게 만남이 시작되었습니다. 그들은 자기 어머니 때문에 불쾌하고 기분 나빴겠지만 시간이 지난 뒤에는 괜찮아졌습니다."

티무르는 1989년도에 대학을 졸업했고 그로부터 얼마 후 소비에트연방이 붕괴되었다. 괜찮은 직장에 취직하기는 어려웠으나 운이 좋았다고 한다. 1989년에 모스크바에서 처음으로 한국 상품전시회가 열렸다. 티무르는 우연찮게 그곳에 가게 되었는데, 그곳에서 한국인을 소개받게 된 것이다. 영어로 대화를 나누었고, 상호적으로 서로를 교감했다고 한다. 티무르는 대우 모스크바 지사에서 근무하게 되었고, 이후 LG로 이직했다.

"한국 사람들이 당신의 아버지에 대해 관심을 가진 적이 있었습니까?"

"당연합니다. 저는 단 한 번도 폴리타젤에 그들을 데려가지 않았습니다. 김우중 대우 회장과 처음으로 갔었습니다. 그는 그곳을 매우 좋아했고 농장 주민들에게 대우 텔레비전을 300대 넘게 선물했습니다. 저희 아버지 또한 한국을 방문하신 적이 있었습니다. 이 사진은 1990년 초반에 한국의 전통의상을 입고 한국에서 어머니와 같이 찍은 사진입니다. 아버지에게는 감옥이 굉장히 큰 스트레스였습니다. 그래서 감옥에서 나오자마자 바로 한쪽 눈이 실명되었습니다. 여기 사진에서도 보입니다. 체포당했을 때는 아무것도 발견되지 않았습니다. 형제 중 한 명이 '아버지, 뭔가 잃어버렸거나, 어딘가 두었거나 하는 뭔가가 있습니까?'라고 여쭈어보았습니다. 아버지께서는 모든 게 다 제자리에 있다고 답하셨습니다. 그분이 도둑질을 할 이유가 전혀 없었습니다."

티무르가 계속해서 이야기했다.

"한국 기업은 저에게 매우 많은 업무를 주었습니다. 저는 24시간 휴일 없이 일할 준비가 되어 있었습니다. 그 당시 사람들은 경제적으로 힘들게 살았습니다. 저에게는 어머니가 있었고, '누가 우리를 도와줄 것인가'라는 생각뿐이었습니다. 제 스스로 열심히 사는 방법밖에는 없었습니다. 이후 개인적으로 프랑스 레스토랑 사업을 하기로 결정했습니다. 나중에 흥미를 잃고 영화로 직업을 바꾸었습니다. 이후 오랜 시간 꿈꿔왔던 프로듀서가 되었습니다. 어릴 적에 자주 이사를 다녔기 때문에 제게는 텔레비전이 가장 친한 친구였습니다. 하루 종일 영화를 볼 수 있었고, 아마도 영화와 무슨 관계를 형성할 것이라고 인지하고 있었던 같습니다."

"어떻게 한국 회사 매니저에서 아무런 경험 없이 영화로 넘어오셨습니까?"

"미하일 자도르노프는 어떻게 가능했겠습니까? 그도 항공대학 졸업자인데 쇼맨이 되었습니다. 저도 굉장히 흥미로웠고 이렇게 되고 싶어 했습니다. '매직영화'(마기야 키노)에 대해서 알고 계십니까? 폭죽소리가 들리고 팀이 '액션' 하고 언제 외치는지 아십니까? 저는 '코미디 클럽'의 훌륭한 친구인 연기자들을 알고 있습니다. 제가 투자를 받아서 그들을 끌어들여 〈최고의 영화〉를 촬영했습니다. 이것은 저의 첫 작품이었고 굉장히 성공적이었습니다. 이렇게 저는 프로듀서가 된 것입니다. 2006년부터 총 5년 동안 저는 영화를 세 편 촬영했습니다. 마지막 작품은 〈올 인클류지프〉입니다. 올해 마무리해서 지금 상영 중에 있습니다. CTC채널에서 신년에 상영계획을 앞두고 있습니다(인터뷰 당시). 이것은 무언가를 의미합니다. '너와 함께하는 사람들은 우리의 인생을 즐겁게 해준다'고 제 프로듀서 친구가 말해주었습니다. 저는 이것을 희망하고 있습니다. 저희 아버지는 40년 동안 사회주의 노동영웅이셨고, 저는 40년 동안 영화를 촬영하고 있다고 제가 모두에게 말하고 있습니다. 나는 돈을 벌어다주는 산업용 건물을 가지고 있습니다. 영화는 나의 애정입니다. 저는 여기서 무료로 일할 준비가 되어 있습니다. '에고 프로덕션'은 저의 회사입니다. 만약에 누군가가 영화를 찍고자 한다면 저한테 찾아옵니다. 저는 시나리오를 읽어보고 그것이 마음에 들면 영화를 촬영할 기회를 가지게 됩니다. 가장 중요한 것은 누가 시청자인지 파악하는 것입니다."

"현재 영화와 텔레비전에는 많은 살인 장면을 보여주고 있습니다. 마치 우리 사회는 피만 갈망하는 것 같아 보입니다. 당신 어머니의 사랑처럼 깊은 사랑에 관한, 완벽한 사람들에 관한 영화를 찍을 수 있는 시간이 올 것이라고 생각하십니까?"

"이렇게 답변해드리고 싶습니다. 어찌되었던 영화는 사랑에 대하여 촬영되고 있습니다. 다만 탐정, 스릴러, 소설과 같이 장르만 다를 뿐입니다. 거기에도 모든 이야기는 사랑에 관한 것입니다. 사랑이 없다면, 재미 또한 없을 것입니다."

황만금: 올림포스와 골고다를 넘어서

황만금이 세상을 떠난 지 15년이라는 세월이 흘렀다. 그와 함께 역사가 되어버린 그의 시대도 함께 떠나갔다. 요즘 젊은 세대들은 책과 영화로 많이 듣고 보았을 뿐 아버지나 할아버지로부터 이에 대해 들은 것은 얼마 없을 것이다. 그들은 기억 속에서 이야기를 하는 것보다 무덤에 들어갈 때 땅속까지 가지고 들어가기를 원했을 것이다.

그 시대는 정말 비극적이었다. 폭력적이고 드라마틱한 내용을 품고 있었다. 전 세대 사람들이 공포 속에서 살았다. 1937년 억압과 추방은 우리 민족 몸속에 상처가 되어 남아 있다.

반면에 영웅의 시대이기도 했다. 이 모든 것들에도 불구하고 사람들은 도시를 건설하고, 운하를 팠으며, 하늘을 이겨냈으며, 시를 썼다. 이 시대는 역사에 길이 남을 영웅들을 탄생시켰다.

젊은 시절부터 황만금은 자신을 운명의 노예로 만들고 그의 자유를 망가트린 격변들을 경험했다. 추방, 생존을 위한 투쟁, 전쟁, 아내의 죽음, 지하 감옥 레포르토보 등. 그러나 이런 사람들은 끈기를 잃지 않고 자신의 목표를 향해 달려갔기 때문에 영웅이 될 수 있었다. 가장 중요한 것은 그들을 움직이게 한 것은 개인의 이익이 아니라 공공의 이익, 동포, 이

웃, 동료의 이익이었다.

예전에 폴리타젤 집단농장이었던 곳을 가보라. 그리고 어떤 집이든 가서 황만금이 누구였고, 어떤 사람이었는지 물어보라. 누군가는 그를 티모페이 그리고리예비치라고, 또 누군가는 만금 그리고리예비치라고, 또 다른 누군가는 그냥 '라이스-아카'라고 부를 것이다. 하지만 우즈베크 사람이든 고려인이든, 러시아인이거나 카자흐인, 아니면 타타르인이거나 타지크인이라도 이렇게 말할 것이다.

"그 사람은 진짜 사람이었어!"

특별히 '사람'에 강조를 두어서 말이다. 그가 고인이라서 좋은 얘기만 하는 것이 아니라, 황만금은 여전히 보이지 않게 모든 집에 있다. 그 집들은 모두 황만금 시대에 지어진 것들이기 때문이다. 황만금 시대에는 그들 모두에게 폴리타젤 사람으로서 자부심이 있었다.

이 시대가 점점 더 멀어질수록, 전체주의 국가에서 농업을 전례 없는 수준으로까지 이끌어놓은 황금만의 능력범위를 깨닫게 될 것이다. 소비에트연방의 유명한 작가 발렌틴 오베치킨의 문장을 다시 한 번 회상하고 싶다.

"폴리타젤……, 제 생각으로는 소비에트연방에서

가장 좋은 집단농장이라고 생각됩니다. 아무것도 없던 땅에서, 늪지에서 물을 빼내면서, 그들 손으로 직접 힘들게 이루어냈습니다. 집단농장 폴리타젤은 우리가 가난한 공산주의를 시작했을 때 아조프에서 굶주렸던 공산주의자들인 우리를 사로잡은 이상입니다."

오늘날 우리는 전혀 다른 정치적·경제적 조건에서 살고 있다. 우즈베키스탄의 독립 획득은 사회의 자유로운 발전을 위해 활동범위를 넓히는 계기가 되었다. 특히 이것은 언어와 문화를 개발 및 보존하는 일에 지금까지는 보이지 않았던 가능성을 얻게 된 고려인을 비롯한 소수 민족과 관련이 있다.

고려인은 적극적으로 새로운 우즈베키스탄 건설에 나섰다. 우즈베키스탄 상원의원이자 국내 항공사 CEO인 전 발레리, 타슈켄트 정보산업 단과대학장인 신 아그레피나, 우즈베키스탄 문화 명예회원인 신 이스크라 등이 대표적 인물이다.

고려인 비즈니스맨 중에 국가경제 발전에 크게 기여하고 있는 사람은 적지 않다. 그리고 아마도 가장 성공한 기업가는 황만금의 아들인 스타니슬라프와 그리고리일 것이다. 그들은 정치적·경제적 조건이 달라졌음에도 아버지의 가업을 물려받았다.

황만금은 폴리타젤에 묻혔다. 우리 민족의 유명한 지도자인 리 류보프의 무덤에서 멀지 않은 곳에 있다. 1937년 그들을 숨겨주었던 우즈베크 땅은 이제 두 번째가 아닌 그들의 고향이 되었다. 이 땅에서 그들은 삶의 임무를 다했고, 자신의 인생과 에너지 그리고 재능을 쏟아부었다. 그리고 그것은 고려인 사회만의 것이 아니라 우즈베키스탄 국민 모두의 자산이 되었다.

● 지 은 이

김 브루트 이노켄티에비치(Kim Brutt I.)

1950년 출생, 1978년 타슈켄트 국립대학 언론학과 졸업
주요 경력:
1975~1976년 타슈켄트 국립대학 신문 기자
1976~1977년 《The Wings of East》(Uzb. Airways newsp.) 기자
1978~1997년 《고려일보》(알마티시, 카자크스단) 타슈켄트 특파원
1997년~현재 우즈베키스탄 《고려신문》 편집장 겸 대표
주요 논저:
『우리는 누구인가: 소련의 한인들 125년사』(서울: 1989)
『운명의 회오리바람』(타슈켄트: 우즈베키스탄 출판사, 1992)
『우즈베키스탄 고려인: Who is who』(인명사전. 서울: 1999)
Floury dew of Korean Renaissance (Tashkent: 2007)
「아리랑 1937」(문예집 『고려인 작가와 시인』)(타슈켄트: 2008)
참고 사항:
1989년부터 여러 차례 한국 방문
1988년   '자 트루도보에 오틀리티에'(노동 공로) 메달 수상
1989년   카자흐스탄 언론협회 수상
1999~2005년 민주평화통일자문회의 명예자문위원(제9, 제10, 제11)
2011년~현재 민주평화통일자문회의 명예자문위원(제15)
2001년~현재 우즈베키스탄 고려인문화협회 회의위원
2011년   대한민국 대통령 표창장

김 미하일 로마노비치(Kim Mihail R.)

1963년 출생. 1991년 타슈켄트 국립대학 언론학과 졸업
주요 경력:
1992~1996년 《피오네르 보스토카》(동방 소년소녀) 신문 기자
1996~1999년 우즈베키스탄 통신사 기자
1999~2003년: 우즈베키스탄 《고려신문》 부편집장
2010년~현재: '테겐 파란다' 회사 대표
참고 사항:
1997년 북한 방문, 2003년부터 여러 차례 한국 방문
2003~2010년 우즈베키스탄 고려인문화협회 부회장

● 감 수

성 동 기

1992년 고려대학교 노어노문학과 졸업
2000년 우즈베키스탄 과학아카데미 역사연구소 졸업(박사)
2002~2013년 부산외국어대학교 중앙아시아어과 겸임교수
2008~2014년 인하대학교 국제관계연구소 연구교수
2014년~현재 인하대학교 교양교육원 교수 겸 타슈켄트 인하대학교 대외협력실장
주요 논저:
「재 우즈베키스탄 고려인 민족정체성의 현실과 과제」(2013), 「체제전환기에 나타난 우즈베키스탄 고려인 독립세대의 정체성 문제와 대응방안 고찰: 국가정체성과 민족정체성 확립을 위한 교육정책을 중심으로」(2012), 『재외한인 연구의 동향과 과제』(공저, 2011), 『우즈베키스탄 불멸의 고려인 영웅 김병화』(2007) 외 다수

한울아카데미 1782

황 만 금

올림포스와 골고다를 넘어서

ⓒ 김 브루트 외, 2015

지 은 이 | 김 브루트 · 김 미하일
감　　수 | 성동기
펴 낸 이 | 김종수
펴 낸 곳 | 도서출판 한울
책임편집 | 이교혜
편　　집 | 조인순

초판 1쇄 인쇄 | 2015년 5월 26일
초판 1쇄 발행 | 2015년 5월 29일

주소 | 413-120 경기도 파주시 광인사길 153 한울시소빌딩 3층
전화 | 031-955-0655
팩스 | 031-955-0656
홈페이지 | www.hanulbooks.co.kr
등록번호 | 제406-2003-000051호

ISBN 978-89-460-5782-1　93910

* 책값은 겉표지에 있습니다.